新・教職課程演習　　第 1 巻

教育原理・教職原論

筑波大学人間系准教授　**平井　悠介**
広島大学大学院教授　**曽余田浩史**　編著

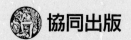

協同出版

刊行の趣旨

　教育は未来を創造する子どもたちを育む重要な営みである。それゆえ，いつの時代においても高い資質・能力を備えた教師を養成することが要請される。本『新・教職課程演習』全22巻は，こうした要請に応えることを目的として，主として教職課程受講者のために編集された演習シリーズである。

　本シリーズは，明治時代から我が国の教員養成の中核を担ってきた旧東京高等師範学校及び旧東京文理科大学の伝統を受け継ぐ筑波大学大学院人間総合科学研究科及び大学院教育研究科と，旧広島高等師範学校及び旧広島文理科大学の伝統を受け継ぐ広島大学大学院人間社会科学研究科（旧大学院教育学研究科）に所属する教員が連携して出版するものである。このような歴史と伝統を有し，教員養成に関する教育研究をリードする両大学の教員が連携協力して，我が国の教員養成の質向上を図るための教職課程の書籍を刊行するのは，歴史上初の試みである。

　本シリーズは，基礎的科目9巻，教科教育法12巻，教育実習・教職実践演習1巻の全22巻で構成されている。各巻の執筆に当たっては，学部の教職課程受講者のレポート作成や学期末試験の参考になる内容，そして教職大学院や教育系大学院の受験準備に役立つ内容，及び大学で受講する授業と学校現場での指導とのギャップを架橋する内容を目指すこととした。そのため，両大学の監修者2名と副監修者4名が，各巻の編者として各大学から原則として1名ずつ依頼し，編者が各巻のテーマに最も適任の方に執筆を依頼した。そして，各巻で具体的な質問項目（Q）を設定し，それに対する解答（A）を与えるという演習形式で執筆していただいた。いずれの巻のどのQ&Aもわかりやすく読み応えのあるものとなっている。本演習書のスタイルは，旧『講座教職課程演習』（協同出版）を踏襲するものである。

　本演習書の刊行は，顧問の野上智行先生（広島大学監事，元神戸大学長），アドバイザーの大髙泉先生（筑波大学名誉教授，常磐大学大学院人間科学研究科長）と高橋超先生（広島大学名誉教授，比治山学園理事），並びに副監修者の筑波大学人間系教授の浜田博文先生と井田仁康先生，広島大学名誉教授の深澤広明先生と広島大学大学院教授の棚橋健治先生のご理解とご支援による賜物である。また，協同出版株式会社の小貫輝雄社長には，この連携出版を強力に後押しし，辛抱強く見守っていただいた。厚くお礼申し上げたい。

2021年4月

監修者　筑波大学人間系教授　清水　美憲

広島大学大学院教授　小山　正孝

序文

　『新・教育課程演習』の第1巻となる本書は，〈教育原理〉と〈教職原論〉を内容としている。〈教育原理〉と〈教職原論〉はそれぞれ，単独で教育学のテキストを構成できるほどの内容をもつ分野である。それらが1巻に凝縮してまとめられていることにこそ，本書の特徴が明確に表れている。その特徴を簡潔に示すならば，専門職としての教職は教育学の学識に基づいている，とする考えのもと本書は編まれている，ということである。

　日本学術会議心理学・教育学委員会教育学分野の参照基準検討分科会により示された「大学教育の分野別質保証のための教育課程編成上の参照基準」（令和2〔2020〕年8月）において，教育学と教員養成の関連を示した，次のような記述がある。

　「教員養成は大学における学問を基盤にして行われなければならない。その際の学問分野は多岐にわたるが，教育学は教職課程の中核的要素として位置づくものである。教職を学識に基づく専門職（profession）だと考えるなら，教員養成において，理論と実践を包括する最先端の教育学が適切に活用されていくことが求められる。」

　本書もこうした記述と同様の考えを共有して作られている。特に強く意識されているのは，教育理論と教育実践の往還・包括という観点である。原理論を学ぶことが教職を志す者にとってどのような意義があるのか，また，その学びがどう役立つのかを，本書を通じて読者には考えてもらえる内容となっている。

　本書は12章で構成されている。第1章から第6章までが〈教育原理〉編，第7章から第12章が〈教職原論〉編であり，各章5項目の問いとその解答が示されている。広範な内容を含んでいる〈教育原理〉と〈教職原論〉について，60項目の厳選された問いが示され，それらに対して，比較的若手の教育学研究者によって構成されている執筆陣によって解答が示されている。

　〈教育原理〉編で扱われるテーマは，教育の概念（第1章），教育の理念・目的（第2章），教育と公共性（第3章），教育的関係（第4章），教育の基礎理論・思想（第5章），現代の教育問題（第6章）である。教育原理のテキスト

1

は，教育における不易に力点が置かれる傾向が強いが，本書では理論と実践の往還について考えることを意識して，教育における流行についても項目として多く設定されており，全体を通して教育における流行と不易の関係性が考えられるようになっている。

　また，〈教職原論〉編で扱われるテーマは，教職の意義（第7章），教員養成・採用（教師になる）（第8章），教職の役割（第9章），教員の職務内容（第10章），チーム学校（第11章），学び続ける教員（第12章）である。これらのテーマは，専門職としての教職（teaching profession）の行動原理を踏まえて設定している。すなわち，公共的な価値実現に貢献するという使命感をもつ，自らの専門性に自尊心と責任感をもち，その専門性に基づき自律的かつ協働的に行動する，自らの専門性を高めるために絶えず学び続ける，というものである。

　本書を含む『新・教育課程演習』シリーズは，教職課程受講者のための演習書として，教職課程受講者のレポート作成，学期末試験，教育学系の大学院入試に役立つものであることが目指されている。しかし，大学での授業内容と学校現場での指導とのギャップを架橋するものであることも目指されており，この意味で，教職課程受講者のみならず，教育学を専攻する学部生，大学院生，さらに教職に従事している教員もが読者として想定されている。

　本書をどのように活用するかは読者に委ねられている。若手研究者の視点で示された解答は，教育原理・教職原論の基本事項を押さえたものであり，読者は通読することで教育原理・教職原論のエッセンスを学び得るであろう。しかし，本書に示されている解答群は，あくまでも一つの解答を示しているにすぎない。問いに対する自分の考えをまとめた上で，本書の解答と比較したり，自らの解答を他者と共有して議論したりするという活用の仕方もある。そうした演習を通して，専門職としての教職の理解，教育理論と教育実践の包括的理解が一層深まることが期待される。今日の社会状況において，腰を据えて物事を思考するということが難しくなってきているが，編者としては，〈教育原理〉と〈教職原論〉の連関性についてじっくりと考えてもらいたい，と願っている。

　　2021年8月

　　　　　　　　　　　　　　　　　　　編者　平井悠介・曽余田浩史

目次

教育原理

第1章

教育の概念

Q1 教育とは何か。教育概念と教育に近似的な概念を対比し，教育の特有性について説明しなさい

1．教育の語義から

　教育とは何か。はじめに「教育」という言葉の成り立ちをみていこう。「教育」の「教」は，白川静『常用字解』（2004）によれば「爻」と「子」と「攴」とを組み合わせた形である。「爻」は屋根に交叉した木のある建物すなわち校舎を指し，「攴」は鞭を打つ，つまり，校舎で学ぶ「子弟たち」を「鞭で打って励ますこと」を示し，「おしえる」という意味となる。一方，「育」は「𠫓」と「月」を組み合わせた形である。「𠫓」は子どもが逆さまの形で生れ落ちる姿であり，それに「月」を加えて，「人の体」を示している。子どもを「うむ，そだてる」，子どもが「そだつ」ことを表す。また，英語の education の語源についてはラテン語のeducare（育てる）と educere（導く）に求める説がある（原，2017）。

　このように「教育」という言葉には，人間が「生まれ，育つ」という生きることに関わる意味と，「教え，学ぶ」という文化の獲得や伝達に関わる意味が含まれている。私たちは生を受け，周りの大人たちから育てられ，知識や技術を学び，能力を獲得し，やがては自らも大人として次の世代の子どもを育てていく。教育は日常的な営みであり，世代から世代へと命や文化をつなぐ歴史的な営みでもある。

２．生きることと教育

　教育はまず，人間が生まれ，生きることに関わる営みである。人間は他の
哺乳動物と比べ，生存を維持するための能力を大きく欠いて生まれてくる。
かつて，動物学者のポルトマン（1897 〜 1982）は人間は生理的に未成熟な
「早産」の状態で生まれてくると唱えた（生理的早産説）。そのため大人は，
生まれた子どもの命を保護し，授乳，衣服の着脱，衛生を保つこと等の世話
をする。これらは第一に子どもの命を守り，発達を促すためになされるが，
同時に子どもが文化を獲得していく過程でもある。人間は他の動物と比較し
て弱く生まれてきたが，生きるために様々な文化を生み出してきた。子ども
は大人の世話を受け，生活のなかで文化を獲得していく。また，子どもは特
定の養育者との親密な関わりを通して信頼感を育む。それは子どもが将来的
に社会のなかで他の人びとと関わり生きていくときの基盤となる。家庭にお
いては基本的な生活習慣等も教えられ，子どもが年齢を重ね成長するととも
に関わり方や配慮は変わるが長期的になされていく。このように，人間が
「生きる」ということは，生存することにとどまらず，文化を獲得し，他者
と関わることであり，そのための配慮を教育ととらえることができる。

３．教育の社会的機能

　一人ひとりの子どもが文化を獲得し，他の人びととの関わりを深めていく
ことができるように様々な配慮をする。それは社会的な視点からすれば，社
会の維持へとつながる営みである。社会には，人間が他の人びとと共同生活
を営む上で必要な言語，規範や価値，行動様式がある。人間がそれらを獲得
していく過程を「社会化」（socialization）という。子どもは家庭，地域，園，
学校など様々な場所で人びとと関わり，価値観，行動様式を身に付けてい
く。社会化は子どもが社会の構成員として生きていくうえでも，社会を維持
していくうえでも必要である。この社会化は教育の「社会的機能」として理
解されている（原，2017）。

４．学習と教育

　子どもは家庭生活や社会生活のなかで，周囲の大人が明確な意図をもたなくとも，子ども自身が意識しなくても，環境からの影響を受けて知らず知らずのうちに文化を身に付けていく。こうした人間形成の作用は「無意図的教育」と呼ばれる。

　とはいえ，子どもの生活や人生を豊かなものにするには意図をもって行う働きかけも必要である。一人ひとりが，生きる上で必要な知識や技術，思考力や判断力などの諸能力を身に付けられるよう，発達に即して学習を促すことが必要である。教育はこのように学習を支援する意図的な働きかけとしてとらえられる（宮寺，1998）。特に学校教育は意図的計画的になされる。

　ただし，意図をもって学習を促すといっても，教育は「教化」（indoctrination）とは区別される。教化は，一定の思想や価値，行動様式を教え込み内面化を図ろうとする意図的な働きかけである。それに対し，教育は，学習者の主体的な行為である学習を促すことによって発達を助成していく働きである。とりわけ，生涯にわたる学習が求められる今日において，その基盤を養うために子どもたちが主体的に学ぶ環境をととのえ，主体的な学習を支援することが求められる。また，未来の予測が困難な社会を他者と協働して担うことが求められる時代において，協力して問題解決に取り組んだり，対話を通して真理を探究したりといった子ども同士の協働を促す学習も求められる（文部科学省，2018）。教育は教化とは異なり，一人ひとりが主体的に生き，他者とともに社会の形成に関わっていくことを目的になされる意図的な働きかけである。

　教育は子どもの発達や成長はもちろん，社会のあり方や人びとの生き方をふまえて行っていく必要がある。子どもたちが獲得する文化，新たな社会を共に生きる他者との関わり方，学習のあり方をつねに問うことが，変化の激しい今日の社会の教育における課題である。

参考文献

新井保幸（1996）「教育の意義と本質」『教職教育講座　第1巻　学校教育の基盤』協同出版，pp.11-29。

原聡介（2017）「教育」教育思想史学会編『教育思想事典【増補改訂版】』勁草書房。

滝沢和彦（2018）「教育の概念」吉田武男監修・滝沢和彦編著『はじめて学ぶ教職1　教育学原論』ミネルヴァ書房，pp.13-24。

宮寺晃夫（1998）「教育の本質と必要」原聡介編著『教育の本質と可能性』八千代出版，pp.3-25。

文部科学省（2018）『小学校学習指導要領（平成29年告示）解説　総則編』東洋館出版社。

（野々垣明子）

Q2 教育概念の拡張について説明しなさい

1.「教育概念の拡張」とは何を意味するか

この設問に素直に答えようとするなら，日本語の「教育」という漢字の成り立ちを理解したり，他言語の「教育」に相当する概念——英語ならeducation——の語源を追尾したりするのが1つの方法である。

また，概念の通時的な変容の追跡や共時的な差異の探索によって，概念理解は深まることになる。たとえば，過去と現在の「教育」の定義や実際の用法を調査し，比較し，相互の異同と個々の特徴を把握するのもよい。

さらに，「教授」や「教化」，「人間形成」，「訓練」，「しつけ」など，「教育」の類似概念とされるものとも対照させ，それらの関係を確認するのもよい。「学習」や「学び」が「教育」と混同されているなら，その絡まりを解きほぐすことも不可欠であろう。

しかし，ここではこれらに取り組まない。これらの前段にある「教育概念の拡張」の意味を検討することにしたい。設問を正確に理解して受け取ろうとすることが，設問自体を問い直すことにもなる。

まず「概念（concept）」とは何か。「概念」という概念の本質は，ある物事をその物事たらしめているもののことである。それゆえ教育の概念とは，教育を教育たらしめているものを指す。言い換えるなら，それがなくてはもはや教育ではなくなるものである。それを把握したとき，「教育」という言葉でしか指し示せないことも見えてくる。

概念に基づいた具体物を「構想（conception）」と呼ぶ。教育の構想とは，たとえば具体的な教育実践を指す。それはさまざまにありうる。つまり，1つの概念からは複数の構想が展開される。よく言われるように，「三角形」という概念は1つだが，実際の三角形には二等辺三角形もあれば正三角形もあり，角度も辺の長さもさまざまである。図形が多様であっても，同一直線上にない3つの点が存在し，そのそれぞれ2つを結ぶ3本の線分が引かれて

いるなら，それは三角形である。同様に，同じ「教育」でも構想はさまざま
にある。だが，それらは教育の概念を含んでいなければならない。教育の概
念を欠落させたものは，その構想にいくら教育の名が冠せられていても教育
ではない。逆に，その実践が教育と呼ばれていなくても，そこに教育の概念
との重なりが認められるなら，それは教育と呼ばれうる。

　次に「拡張」とは何か。何かが「拡張」すると言われたときに随伴する問
いは，どこからどこへ拡張するか，であり，なぜ／何のために拡張している
か，である。「拡張」には，動きの起点となる中心がある。その中心から周
囲へと，何かが少しずつ，あるいは一気に，ときに濃淡を伴って広がる。し
たがって，「拡張」について論じるには，中心の措定と周辺の把握が不可欠
である。そして周辺を把握しようとするなら，拡張される以前そこには元々
何があったかという問いも浮かぶ。そしてそれは必然的に，なぜ／何のため
に拡張しているのかとの問いを引き寄せる。誰かが何らかの企図のもとに内
側から押し広げたか，逆に外側から引っ張ったか，あるいはその両方か。

　「拡張」をめぐる問いのうち，ここでは中心と周辺の関係，つまり"どこ
からどこへ"に焦点を合わせる。そして，「教育概念の拡張」の意味を2つ
に分節化し，それぞれについて検討する。

2．教育概念は本当に拡張したか —— 場所あるいは文脈

　第1に，「教育」の使用場所の拡張という意味での「教育概念の拡張」で
ある。つまり，「教育」が用いられる文脈の多様化である。

　先の「拡張」の情景に基づくなら，「教育概念の拡張」は，教育が元来
あった／本来あるべき場所から，元々なかった／あるべきではないかもしれ
ない場所への展開として理解できる。子ども期だけでなく生涯を通じてとい
う時間的な展開も，学校から家庭や地域へという空間的な展開も含まれよ
う。そこでは，「生涯教育」という言葉や家庭や地域の「教育力」といった
表現も登場するかもしれない。

　しかし，これらを「教育概念の拡張」として理解してよいかと立ち止まっ
てみてもよい。教育概念の中心はどこか。近代以降の学校教育か。では，周

辺とはどこか。それは家庭や地域のことか。教育は学校から家庭や地域へと「拡張」し，それらを包み込む概念として整備されてきた——それでよいか。

　逆ではないか。教育それ自体は，まずは学校以外で行われてきた。つまり，教育はつねにすでに遍在してきた。「拡張」という言葉を用いるなら，教育はあらかじめ拡張している。教育は，職場や家庭や地域ですでに行われてきたし，つねに行われている。フォーマル教育という中心が先にあり，その周囲にインフォーマルとノンフォーマルの教育が配されたわけではない。

　つまり，これまでに起きてきたのは教育概念の拡張ではなく収束である。世界に遍在していた教育が学校へいったん収束した。その後，学校からその周辺へと改めて拡張した。現在「教育概念の拡張」として想定されているのは，単なる拡張ではなく再拡張である。

3．教育概念を拡張すべきか——意図の存否

　「教育概念の拡張」の第2の意味は，「教育」の意味内容の拡張であり，つまり「教育」が持つ意味の増加である。「教育概念の拡張」という表現を厳密に解するなら，それはこの第2の意味を指す。

　教育の意味内容の拡張をめぐる論点には，意図の存否が挙げられる。すなわち，教育には意図が不可欠か，意図がなくても教育かという問いである。いわゆる無意図的教育を教育と見なしてよいかとも言い換えられる。

　教育は，鼓動やしゃっくりのように主観の外側で起きるものではなく，わざわざ起こさなければならない行為である。そこには目的や目標，理由がある。それらを一括りに意図と呼ぼう。

　教育者は自らの意図を知っている。しかし，意図は必ずしもその外面に表出されない。だから誰かが意図を持って行った教育も，傍目には教育として映らないことがある。いわゆる消極教育の場合，教育者は意図的に口も手も出さない。そのため，外部からは教育が行われているようには見えない。行為や現象と概念との照合を誰が行うかという問いも惹起される。

　それが教育かどうかを外部から判断する場合，その作用や機能といった帰結に基づくことがある。たとえば，被教育者の学びが促されていたらそれ以

前に教育があったはずだと推定される。逆に，学びが促されていなかったら教育はなかったと推断される。

　しかし，帰結から事前の教育の存否を判断することは原理的に不可能である。なぜなら，どの時点で教育の帰結を評価すればよいかが不明だからである。10分後か，10時間後か，10年後か。10分では結実しなかったものが10年後に開花するかもしれない。

　また，被教育者の学びの深まりが確認できたとしても，それが教育によってもたらされたかどうかはわからない。その学びは，教育を聞き流し，その代わりに自学した成果かもしれない。教育者の何気ない，つまり意図のない一言が学びを深める契機となったかもしれない。

　無意図的教育はこの学びの原因を度外視できる。そこでは教育的意図の存否にかかわらず，学びがあったから教育もあったのだと判断できてしまう。歌詞，こぼれたコーヒー，子どもの遺棄致死事件，バスで偶然聞いた会話，消費期限の切れた鶏肉，いじめ，体罰——これらも教育になる。

　しかし，これらは教育と呼ばれなければならないのか。学びを促したものすべてが教育なら，この世界のほとんどが教育と呼ばれてよいことになる。意図に限定されていた教育の概念は無意図を飲み込み，膨張する。その結果，教育概念は指示するものを見失い，文字どおり無意味な概念となる。あくまで教育にこだわりたいなら，概念は拡張させるべきではない。

参考文献
佐伯胖監修・渡部信一編（2010）『「学び」の認知科学事典』大修館書店。
原聡介・宮寺晃夫・森田伸子ほか（1990）『教育と教育観——現代教育の本質と目的を考えるために』文教書院。
原ひろ子（1989）『ヘヤー・インディアンとその世界』平凡社。

（橋本憲幸）

Q3 教育における流行と不易について説明しなさい。また，現代社会の教育のあり方を，教育における不易という観点から論じなさい

1．教育における〈流行〉と〈不易〉とは何か

『広辞苑』によれば，「流行」とは，（第二義として）「急にある現象が世間一般にゆきわたり広がること」を意味する。教育は社会によって営まれ，同時に，その社会の形成・維持・発展に大きく寄与している。それゆえ，時代状況・社会状況の変化に応じて変化していく。「教育における流行」とは，それまで営まれてきた教育の姿が時代・社会の移り変わりの中で変化したり，新たな形の教育が生み出されたりし，それが社会的に広く受け入れられることを意味する。

その最たる例が学習指導要領である。わが国の学習指導要領は，来たるべき時代・社会を想定して，未来に必要とされる知識・技能・資質・能力を子どもたちが身に付けられるよう考えられた，学習内容の最低水準を示している。それは約10年に1度改訂され，改訂に準じて学校教育も変化していく。この意味において，教育における流行の具体である。また，教育基本法第17条に基づき政府が策定する教育振興基本計画も同様である。それは，教育基本法の理念を実現するために，今後10年間を通じて目指すべき教育の姿を示し，かつ5年間の中期的計画のもと取り組むべき施策を示している。時代・社会状況に応じて計画され，その後の教育改革の指針となっていくという意味において，教育における流行を示すものである。

それでは，教育における不易とは何か。『広辞苑』による辞書的説明では，「不易」とは「かわらないこと。不変」を意味する。「教育における不易」は，時代・社会状況いかんにかかわらず，変わらない教育の姿，もしくは変わらず大切とされる教育的価値を表す。人類が家族単位での生活から共同で社会生活を営むようになって以来，子どもの生存への配慮，善き生の保障と

いう意識から営まれていた小規模で行われていた教育は，集団・社会を維持・発展させるために組織的に営まれることとなった。一方で子ども個人の幸福や可能性を増大させるために，他方で社会を維持・発展させるために教育が行われるという事実は，時代を超えても変わらない，不易を示している。また，教育基本法の第 1 条で示される教育の目的の規定，すなわち，「教育は人格の完成を目指し，平和で民主的な国家及び社会の形成者として必要な資質を備えた心身ともに健康な国民の育成を期して行われなければならない。」が，近代個人思想に根ざした普遍的価値を標榜している点は，少なくとも近代民主主義社会であれば，どこにおいても妥当性を有するという意味で，教育における不易を表している。

　近代教育思想も教育における不易を示している。子どもの発見者と評されるジャン゠ジャック・ルソー（J. J. Rousseau，1712-1778）は，教育学上の主著『エミール』（1762 年）において，当時もっとも聡明と言われる人々でさえ子どもについて理解しようとせず，大人にとって大切なことを教え込んでいる事態を批判し，子ども研究とそれに基づいた教育の必要性を説いた。子どもを教育する出発点としての子ども理解の必要性や，子ども理解の上で子どもに応じた働きかけを行う必要性といった，私たちが教師教育の初歩として学ぶ事がらの根底に，ルソーの教育思想は息づいている。その教育思想は，時代状況に左右されることなく大切とされる教育的価値を表している。

　ただし，ルソーの教育思想が，同時代の教育を批判的に分析し，それに代わる新しい教育を熟考した結果構築されたという事実にも目を向ける必要がある。教育における不易とされるものは，もともとは教育における流行から生じ，長い歴史の中で評価されてきたものである。私たちは，教育思想家によって構築された，結果としての思想内容だけではなく，教育思想家が当時どのような問題意識を抱き，思考をめぐらせ，いかに格闘したかという思想の形成過程をも学ぶ必要がある。教育思想家が思想対象にどう向き合い，新たな思想を紡いだのかを詳細に知ることでこそ，私たちは現代の教育のあり方を考えるための重要な視点を得ることができるのである。

2. 教育における〈流行〉を相対化するための〈不易〉

　私たちが子どもを教え，育もうとするとき，その前提として，子どもの未来が想起されていよう。だからこそ，私たちが子どもの教育について考えようとすると，いま行われている教育でよいか，や，時代・社会状況に応じて教育はどう変わっていくべきか，という具合に，教育における流行に対し批判的問いを向ける傾向にある。子どもの未来を志向する私たちにとって，教育における不易を理解することには一体いかなる意義があるのか。その１つの答えを，1960年代から70年代にかけて英米圏の教育哲学の主流であった分析的教育哲学に焦点をあて，探っていこう。

　分析的教育哲学とは，教育に関わる概念，および教育言語を厳密に分析し，教育を教育たらしめる教育固有の原理と論理，さらに教育の本質を引き出すことを目指した教育哲学の一潮流である。宮寺晃夫によれば，教育哲学が「分析的」であることを求められたのは，1960・70年代の時代状況，すなわち，社会改革を推進してきた思想体系の有効性が疑われだしたこと，また人びとの生き方の多様化がすすみ，絶対的な価値評価の基準が失われたことに理由が求められる（宮寺晃夫，1999）。そうした状況の中で，分析哲学や科学哲学のような，"思想"よりも"方法"に重点を置いた哲学や，中立性・不偏性を標榜するリベラリズムの理論が時代の要請によって求められた。

　時代的要請の中，分析的教育哲学者R. S. ピーターズ（R. S. Peters, 1919-2011）は，概念分析を通じて，不易としての「教育」の規準を探究した。教授就任講義「イニシエイションとしての教育」（1963年）において，ピーターズは「教育」（education）という言葉の使用を，同様の意味合いを含む「更正」（reform），「養成」（training），「訓練」（drill）などの言葉の使用と比較し，「教育」固有の性格を浮き上がらせようとした。そこで引き出された教育の規準が，①それ自体で価値あることの伝達であること，②その伝達は学習者の意識にうったえる仕方でなされること，③伝達された内容から知的な一般的広がりがえられること，の３項であった。ピーターズによる教育の規準は，概念分析という価値中立的な方法を用いて，教育それ自体を分析対

象として導かれたものであるゆえ，社会的・時代的な文脈によらない教育の固有性を示している。この規準，つまり教育における不易は，教育の名の下で行われている流行としての教育実践が，真の意味で教育と呼ばれうる実践かどうかを判断するための参照点となりえるのである。

3．現代社会の教育のあり方を考える基準としての不易

2015（平成27）年12月に出された中央教育審議会答申「これからの学校教育を担う教員の資質能力の向上について」の中で「教員としての不易の資質能力」という言葉が登場する。それは，使命感や責任感，教育的愛情，教科や教職に関する専門的知識，実践的指導力，総合的人間力，コミュニケーション能力等を指している。この中の教育的愛情ひとつを取ってみても，それはヘルマン・ノール（H. Nohl, 1879-1960）が「教育的関係は成長しつつある人間に対してもつ人格的で情熱的な関係である」とし，権威と服従の関係を教育的関係へと昇華させる鍵として愛と信頼を求めたことにつながるものであり，その価値はノールの時代と変わらず確かに高いものである。

ただ，そうした教育における不易も問いなおされる現実がある。それは，例えば，オンライン授業が今後さらに普及・進展すること，並行してAIによる高度な分析判断が加速度的に進展することによって，個別最適化の教育がタブレット学習を通じて可能となれば，教員が教育的関係を築いて直接学習指導を行う必要がなくなるのではないか，という具合にである。教育における不易はそれ自体として変わらない価値がある，とはもはや言えない現実に対して，なお不易としての価値を見いだすとすれば，AIやタブレットの活用がよい教育を導くのだという流行の教育論を，本当に価値あるものかを判断するための参照点を提供できるほど，それが歴史的に吟味されてきたということであろう。教育における不易の深い理解が流行の吟味には求められる。

参考文献
坂越正樹監修，丸山恭司・山名淳編（2019）『教育的関係の解釈学』東信堂。
宮寺晃夫（1999）「合理主義の教育理論とピーターズ」原聡介ほか編『近代教育思想を読みなおす』新曜社。　　　　　　　　　　　　　（平井悠介）

Q4 発達とは何か。教育と発達の関係性について 説明しなさい

　「教育の営みでは，当然のことながら，子どもの成長や発達の理解が不可欠」とされるように，今日，発達という現象は，教育と切っても切れないとみなされている。だが実は，人間が発達を通じて人間となりうるという発達論的な人間モデルは，近代国家や近代社会の成立と同時期に整備された近代教育制度に即した見立てであり，自然でも普遍でもない。

　実際にも，発達論的な人間モデルが一般的になる以前から，教育という営みは（学校のような近代教育の形ではないにしても）あった。では発達論的な人間形成モデルが一般的になる前には，どのような人間形成モデルがあったのか。これを問うことから始めることにより，発達論的な人間形成モデルが相対化され，発達論的な見方にとらわれすぎた今日的な教育観が抱える問題点もまた，見えてくるのではないだろうか。

1．神の似姿から，成長の哲学へ —— 人間の生成を説明する哲学の変遷

　発達論以前には，どのような人間生成モデルがあったのか。まずそこを確認してみよう。

　近代以前，すなわち近代学校制度が成立する以前の時代の人間モデルは，超越的な存在である神との関わりで語られた。たとえば宗教改革でおなじみのマルティン・ルター（M. Luther, 1483 ～ 1546）は，人間になることを「キリストのまねび」による「内なるキリストの形成」として捉えた。あるいはヨハネス・アモス・コメニウス（J. A. Commenius, 1592 ～ 1670）が教育の必要性を語る言葉にも，神学の影響が認められる —— いわく人間は「神の像」に基づくため「知識・徳行・敬神」の「種子」は与えられているが，「知識・徳行・敬神」そのものは与えられない。そのため，そこに近づくための経験や学習のために教育が必要だ，と。上記をまとめると，近代以前において人間

が人間に成るには，人間を超えるなにものか，たとえば神のような存在の助けが必要であると考えられていた。

　これに対して近代以降は，神の名をかたることなく人間の生成を説明せねばならない「人間の時代」の始まりであった。『教育学』（原著1803年）の冒頭における「人間とは教育されなければならない唯一の被造物である」という一文が，いわゆる「人間の時代」の幕開けを告げたとされるイマヌエル・カント（I. Kant, 1724 ～ 1804）は，子どもが大人へと移行するためには，自然的な成人性，法的な成人性，道徳的な成人性を獲得しなければならない，とした。この道のりは決して平たんなものではないが，こうした苦難に満ちた個人の成長が時代を経て繰り返されることを通してのみ，人類は人間性の理念に到達できる，と考えられたのである。同時期にフランスの思想家ジャン゠ジャック・ルソー（J.-J. Rousseau, 1712 ～ 1778）は，幼年期，子ども期，青年期，大人期という４つの人生段階を設定し，その各段階において顕現する人間の内在性に即した教育的働きかけを行うことがいかに重要であるかを『エミール』（原著1762年）で説いてみせた。このように「人間の時代」においては，教育が，神など超越的なものの力を借りることなく，人間が人間自身の手で行わなくてはならない仕事となったことがわかる。その時に求められたのが，操作可能な自然を内在させ，発達していく人間というモデルであった。

　カントやルソーが提示してみせた，人が苦難を乗り越えて成長していく人間形成モデルは，19世紀のドイツ・ロマン主義を経由してますます洗練されていく。たとえば，ゲオルク・ヴィルヘルム・フリードリヒ・ヘーゲル（G. W. F. Hegel, 1770 ～ 1831）の思想における弁証法は，人間が挫折や否定的な経験を通じてさらなる高みへと発展していくプロセスとして描かれている。

2．哲学から，経験科学としての心理学へ —— 発達心理学の誕生

　こうした哲学的世界観に基づく人間成長のモデルを「客観的」に跡づけたとされるのが，更に時代が下って哲学から独立した経験科学，すなわち心理学である。Developmentという語が人間の成長，「発達」を示す述語として定

着するようになり，その語を看板に掲げた「発達心理学」というジャンルも誕生した（山名，2009）。

　発達心理学とは，時間の経過にともなう個体の変化を，理論に即して区分された成長の各段階に即して説明した理論であり，やがて，さまざまな発達段階論が生み出されるにいたった。たとえば発達心理学者ジャン・ピアジェ（J. Piaget, 1896 ～ 1980）は，認知構造が主体的に構成されていく過程に注目し，思考の発達を段階論的に示した。また，発達心理学者でもあり精神分析家でもあったエリク・ホーンブルガー・エリクソン（E. H. Erikson, 1902 ～ 1994）は，人間の心理社会的側面に注目し，発達を各人生段階において経験する危機とその克服の過程として捉え，独自のライフサイクル論を展開した。さらにローレンス・コールバーグ（L. Kohlberg, 1927 ～ 1987）は，心理学と教育学を専門とするが，子どもたちが道徳性を獲得する過程を発達段階論的に把握した。このコールバーグの道徳性発達段階説に基づいたモラルジレンマ授業に典型的に見られるように，発達段階の図式は，教師が生徒たちに対してどのように働きかけるべきかを判断する際のよりどころとしても活用されている。

3．右肩上がりの発達？ ── 固定的イメージで描かれる人間モデルの陥穽

　上記のように成立した「発達」をめぐる経験科学の知見は，こんにち子どもたちの育ちの軌跡を一様に描いて見せる。その描写に欠かせない数値的なものは，あたかも科学的な研究を通じて子どもの成長が実体的に捉えられるかのような印象を私たちに与える。しかしながら実際には，子どもの成長には個人差があり，その複雑さを一概に語ることはできないことは，現場に出ればすぐにわかる。個々の子どものもつ多様さ・複雑さを捨象し，一元的に数値化した発達観を子どもたちに押しつけることの弊害は，たとえば発達障害などの事例をみれば明らかとなるだろう。

　上記のような数値化された発達観の問題点のもうひとつの側面は，その発達観を是とする観察者（教師や親を含む）が，どのような関心と図式をもっ

て子どもを捉えようとしているのか，その世界観それ自体が省みられること
はないということにある。実際には，それぞれの発達観が下敷きにしている
世界観はそれぞれであり，そうであるにもかかわらず一般的な日常生活にお
いて「発達」は，子どもたちの成長をどことなく客観的に捉えたかのように
みなされ，そのまま独り歩きしてしまう場合がある。

　たとえば，幼児教育の分野で親たちの関心を集める早期教育の考え方では，
子どもたちの幼少期にのみ認められる特性（たとえば敏感期）を逃さないよ
う，その成長に即した課題を「できるだけ早期に」与えることが目指されて
いる。そこには子どもたちの成長発達の軌跡が予め見通せるはずだという期
待と，その時期を逃せば永遠に失われてしまう教育機会があるという怖れが
あり，それらはいずれも，不可逆的な時間観念とともにある人間モデルを前
提としている。この人間モデルは基本的に上昇する個人の変容過程について
のプロットをその軸としており，人生段階全体のなかでも，上昇のイメージ
で捉えられる子どもの成長期だけがターゲットとなっていることは否めない。

　これに対して，先に述べたエリクソンが示してみせた，人間の一生を円環
的なライフサイクルとして捉えるような発達観には，ひとつの可能性が見い
だせる。直線的な時間概念に基づく，右肩上がりの上昇を是とする段階的な
発達論では，たとえば子どもと大人との間を揺れ動く不安定な青年期や壮年
期以降の成熟した人間形成，あるいは老年期にみられる老いとともにある
「降りていく」生き方を説明することはできない。エリクソンが目指した，
人生を包括的に考察しようとする方向性は，高齢化社会と呼ばれる今日的な
現象にあって，「老い」や「弱さ」と向き合う人間形成モデルを描き出す上
でひとつのヒントを与えてくれると考えられる。

参考文献

安彦忠彦ほか編著（2012）『よくわかる教育学原論』ミネルヴァ書房。

眞壁宏幹編（2016）『西洋教育思想史』慶應義塾大学出版会。

山名淳（2009）「成長・発達——子どもの成長はどのように語られてきたか」
　　　田中智志・今井康雄編『キーワード現代の教育学』東京大学出版会。

（奥野佐矢子）

Q5 教育概念を明確化することに，いかなる実践的意義があるか

1．教育における概念と実践の関係

　「教育概念を明確化する」とは，「教育」とは何かを突き詰め，その意味するところを的確に限定し，できるかぎり正確に言葉で表現することである。そのためには教育実践からいったん離れ，立ち止まり，長い時間をかけて反省的に思考することが必要となる。"教育とは教え育むことである"と10秒程度で出した解に満足してはならない。

　教育概念の明確化は教育実践にとってどのような意義があるか。それは，教育者が自分は何をしているのかを理解することを助けることにある。教育が行われるとき，そこでは実のところ何が行われているのか。教育概念を明確にするとは，逆説的ながら，「教育」という言葉を使わずに，教育とは何かを思考し，表現することを意味する。教育者は，自分が本当は何をしているかを理解していなければならない。そうでなければ，教育は行えない。

　もちろん，教育者は自分が何をしているかをすでに理解している可能性もある。だが，理解の広がりや深まりは繰り返し確認されてよいし，その理解は更新されてもよい。概念は自らの行為を省みるさいの1つの参照点である。

　ただし，概念の明確化という理論的作業が実践的意義へと必ず結び付かなければならないわけではない。理論は理論として，実践は実践として，お互いを意識せずに存在してよい。また，両者が結び付くとしても，理論から実践を批判するといった緊張関係もありうる。理論と実践の関係は一様ではなく，一方が他方へつねに意義を持たなければならないわけではない。とはいえ，教育概念の明確化は教育実践にとって意義があるはずである。

2．教育概念の意味内容

　仮に，"教育とは，誰かが意図的に，他者の学びを促進しようとすること

である”と概念規定してみよう。この規定は「教育」を切り詰めた最低限度のものである。そのため，教育はそれだけではないとして他の要素——たとえば社会との関わり——を付加し，概念の意味内容を拡大することもできよう。しかし，この規定から何かを削除することはおそらくできない。教育の概念規定は論者ごとに少しずつ異なろうが，前述の規定はそれらを通底する，つまり教育の意味内容の共通項として合意を得られるのではないか。

　先に示した概念規定“教育とは，誰かが意図的に，他者の学びを促進しようとすることである”を分解しよう。「誰か」とは教育を行なう主体である。教育とは何かを考えていくさいに照明が当てられがちなのは，教育とはいかなる行為かである。むろん重要な問いである。だが同時に発せられなければならないのは，教育を担うのは誰かという主体への問いである。なぜなら，教育は誰かに担われなければ現出しない行為だからである。では，それは誰か。「誰か」としか言いようがない。なぜなら教育は，学校の教師に限らず，誰でも担いうるからである。また，教育は行為であり，「意図」が不可欠である。教育は「誰か」が人為的に起動するものである。

　誰かに意図的に担われた教育は「他者」へ向かう。「自己教育」も教育に含めたいなら，そこでは教育する自己と教育される自己が便宜的に分かたれ，後者が「他者」に位置づけられるとひとまずは見ればよい。つまり，教育という行為には自己と他者という別の地点にその発着が想定されている。しかし，出発に比べ到着は不確実である。出発はしたが到着しないこともある。それでも教育は「他者」を目指す。

　しかし，教育は単に他者を目指すだけではない。他者を目指す行為は看護や介助など教育以外にもある。では，他者の何を目指すか。教育は他者の「学び」を目指す。その学びが「促進」されるように他者へ働きかけるのが教育である。注意したいのは，教育は教育することそれ自体を目指しているのではないという点である。教育が目指すのは他者の「学び」の「促進」である。だからこそ，「他者」の試行錯誤に委ねたほうが「学び」は「促進」されると判断したなら，「誰か」は意図的に“何もしないことをする”こともある。それも教育である。また，「学び」の「促進」という言い方からは，

試験の点数の伸びなど直線の印象を持たれるかもしれない。だが，あえて遠回りをさせたり間違わせたりするような曲線の動きも「促進」には含まれる。

ここで「他者」の側，「学び」の側に視点を転じてみよう。教育は「学び」を目指すが，「学び」は教育がなくても起動することがある。たとえば，子どもが発した覚えたての一言を聞いた大人が世界の新たな見方に開かれていくのも「学び」である。あるいは，新幹線のホームまで見送りに来た親の佇まいから生きていくとはどういうことかという問いを受け取るのも「学び」である。だがこれらは教育ではない。なぜならその一言にも佇まいにも教育的な意図はないからである。「他者」の側が勝手に学び取ったにすぎない。自分に必要なことを本から獲得することもあれば，映画を観たり旅に出たり人に出会ったりして想定外のことを突き付けられることもある。学びは誰にも教育されなくても可能であり，教育がもたらす以上の深い学びが実現することもある。

教育がなくても学びは起こるのにもかかわらず教育するのはなぜか。「他者」から必ずしも求められていないのに教育するのはなぜか。それは「他者」に学んでほしいことがあるからである。つまり「意図」があるからである。

どのような「意図」に基づいて何をどのような順序で教育するかを決めるのは教育者である「誰か」である。「他者」は決められない。もちろん「他者」は何を学びたいかを表明できる。「誰か」も「他者」に尋ねることができる。しかし，その「他者」の求めを聞き入れるかどうかを「誰か」は判断できる。この「誰か」に懸かっているという意味で，教育は一方的である。教育は双方向が望ましいとして双方向の授業が導入されることもある。だが，双方向を望ましいと判断し，実際に取り入れるのは「誰か」でしかない。

しかし，その教育が「誰か」の意図どおりに「他者」へ届くかどうかはわからない。「誰か」の説明がその意図を十全に表現していないかもしれない。「他者」がつまらないと言ってその教育を突き返すかもしれない。教育は，それを他者が受け取る確証が得られないままに行われる不確実な行為でもある。それでも「誰か」は「他者」を想って教育する。教育は贈与である。

教育の不確実さは，先の概念規定の末尾を「学びを促進すること」ではな

く「学びを促進しようとすること」としたことに関係する。前者なら，学び
を促したかどうかという帰結で教育の存在を判断することができる。だが，
その学びを促したのが教育なのか，たまたま読んでいた本の一節なのかはわ
からない。試験の結果がよかったとしても，それが授業によるものなのか，
授業を聞かずに自習したからなのかはわからない。つまり，学びの帰結から
その原因となった教育を遡って特定することはできないと言ってよい。した
がって，教育のあり方は，「他者」の「学び」をどのように「促進」しよう
としたかという「誰か」の「意図」で判断せざるをえない。

３．よい教育とは何か，と問うことができる

　以上の概念分析を通じ，教育は不確実で曖昧なものだと思われたであろう
か。たしかにそうかもしれない。しかし少なくとも教育が不確実で曖昧な行
為であることは明確になったはずである。なかには教育を確実で毅然とした
ものとして概念規定すべきだとの意見もありえよう。だが，教育から不確実
さや曖昧さを拭い取るほどに教育の教育性や教育らしさも失われていき，も
はや教育と呼ぶ必然性のないものへと変わっていく。教育は，教育の意味を
理解し，その不確実さや曖昧さを受け止めることなしには成り立たない。教
育者は，自分が本当は何をしているかを理解していなければならない。
　教育概念の意味内容を論理的な構造として把握し直すなら，教育の絶対的
な起点は「誰か」の「意図」に行き着く。いくらそこに「他者」がいても，
「誰か」の「意図」がなければ教育は始まらない。では，その意図はどうあ
るべきか。何のためにどのような教育をすればよいか。教育の概念分析は，
よい教育とは何かという問いとそれに挑む条件を準備する。

参考文献
橋本憲幸（2018）『教育と他者 —— 非対称性の倫理に向けて』春風社。

広田照幸（2009）『ヒューマニティーズ　教育学』岩波書店。

矢野智司（2008）『贈与と交換の教育学 —— 漱石，賢治と純粋贈与のレッ
　　　スン』東京大学出版会。

（橋本憲幸）

第2章

教育の理念・目的

Q1 価値観の多様化した現代社会で，教育は何らかの理念の達成を目指さなければならないのか

1．日本社会における文化や価値観の多様化と理念（教育目標）の多様化

「立派な大人になりなさい」かつて子どもたちはこうした言葉をかけられていたようであるが，近年では自らが家庭や学校において実際にそのように言われたという経験を持つ人々は少ないかもしれない。その原因としては，立派な大人になりたくても（格差社会や産業構造の変化などにより）なれなくなってきたという現実的な事情もあるかもしれないが，最大の理由は，近年，「立派な大人」とは何を指すのかを一義的には決められなくなってきたことにあるのではなかろうか。

社会の構成員が単一の文化や価値観のみを備えているのであれば，その社会における「立派な大人」とはその文化や価値観の求める構成員像を指すものとして容易にイメージできるだろう。江戸時代であれば，日常生活において人々は主に同一身分の人々とのみ関わりながら，あくまでも各身分に応じた生活様式を守り，自らの「いえ」の存続を最優先とみなして暮らしていた。当時の社会はそれぞれの身分や職業によって細分化されており，人々はそれぞれの身分や職業が有する文化や価値観の求める構成員像を「立派な大人」の姿としてみなし，教育を通してそうした構成員の育成を目指していた

のである。

　だが，明治以降，社会の細分化が徐々に解体されるようになり，社会の中に多様な文化や価値観が存在することが意識されるようになると，統一的な「立派な大人」像の存在もまた疑問視されることになる。たしかに日本社会では，かつて一度は明治以降の国家が広めようとする「支配的な文化や価値観」によって文化や価値観の多様性が見えにくいものとなり，その結果として，人々が比較的均質な文化や価値観を持つとみなされてきた。しかし，そうした日本社会においても「支配的な文化や価値観」が徐々に相対化され，多様な文化や価値観の存在が認められるようになってくると，「立派な大人」についての統一的なイメージを想定することもできなくなっているのである。

　さらに大きな変化をもたらしているのがグローバル化である。法務省の発表によれば，2019（令和元）年6月末現在における中長期在留者数は251万1,567人，特別永住者数は31万7,849人で，これらを合わせた在留外国人数は282万9,416人となっている。彼らの国籍・地域の数は無国籍を除いて195カ国であり，人数の上でも国籍・地域数の上でも日本に暮らす人々の多様化が確認できるのである。さらには文化や産業構造の変化を受ける中で，「日本人」内での考え方の多様化も進み，もはや統一的な「立派な大人」，すなわち社会の教育の理念としての教育目標を想定することも困難になっている。

2．教育の目的

（1）社会の維持のための教育

　だが，統一的な教育理念（教育目標）を想定することが困難になっているからといって，教育目標そのものの設定をやめてしまうわけにはいかないだろう。それはアメリカの教育学者ジョン・デューイ（J. Dewey）が述べるように，社会はその新たな構成員（子どもたち）に自らの社会が必要とする目標や知識，信念などの基本的共通性を身に付けさせることで，自ら（社会）の存続を試みなくてはならないためである。もしも新たな構成員にそうした基本的共通性を身に付けさせることができなければ，構成員の世代交代とともに社会の維持・存続は不可能となってしまうだろう。

それゆえ，社会がいかに多様化し，異なる文化や価値観が等しく「正しい」ものとしてみなされるようになったとしても，個々の文化や価値観を「正しい」ものとみなすそれぞれの集団は，自らの集団（小さな社会）の維持・存続という目的のため，教育を通して集団・社会の共有する目標や知識，信念などの基本的共通性を新たな構成員に身に付けさせる必要がある。その際，そうした目標や知識，信念などの基本的共通性こそが，その集団や社会における教育の理念（教育目標）を意味するものだと理解することができよう。

（2）民主主義社会における教育理念

　さらにデューイは，教育において，①自然に基づいた発達，②社会的に役立つ能力，③人格的・精神的豊かさとしての教養の３点を養うことを重要視する。それぞれの社会が単に自らの維持・存続のみならず，さらなる発展を目的としてその構成員の教育に取り組むのであれば，新たな構成員にはこれらの能力が不可欠だというのである。

　もしも教育が単にそれぞれの集団や社会の維持・存続，すなわち再生産に取り組むものにとどまるとすれば，民主主義社会には民主主義社会の再生産が求められる一方，奴隷制社会には奴隷制社会の再生産が求められるのであり，いかなる集団・社会も独自の教育を行えばよいことになる。だが，デューイはそのような社会の単純な再生産や，単独の文化や社会の枠内に閉じこもった孤立主義を批判する。彼によれば，様々な人々の相互の交流が保証・促進されている社会，すなわち民主主義社会においてこそ社会構成員一人ひとりの能力の解放が可能となるのであるが，内部的にも対外的にも人々の自由な交流が制限されている社会においては，そうした能力の解放は期待できない。そしてその結果，社会のさらなる発展ももたらされないのである。

３．文化や価値観の多様化した社会における教育と不可欠の理念

　このように考えてくると，文化や価値観が多様化した今日，社会の全体において統一的な教育理念を想定することが困難だとしても，何らかの教育理念（教育目標）の設定は相変わらず不可欠なものである。そして，それぞれ

の集団・社会が自らの発展を目指すのであれば，単独の集団・社会の枠内に閉ざされた教育理念ではなく，他の集団・社会に対して開かれた教育理念を設定することも不可欠なのだと言うことができるだろう。

　グローバル化により文化や価値観が多様化した社会における教育のあり方を論じるカナダの教育学者ウィル・キムリッカ（W. Kymlicka）は，民主主義を大切にする社会を維持するためには有徳な市民が必要であると主張し，そうした社会における教育は一定の特性を養うものでなければならないと言う。キムリッカの挙げる特性とは，以下の4点である。①公共精神（公職者の仕事を冷静に評価する力や公的な議論に参加しようとする力，様々な意見に耳を傾けようとする力なども含まれる），②正義の意識（他者の権利を認識し尊重する力や，正義と両立する制度を創り出し，それを支えようとする力も含まれる），③礼儀と寛容さ（たとえ自らが相手を好意的に評価できない場合であっても，相手を自らと対等な存在とみなして交流する姿勢が求められる），④連帯感や忠誠心の共有（他者を自らと同じ共同体に属する仲間とみなし，ともに暮らし続けようと願うことも含まれる）。もしも一定地域で共生するすべての集団・社会の構成員がこれらの特性を備えていない場合，それらの集団・社会の相互の承認は成立せず，それぞれの間での衝突が生じたり，個々の集団や社会が解体されてしまったりする可能性ももたらされるだろう。

4．文化や価値観の多様化した社会における教育理念

　近年，日本社会における文化や価値観の多様化の中，社会全体において「立派な大人」についての統一的なイメージを想定することが困難となり，その結果，統一的な教育理念を追求することも困難となっている。そうした状況は，グローバル化の影響もあり，ますます進行する一方である。だが，社会は自らの社会が必要とする目標や知識，信念などの基本的共通性を，教育によって新たな構成員に伝達することで社会の存続を試みるのであり，さらにそうした教育理念は他の集団や社会にも開かれたものである必要がある。

　キムリッカは民主主義社会を維持する有徳な市民を育てるに必要なものと

して4点の特性を挙げたが，これらは文化や価値観の多様化が進む日本社会においても重要な資質能力となろう。たとえ価値観の多様化した現代社会であったとしても，個々の集団や社会の維持・発展を図り，それら相互の衝突を回避するためには，共生に向けた最低限の教育理念の達成が不可欠なのである。

参考文献

ウィル・キムリッカ（岡崎晴輝ら訳）（2012）『土着語の政治：ナショナリズム・多文化主義・シティズンシップ』法政大学出版局。

ジョン・デューイ（松野安男訳）（1975）『民主主義と教育』岩波書店。

（鈴木　篤）

Q2　なぜ大人は子どもを教育するのか。教育の必要性を説明しなさい

1．学校はそもそも必要か

　子どもはなぜ毎日，学校に通わなくてはいけないのか。多くの人が子ども時代に一度はこうした疑問を持ったことがあるだろう。この疑問を大人の側からみると，次のように言い換えられる。なぜ大人は子どもを学校に通わせ，教育しなくてはならないのか。この問いに対する最も一般的かつ現実的な回答は，日本国憲法第26条において「教育を受ける権利と受けさせる義務」が規定されているからだ，というものだろう。しかし，なぜ，日本国憲法において規定されるほどにさえ，子どもの教育は重要なのであろうか。こうした根本的な検討は，普段ほとんどなされることはないままである。そもそも，私たちの社会には「学校で勉強したことは社会では役立たない」など，（学校に代表される）教育の役割を過小評価する言説があふれている。そこで，以下では普段は意識されないままの，教育の必要性を改めて考えてみたい。

2．教育に支えられた人間性

（1）野生の中で育った子どもたちの限界

　これまで，様々な地域や時代において，オオカミに育てられた少年・少女の事例が伝えられている。最も有名な事例は1920年にインドで発見されたとされる2人の少女，アマラとカマラであり，報告されたところでは，彼らは立ち上がったり歩いたりすることはできず，四つ足で移動し，食事は手を使うことなく地面に置かれた皿に直接口を近づけてとり，言語はほとんど話せなかった。この報告についてはその信憑性についていくつかの疑問が寄せられているが，野生の中で育った子どもたちが，私たちにとっては当たり前のように思える能力（言語，動作，礼儀等）を身に付けていないままであっ

たという例は，1800年頃にフランスで発見された少年（アヴェロンの野生児）をはじめ，数多く報告されている。人間は単に栄養を摂取しているだけでは，知的成長も精神的成長も，そして身体的な成長さえも十分に成し遂げることができないままになるのである。

（2）世代を重ねる中での人間的完成と社会の維持・発展

それに対し，ドイツの教育学者イマニュエル・カント（I. Kant）は「人間は教育によってはじめて人間になることができる」と言い，その際には養育（養護・保育），訓練（しつけ），陶冶（知的教育）という3種類の教育が必要になると主張する。すなわち，身体的成長，精神的成長，知的成長がともに揃ってこそ人間は完成されていくのだが，それらは自動的に身に付くものではなく，教育という意図的な手段によってこそ実現されるものなのである。

そして，カントは「人間とは，教育がその人から作り出したところのものに他ならない」とも言い，人間は世代を重ねる中で教育によってますます完成度を高めていくものでもあるとみなしている。私たちの祖先であるホモ・サピエンスが誕生して以降，先行する世代が成し遂げた成長や発見を教育によって後継世代へと伝えるという営みが幾度も繰り返される中で，人類は複雑な社会と高度な文明・文化を築き上げ，維持・発展させてきたのである。

3．体系的な教育の必要性

（1）他の人々との相互作用を通した学習

では，そのような教育はどうすれば可能となるのであろうか。教育というのは単に，教師が教えれば自動的に子どもたちが学ぶというものではない。重要なのは当人を取り巻く環境を整えることであり，その中でも人的環境である周囲の人々との相互作用は，とりわけ大きな役割を果たすものである。アメリカの心理学者ハーバート・ブルーマー（H. Blumer）は，ものごと（事物や概念）の意味は人々の相互作用の過程から生まれるものだとみなし，ある個人にとってのものごとが持つ意味とは，（そのものごとに関して）他の人々がその個人に対してどのように行為するかという様式の中から生じてくるとする。すなわち，ものごとがどのような意味を持つかは，事前には決

まっておらず，他者とのやり取りの中でともに作り出すものだというのである。たとえば信号の色を「あお」（渡るという行為を許可する指示）とみなすべきか「みどり」（色）とみなすべきかの基準は事前には定まっていない。私たちは様々な場面で他の人々とのやり取りの中で言葉の使用方法を学ぶのである。

　また，オーストリア出身の哲学者ルートヴィヒ・ウィトゲンシュタイン（L. Wittgenstein）は周囲の人々との振舞いの一致を学習とみなす。すなわち，私たちの用いる概念，習慣，規則などにはその基礎に何らかの本質が存在するのではなく（その本質について学べばすぐに自らも正しく使用できるというものではなく），ただ人々とともに暮らし，周囲の人々と相互作用をしながら暮らす中で，いつの間にか学び，（理由はわからないが）なぜか他の人々と大きくは違わないかたちで使用できるようになっているものだというのである。たとえば私たちが思考する際に用いる様々な概念は，他の人々がそれらの概念をどのように使用しているかによってその意味を支えられており，その使用方法が正しいかどうかは他の人々の使用方法（彼は「言語ゲーム」と呼ぶ）と一致している（ように見える）かどうかをもって判断するほかない。

　このことは，概念や知識など知的成長に関わるものだけでなく，精神的成長や身体的成長にかかわる事柄でも同様である。なぜならば，どのような状態をもって「精神的に成長した」とか「身体的に成長した」とみなすかは社会や時代によっても異なるのであり（言葉で定義したとしてもその言葉の解釈方法もまた社会や時代によって異なる），そのつどの社会や時代に暮らす他の人々との一致をもって判断するしかないためである。それゆえ，たとえばオオカミの社会に暮らす子どもたちであれば，四つ足で移動し，食事は手を使うことなく皿に直接口を近づけてとるという振舞いこそが，他の人々（オオカミ）と一致する振舞いなのであり，正しい振舞いなのだと言えるだろう。

（2）意図的・体系的な教育の場としての学校
このように，私たちは他の人々との共同生活や他の人々との相互作用を経

る中ではじめて（その社会の中では）「正しい」とされる知識や振舞いなど
を身に付けることができるのであり，意識的に様々な概念や状況を相互作用
の対象とする場として生み出されたのが，学校教育である。フランスの教育
学者オリヴィエ・ルブール（O. Reboul）は学校教育の要件を次の6点にまと
めている。すなわち，①学ばせようとする意図，②制度，③文化的財産，④
長期にわたる活動，⑤能力ある存在としての教師，⑥批判的精神への呼びか
け，である。（このうち6点目を要件とみなすかどうかは論者により意見が
分かれるかもしれないが）①～⑤の点は，それぞれの社会が①後継世代を育
てるために，②学校という場を意図的に組織して，③これまでに成し遂げた
成長や発見を，④義務教育（＋就学前教育や後期中等教育，高等教育）の期
間に体系的に，⑤（教師－学習者間や学習者－学習者間での相互作用を適切
に生み出せるような）能力を備えた教師によって，伝えようとする営みとし
て理解できるだろう。

4．教育の必要性

近年，家庭の事情等により学校にも通えず，基礎的な漢字や計算さえも十
分に身に付けることのできないままとなってしまった人々が日本にも存在す
ることが，指摘されるようになった。すでに日本において教育は普及・一般
化しているが，ひとたび何らかの理由で教育を受けられないままとなると，
身体的成長，精神的成長，知的成長が脅かされることになるのである。そし
て十分な成長を果たせていない（「言語ゲーム」を十分に共有できていない）
とみなされる人々は，他の人々から大人としての承認を（そしてその社会の
担い手としての様々な決定権までも）得られないままともなってしまう。

さらに，社会は世代から世代へと引き継がれていくが，先行する世代が成
し遂げた成長や発見を後継世代へと伝えることができなければ，社会そのも
のがその姿を維持できなくなってしまうという問題もあるだろう。私たちは
普段，（学校）教育の必要性をほとんど意識することのないほどに，教育と
いう営みを「当たり前」のものとみなしている。しかし，教育の必要性は個
人にとっても社会にとっても確実に存在しているのである。

参考文献

イマニュエル・カント（伊勢田耀子訳）（1971）『教育学講義』明治図書出版。

オリヴィエ・ルブール（石堂常世・梅本洋訳）（1984）『学ぶとは何か』勁草書房。

ハーバート・ブルーマー（後藤将之訳）（1991）『シンボリック相互作用論――パースペクティヴと方法』勁草書房。

ルートヴィヒ・ウィトゲンシュタイン（藤本隆志訳）（1976）『哲学探究』大修館書店。

（鈴木　篤）

Q3 教育目的論の現代的課題について説明しなさい

1. 教育実践と教育目的

　子どもは家庭生活や社会生活において，人やものと関わるなかで，ことば，ルール，価値観，規範など，様々なことを身につけていく。親や教師といった周りの大人が子どもに意図的に働きかけなくても，子どもは環境のなかで様々なことを学び取っている。自覚をしていなくても，わたしたちはものの見方や考え方を，家庭や社会の人との関わりのなかで作ってきたのである。

　一方，明確な意図をもって学習を促す働きかけ，すなわち教育について考えてみよう。たとえば学校において教師は，学校や学年，学級の教育目標，教科や単元の目標を視野に入れ授業の「ねらい」を設定し，子どもが学習に取り組む環境を整え，学習形態と教材を工夫し，目標を達成できるよう意図して授業を行う。あるいは家庭において親は，「こんな人に育ってほしい」，「こんな経験をしてほしい」など様々な願いや想いを抱き，様々に働きかけて子どもを育てる。こうした意図的になされる教育，つまり実践としての教育では「目指す地点」が意識される。

　教育が「目指す地点」は「教育目的」や「教育目標」と表現される。まず，教育目的は「教育がどの方向を目指してなされるのか」，「どのような人を育てるのか」といった教育の「最終到達地点」を示すものである。一方，教育目標は教育目的を実現するために，そこに至るまでに達成すべき点として具体的に設定される（平井，2018）。

2. 教育基本法における教育目的・目標

　教育の目的と目標についてさらに理解するために，ここでは日本の現在の教育基本法に注目しよう。教育基本法は，1947（昭和22）年，日本国憲法の精神に基づき，戦後の日本の教育の根本理念を確立するために公布施行さ

れ，2006（平成18）年に全面的に改正されている。現在の教育基本法第1
条で，教育目的は次のように示されている。

第1条（教育の目的）　教育は，人格の完成を目指し，平和で民主的な
国家及び社会の形成者として必要な資質を備えた心身ともに健康な国
民の育成を期して行われなければならない。

続く第2条では5つの具体的な目標が以下のように示されている。

第2条（教育の目標）　教育は，その目的を実現するため，学問の自由
を尊重しつつ，次に掲げる目標を達成するよう行われるものとする。
一　幅広い知識と教養を身に付け，真理を求める態度を養い，豊かな
情操と道徳心を培うとともに，健やかな身体を養うこと。
二　個人の価値を尊重して，その能力を伸ばし，創造性を培い，自主
及び自律の精神を養うとともに，職業及び生活との関連を重視し，勤
労を重んずる態度を養うこと。
三　正義と責任，男女の平等，自他の敬愛と協力を重んずるとともに，
公共の精神に基づき，主体的に社会の形成に参画し，その発展に寄与
する態度を養うこと。
四　生命を尊び，自然を大切にし，環境の保全に寄与する態度を養う
こと。
五　伝統と文化を尊重し，それらをはぐくんできた我が国と郷土を愛
するとともに，他国を尊重し，国際社会の平和と発展に寄与する態度
を養うこと。

　この法律では教育の目的は「人格の完成」と「国民の育成」の両面から理
念として示されている。第2条では第1条の教育目的の実現のために達成が
目指される，5つの具体的な目標が設定されている。日本の教育は教育基本
法の教育目的に基づいて行われることが求められている。学校の教育活動は，

この教育目的の実現を意識してなされる必要がある。

　さらに，個々の学校では，地域や学校，子どもたちの実態を把握して，具体的に学校における教育目的（目標）を設定していく。教師は，法律に示された教育目的，目標を意識し理解したうえで，学校や子どもの実態に応じた充実した教育活動を展開することが求められる（文部科学省，2018）。

3．教育目的論の現代的課題

　では，現代社会において教育目的を設定していくうえで，どのような課題が考えられるのだろうか。教育目的の設定は，教育目的論においてこれまで様々な立場から議論されてきた。歴史的にみて，まず，教育目的は，「社会のあり方」，「人間の善き生き方」と関連して「政治的・道徳的・倫理的な文脈」のなかで探究されてきた。近代になると，教育目的は社会のあり方や善い生き方の議論から自立した教育固有の領域のなかで論じられるようになった。教育を方向づける機能として教育目的がとらえられた（宮寺，2017）。

　宮寺（2017）によれば，現代の教育目的論において課題とされているのが，「価値多元的社会」において教育目的をどのように正当化していくのかという問題である。「価値多元的社会」とは平井（2018）によれば，「社会の構成員の価値志向における個別化，多様化が進行し，個人の自由が広く認められる一方で，社会構成員の価値観や世界観における共通の理念，規範により社会的統合が難しくなった」社会のことである。社会の価値が対立し合意形成が難しくなっている現代社会では，教育目的を設定する場合，「なぜこの教育目的が社会全体にとって正しいものなのか」という「正当化の論証」が求められる（宮寺，2017）。

　現代では，社会のなかに教育に対する多様な考え方が存在することを前提として，さまざまな視点から教育目的を多角的に議論することが必要であると考えられている。平井（2018）は，「教育が公共的な性質を有している」からこそ，教師を含む市民による「公共的な熟議」を通して教育目的を設定する必要があることを示している。

4．まとめ

　今日，学校，地域住民，保護者等の連携・協働が進められている。たとえば，2004（平成16）年より地域住民等が学校運営に関わる「学校運営協議会」を設置することが可能となり，その協議会が設置された学校は「コミュニティ・スクール」と呼ばれている。学校・地域・保護者が連携・協働して子どもを教育するには，学校教育の「課題・目標・ビジョン」を，「多くの当事者」の間で「熟議」（熟慮と議論）し「共有」することが重要であるとされている（文部科学省，2017）。また，学習指導要領（平成29年改訂）の「社会に開かれた教育課程」の考え方に示されるように，地域社会との結びつきをもって教育課程を編成し，教育活動を展開したり，地域の人材や文化的資源を活かしたりして，子どもたちの学習を豊かなものにすることが求められる。そのためにも，学校の教育目標を保護者や地域と共有していくことが重要であるとされている（文部科学省，2018）。すなわち，学校では教育基本法の教育目的を意識しながら，学校や子どもの実態に即して具体的に教育目標を定めていくとともに，その教育目標を社会における教育の当事者と共有し，連携して子どもたちの教育に携わることが求められている。

　価値観が多様化する現代社会において，人びとの教育観，教育への願い，子どもへの想いは多様であろう。ライフスタイル，社会の課題に対する考え方，未来社会の展望も様々であろう。そうしたなかで，多様な価値観を尊重しながら，目指すべき教育のあり方を追求することが求められている。

参考文献

宮寺晃夫（2017）「教育目的」教育思想史学会編『教育思想事典【増補改訂版】』勁草書房。

平井悠介（2018）「教育目的論」吉田武男監修・滝沢和彦編著『はじめて学ぶ教職1　教育学原論』ミネルヴァ書房，pp.37-48。

文部科学省（2017）『コミュニティ・スクール2018（パンフレット）』

文部科学省（2018）『小学校学習指導要領（平成29年告示）解説　総則編』東洋館出版社。

（野々垣明子）

Q4　戦後日本の教育理念はどのようなもので，それは現在どう変化しているのかについて説明しなさい

1．教育理念とは

　教育理念とは，ある時代の組織体における教育のあり方を根本から規定する理想主義的な教育目的の体系であり，そこには教育が到達すべき究極の姿がある。その特徴として，つぎの3つがあげられる。第一の特徴として，時代の制約を大きく受けるにもかかわらず，時代を超えて普遍的に妥当するかのごとく提示される。第二に，現実から直接導き出されるものではなく，抽象的・一般的な理性のかたちに化したうえで，演繹的に提示され，現実を指導しようとする。第三に，未来が予見できると信じられているかぎりにおいて，それが現実に対する原理となりうる。

　このように教育理念は，教育現実から影響を受けつつも，それを指導しようとする。こうした性格を持つ教育理念に到達するための方向性を示すのが教育目的である。では，戦後日本の教育理念は，それをめぐる教育現実との関係において，どのようにして形成されたのか。「戦後」という時代，「日本」という社会とのあいだで生まれた教育理念とは，いかなるものだったのか。近現代日本の歴史を概観すると，教育理念は1890（明治23）年の教育勅語によって示されたといえる。第二次世界大戦後，教育基本法が1947（昭和22）年に制定されると，それは刷新された。勅語から法律への変化は何を意味するのか，教育基本法の理念は，いつ，どこで，だれによって考案され，どのようなものが示されたのか，そして現在どう変化しているのか。

2．教育理念の法制化とその意味

　教育勅語は，勅語という天皇の「おことば」であり，法令ではなかった。しかし，法体系のなかに位置づけられなかったからこそ，その影響力は無制

限に膨張し，超法規的権力として教育現場を強力に支配していく。その体制においては，教育立法の勅令主義が成立していた。すなわち教育は，天皇大権のもとでの独立命令によって行われたため，議会関与の外に置かれ，国民の意思から隔絶していた。それへの批判は戦前から存在していたが，日本国憲法の制定過程において色濃くあらわれ，勅令主義への否定形として法律主義が確立する。その中核に置かれたのが教育基本法であった。それは民主的な議論を経て制定され，法体系のなかに明確に位置づけられる。

　教育理念が法律によって定められたのは，日本史上画期的なことであり，世界的に見てもそれは珍しかった。欧米各国の教育関係法令には，教育理念を明確に定めた法律や条文があまり見られない。たとえばアメリカでは，教育に関する事項は州の専管事項であり，連邦レベルで日本の教育基本法に相当するものがない。州法でも，教育行政の仕組みなどについて定められているだけで，教育理念は扱われていない。法令で教育の目的や内容を規定することは，個人が持つ思想や信条に対する国家の介入を，議会における多数決によって正当化することになりかねない。そのため，教育の理念や目的の法定化には危うさが付きまとう。教育基本法の制定過程においても，法律で定めることへの疑問や批判が散見される。

　にもかかわらず定められた要因として，教育勅語という日本固有の事情があげられる。敗戦からしばらくの間，教育勅語は直接否定されないままであったが，非軍事化と民主化の勢いが増すにつれ，状況が変化していく。教育勅語で示された理念を刷新する必要性が急激に高まり，新たな理念を掲げた法律が求められたのである。そうしたなかで教育基本法が制定され，異例のかたちで教育の理念と目的が法文化された。

　その際，国家による介入への予防線が，慎重に引かれている。憲法の理念を超えない範囲で，抽象的な理念のレベルに自覚的にとどめ，具体的な目的や目標には立ち入らなかった。また，教育行政について定めた第10条では，「不当な支配に服すること」がないように，特別な制限が設けられる。教育行政の役割は，「教育の目的を遂行するために必要な諸条件の整備確立」とされ，制度的な条件整備に限定された。教育理念の法定化をめぐる問題への

懸念があったからこそ，こうした措置がとられたといえる。

3．教育理念の内実とその行方

　教育基本法で示された理念は，当時において最先端のものだった。いまでは当たり前のものとされる「教育を受ける権利」を，日本国憲法公布時に定めたのはソビエト憲法だけであり，世界人権宣言に盛り込まれたのは2年後のことだった。では具体的にどのようなものが掲げられたのか。

　理念を理解するうえで重要なのは，教育基本法に対して「準憲法」的な性格づけがなされたことであり，それは前文で強調されている。すなわち憲法では，「民主的で文化的な国家を建設して，世界の平和と人類の福祉に貢献しようとする決意」が示され，「理想の実現は，根本において教育の力にまつべきもの」と宣言されている。そして第一条で，「教育の目的」は「人格の完成」を目指し，「平和的な国家及び社会の形成者」たる「心身ともに健康な国民の育成を期して行われなければならない」とされた。現在の人々からすれば新鮮味のないことばが並べられているが，教育勅語と比べると，そのインパクトは小さくなかっただろう。教育勅語では，国家に忠誠，天皇に忠義を尽くす人物を育てる「忠君愛国」が目的とされたのに対して，教育基本法では「人格の完成」が中心に据えられたのである。

　「人格の完成」ということばが条文化されるまでには，曲折の過程があった。その理念は，当時の文部大臣である田中耕太郎が中心になって立案された。だが，文部省からの影響力を排除するために，内閣総理大臣直属の機関として設置した，教育刷新委員会のなかで否定された。そこでは，「人格の完成」から「人間性の開発」へ修正され，前者は人間が則るべき規範があり，それを各自が体得するという基準性があるが，後者は各自の持つ資質を伸ばすという自主性が強いなどの意見が出されている。これに対して田中が反対し，教刷委の副委員長の南原繁も，「人間性の開発」は「国家・社会の形成者」を経由して従来型の「国民の育成」に「集中」する危うさがあり，社会および国家の最終目的は「人格の完成」にすべきと反駁した。

　その結果，「人格の完成」などの理念が条文化されるが，それは時代の変

化に応じて多義的に解釈される可能性を残していた。新自由主義的な教育改革の先駆け的存在として，1984（昭和59）年に設置された臨時教育審議会が，「平和的な国家及び社会の形成者」という目的規定から，愛国心など，複数の徳目を引き出している。そして，教育基本法が2006（平成18）年に全文改正され，教育理念が大きく変質する。憲法との関係が示された前文は変更され，「準憲法」的な性格が希薄化した。教育行政に関する条文も修正され，国家が教育内容のスタンダードを設定することが可能になる。権力を拘束する役割は弱まり，国民が守るべき規範が強調されていく。

　第一条の「人格の完成」は残されたが，第二条で「教育の方針」が削除され，「教育の目標」が設けられた。それまで抽象的な段階にとどめていたが，具体的な諸徳目が挿入され，内面的価値への介入が正当化されている。そこには特定の規範に従順な国民を育成する国家の意図があった。それを示すものとして，「愛国心」が定められ，「伝統と文化を尊重し，それらをはぐくんできた我が国と郷土を愛するとともに，他国を尊重し，国際社会の平和と発展に寄与する態度を養うこと」が，「達成」すべき「目標」の1つとなる。また，この改正は議会を経て実現し，国民が宣言する形式が採られた。すなわちそれは国家権力のみならず，国民自らが定めた規範によって拘束されており，逃れがたい二重の支配を受けていることを意味するのである。

参考文献

市川昭午（2009）『教育基本法改正論争史──改正で教育はどうなる』教育開発研究所。

古野博明（1998）「教育基本法成立史再考」日本教育学会編『教育学研究』第65巻第3号。

松井春満（1990）「教育理念」細谷俊夫・奥田真丈・河野重男・今野喜清編『新教育学大事典第2巻』第一法規出版。

日本教育法学会教育基本法研究特別委員会編（2006）『教育の国家統制法──新教育基本法案逐条批判』母と子社。

鈴木英一（1970）『戦後日本の教育改革3　教育行政』東京大学出版会。

（白岩伸也）

Q5 生涯学習の理念について述べなさい。また，生涯学習社会における学校の役割とは何か，説明しなさい

1．生涯学習の定義と理念

　生涯学習は，変化の激しい社会において，「各人が自発的意思に基づいて行うことを基本とするものであり，必要に応じ，自己に適した手段・方法は，これを自ら選んで，生涯を通じて行うもの」（中央教育審議会答申「生涯教育について」1981 ＝ 昭和56 ＝ 年 6 月）である。この生涯学習のために「自ら学習する意欲と能力を養い，社会の様々な教育機能を相互の関連性を考慮しつつ総合的に整備・充実しようとする」ことを生涯教育という。このように「生涯学習」は「自己の充実・啓発や生活の向上」といった目的意識を前提として「自己に適した手段・方法」を「自ら選」ぶという，国民の主体性や自発性を協調している。

　1987（昭和62）年の臨時教育審議会最終答申において「生涯学習体系への移行」が教育改革の理念として示された。また1988（昭和63）年に文部省（当時）に「生涯学習政策局」が設置され，1990（平成 2 ）年に中央教育審議会（以下，中教審）答申「生涯学習の基盤整備について」の提言を受けた「生涯学習の進行のための施策の推進体制等の整備に関する法律」が制定されて以降，国や地方公共団体の教育行政において「生涯学習」が事業や部局名などに冠されている。

2．生涯学習社会の実現を目指した教育制度改革

　そもそも生涯学習は，1960年代にユネスコ（国連教育科学文化機関）において提唱された新しい教育改革の考え方である。教育を青少年期の学校教育に限定するのではなく，人の生涯という時間軸のなかで多様な教育や学習の「場」を統合して生涯にわたる学習を保障する教育制度を構築しようとす

るものである。1965（昭和40）年の「成人教育推進国際委員会」の議長を務めたポール・ラングラン（P. Lengrand）が，「生涯教育（life-long education）」の着想を提示した。1960年代に生涯学習論が登場した背景には，急激な社会変化および学校教育中心の政策の限界について認識されたためである。ポール・ラングランは，学校教育の普及について，教育機会の平等化に資する反面，変化の激しい社会においては「不平等を拡大する要因の1つ」になると述べている。この考え方が各国に受容される過程で，人の学びの個性化，多様化を念頭に置いた，生涯にわたる学習（life-long learning）を保障するシステムを構築することが目指されることになった。

　ユネスコにやや遅れて1970年代のはじめに，OECD（経済協力開発機構）がリカレント教育（Recurrent Education）を提唱したことも同様の趣旨である。具体的には急激に変化しつつある社会において，学習がすべての人の生涯にわたって必要であるという認識に立ち，従来のような人生の初期の年齢で教育を終えるのではなく，義務教育もしくは基礎教育を修了した人が生涯にわたって，しかも回帰的な方法によって教育を受けることができるようにしようとする，教育に関する総合的戦略が必要とされた。

　日本でも「国民一人一人が，自己の人格を磨き，豊かな人生を送ることができるよう，その生涯にわたって，あらゆる機会に，あらゆる場所において学習することができ，その成果を適切に生かすことのできる社会の実現が図られなければならない」（教育基本法第3条）と規定されているように，現代日本においても生涯学習社会が構想されている。生涯学習社会とは，教育を限定された学校から解放し，学歴社会の転換を企図したものだとされる。

3．今日の日本における生涯学習社会の構想

　第3期教育振興基本計画においては，「多様性を基調とする『自立』『協働』『創造』を前提とした生涯学習社会の実現に向けては，各学校段階・年齢段階ごとの教育を独立した別個の存在として考えるのではなく，（中略）各関係者が互いに連携しながら，それぞれの機能・役割をしっかりと果たしていくこと」の必要性が述べられる。そのため「家庭教育と幼児教育，各学校

間，さらには学校教育と職業生活等の円滑な接続に十分意を用い，教育体系の多様化を含め，地域・学校の実情に柔軟に対応した教育を可能とする環境整備など」が求められるとする。また，「親の学びを応援する観点や退職後の学習機会の確保の観点からも，例えば，子育て世代にとっては家庭教育に関する学習が，高齢者にとっては高齢期の生活を安心で充実したものとするための学習が重要となるように，ライフステージに応じた学習機会の確保が必要になることから，学習者の特性に応じた学習システムを体系的に整備していくこと」が重要であるとしている。

　さらに生涯学習社会の構築の理念実現に向けて「大学等における社会人等の受入れを推進するとともに，学習サービスの質の向上・保証，学習成果の評価・活用，現代的・社会的課題への対応や困難を抱える者に対する学習機会の提供，学習活動を通じた地域活動の推進」が行政として一層求められることが指摘されている。

　このように，教育制度には生涯学習社会の実現に向けて，人間の成長発達や学習に見合った連続性，そして学校のほか家庭や社会の領域を含んだ全体としての統合性が求められる。生涯にわたるあらゆる教育機会を適切に結び合わせていくアーティキュレーション（articulation）の観点から生涯学習社会の教育体系を構想し，その一部として学校を位置づけ直す必要があるのである。第3期教育振興基本計画においても「人生100年時代を見据え，全ての人が，生涯を通じて自らの人生を設計し活躍することができるよう，必要な知識・技能の習得，知的・人的ネットワークの構築や健康の保持・増進に資する生涯学習を推進し，『学び』と『活動』の循環を形成する」ことが目標とされている。

　では生涯学習社会の学校において学ぶべき，「必要な知識・技能の習得」はどのようなものになるのか。ここでは文部科学省がまとめた「Society 5.0に向けた人材育成〜社会が変わる，学びが変わる〜」（2018〔平成30〕年6月5日）において示された，①文章や情報を正確に読み解き，対話する力，②科学的に思考・吟味し活用する力，③価値を見つけ生み出す感性と力，好奇心・探求力がこれからの人材に共通して求められる力に着目したい。

　Society 5.0とは，「第5期科学技術基本計画」（2016（平成28）年1月22日閣議決定）で初めて提唱された，目指すべき未来社会の姿である。狩猟社会（Society 1.0），農耕社会（Society 2.0），工業社会（Society 3.0），情報社会（Society 4.0）に続く，人類が5番目に迎える経済社会を表現している。ICTを最大限に活用し，仮想空間と現実空間とが高度に融合されたシステムにより，我々の生活が劇的に変化すると予測されている。また，このような社会においては，今まで人間が行っていた多くの仕事をAI（人工知能）やロボットが代替することになると指摘されている。このような社会で人間らしく豊かに生きていくための力が上述の3つであるとされる。このような指摘を踏まえながら，どのような社会を迎えても人間らしくあるための知識・技能の習得が，学校の役割と再認識されるべきであろう。

　あわせて，生涯学習社会において教育格差が生じないことへの対応が学校には求められる。ともすると生涯学習は自主性が重んじられる一方で，「自己責任」が焦点化されるという原理をはらんでいる。これからの生涯学習社会において格差が生じないために，学校は共生の理念を誰もが学ぶ場であるべきである。

参考文献

文部科学省（2018）『第3期教育振興基本計画』。

文部科学省（2018）『Society 5.0に向けた人材育成〜社会が変わる，学びが変わる〜』。

日本生涯教育学会編『生涯学習研究e事典』。

清水一彦（2016）「教育における接続論と教育制度改革の原理」『教育学研究』第83巻4号，pp.384-397。

（小野瀬善行）

第3章

教育と公共性

Q1 公教育とは何か。公教育と教師の関係性も含め，説明しなさい

1. 公教育とは何か

　近代社会において経済的，技術的，文化的な発展により社会が複雑化し，従来までの地域のコミュニティや職業的な同業組合による教育，そして家庭での教育（＝私教育）によっては，次世代を生きる子どもたちの教育に質的にも量的にも対応することできなくなった。子どもの教育が社会における公共的な関心事となり，公共の施設において組織的かつ計画的に教育を行うことが構想され，発展するようになった。

　今日，子どもの教育は「社会の公共的課題」と認識されて，公教育として営まれている。公教育とは，狭義には国や地方公共団体が管理・運営する公設・公営の学校における教育をいう。より広義には，法律に基づき官公庁の管理下に置かれる学校における教育をいう。例えば，日本では，狭義には国公立学校における教育を指し，より広義には学校教育法第1条に定める学校，そして学校教育法第124条に規定する専修学校や同法第134条に規定する各種学校，その他の法律に定める学校や施設における教育であると理解することができる。いずれにしても，これらの教育は「平和で民主的な国家及び社会の形成者として必要な資質を備えた心身ともに健康な国民の育成」を期す（教育基本法第1条）という社会の公共的な目的達成に資することが前

提とされる。

このような公共的な目的達成に奉仕する教育を実現するために，公教育制度にはどのような性格を備えている必要があるだろうか。齋藤純一は，公共性の要素として，①国家に関係する公的（official）なものであること，②特定の誰かにではなくすべての人々に関係する共通のもの（common）であること，③誰に対しても開かれていること（open），以上を参照基準としている（齋藤，2000）。このような公共性の参照基準を踏まえれば，財政的基盤や教育内容面に関する法制整備を通じて国や地方公共団体の関与を前提とし国民が全国どこで教育を受けてもできる限り共通の質を保証するとともに，同時に個人のもつ「教育を受ける権利」（日本国憲法第26条）を最大限に保障する性格を備えた教育制度を公教育制度ということができよう。

2．公教育制度の諸原理

上述の性格を備えた公教育制度の整備に際し，「すべて国民は，ひとしく，その能力に応じた教育を受ける機会を与えられなければならず，人種，信条，性別，社会的身分，経済的地位又は門地によって，教育上差別されない。」（教育基本法第4条）という「教育の機会均等」原則の下で「教育を受ける権利」を保障することが目指される。さらに公教育の教育法制上の組織原理として「義務性」「無償性」「中立性」が導かれる。

義務性は，義務教育制度を導く原理であり，法制上，まず保護者の就学義務（日本国憲法第26条第2項，教育基本法第5条，学校教育法第16条）がある。保護者は，その保護する子に「満6歳に達した日の翌日以後における最初の学年の初め」から「満15歳に達した日の属する学年の終わり」まで，9年間の普通教育を受けさせる義務を負う（学校教育法第17条）。このように日本は年齢によって就学すべき期間を定めている（年齢主義）。この他，市町村の学校の設置義務（学校教育法第38条，第49条，第49条の8，第80条），雇用者の避止義務（学校教育法第20条），さらに国及び地方公共団体の就学援助義務（教育基本法第4条第3項，学校教育法第19条）などが含まれる。

無償性とは，教育を受けるために必要な費用を保護者や本人に直接請求せず，公費負担（公共財源）によってまかなうことを意味する。公教育へのアクセスが保護者の経済的格差により影響を受けないように「教育を受ける権利」の平等化，公正化を実現しようとする。日本では，「義務教育は，これを無償とする」（日本国憲法第26条）という規定を受け，「国又は地方公共団体の設置する学校における義務教育については，授業料を徴収しない」（教育基本法第5条第4項）と授業料の公費負担が確認されている。

　さらに財政的基盤に関する法制として，学校教育法第5条には「学校の設置者は，その設置する学校を管理し，法令に特別の定のある場合を除いては，その学校の経費を負担する。」と規定がなされている。「学校の設置者」とは，教育基本法第6条第1項に「法律に定める学校は，公の性質を有するものであって，国，地方公共団体及び法律に定める法人のみが，これを設置することができる。」と規定されているように，国，地方公共団体，法律に定める法人すなわち学校法人に限定されている。同様の規定は学校教育法第2条にも定められている。このように学校がもつ「公の性質」が十全に発揮されるように，学校の設置者を規制したうえで管理や経費負担の責任を明確にしている。

　中立性とは，公教育がすべての学習者にとって開かれたものであり，ある特定の価値観の注入（indoctrination）になることを避けるための原理である。日本においては，中立性原理は以下の3つに分類することができる。まず宗教的中立性である。「国及び地方公共団体が設置する学校は，特定の宗教のための宗教教育その他宗教的活動をしてはならない」（教育基本法第15条第2項）と定められている。これは日本国憲法の政教分離原則（第20条第2項）を学校教育の場で具現化したものである。次に政治的中立性である。「法律に定める学校は，特定の政党を支持し，又はこれに反対するための政治教育その他政治的活動をしてはならない。」（教育基本法第14条第2項）とあるように，国・公・私立すべての学校における党派的教育および活動が禁止されている。最後に行政的中立性である。「教育は，不当な支配に服することなく，この法律及び他の法律の定めるところにより行われるべきもの」

（教育基本法第16条第1項）が確認され，教育行政が「公正かつ適正」（同条）に行われるべきことが確認されている。

　特に行政的な中立性に関わり，具体的に誰のどのような教育への介入が「不当な支配」にあたるのかについては古くから議論があるところであり，1970年代以降における学テ裁判や教科書裁判においても，争点となった。こらの議論の中で「内外事項区分論」といった学説も唱えられた。

3．公教育における教師

　教育制度における中立性原理は，教育内容面に留まらず，人格的接触を通してその内容を子どもたちに教えたり伝えたりする教師のあり方にも適用される。公教育を担う教師は，公務員あるいは公務員に準ずる立場をもつ。「すべて公務員は，全体の奉仕者であつて，一部の奉仕者ではない。」（日本国憲法第15条第2項），あるいは「すべて職員は，全体の奉仕者として公共の利益のために勤務し，且つ，職務の遂行に当つては，全力を挙げてこれに専念しなければならない。」（地方公務員法第30条）と規定されているように，教師は「全体の奉仕者」としての自覚をもつことが大切である。

　先述したように学校教育は，公教育の一環である以上，教育の機会均等の原則を前提とする。学校教育の中で子ども達に直接的な人格的接触を行う教師には，様々な人権の配慮が求められることになる。

　さらに公教育では子どもが学校や教師を選択する余地が乏しく，教育の内容や方法について機会均等を実現する観点から全国的に一定の水準を確保する必要がある。そのため国により学習指導要領が定められ，それに準拠し，検定を経た教科用図書（教科書）が用意される。学校教育法に「文部科学大臣の検定を経た教科用図書又は文部科学省が著作の名義を有する教科用図書を使用しなければならない」（第34条第1項）と規定されているように教科書を「主たる教材」として使用する義務が教師にはある。

参考文献
齋藤純一（2000）『公共性（思考のフロンティア）』岩波書店。

（小野瀬善行）

Q2 学校が「公の性質」を持つとは，どういうことか

　学校が「公の性質」を持つとは，端的に言えば，学校が家庭教育や私的団体による私教育ではなく，社会公共の福利のために行われる社会的・公共的な性格を有するものであるということを意味している。「公の性質」を理解するには，日本国憲法や教育基本法等の法解釈と公教育の制度原理を踏まえる必要があるので，以下３つの視点で「公の性質」を検討する。

1. 教育を受ける権利との関係

　日本国憲法第26条第１項は，「すべて国民は，法律の定めるところにより，その能力に応じて，ひとしく教育を受ける権利を有する」と規定している。同条は，すべての国民が基本的人権の１つとして，「ひとしく教育を受ける権利」を有することを示しており，公教育の最も基本的な制度原理である。

　子どもの教育を受ける権利を保障するために，保護者には子を就学させる義務（学校教育法第16条）が課されており，都道府県や市町村には学校を設置する義務（学校教育法第38，49条），雇用主や経営者には学齢児童を労働者として使用してはならないという避止義務（学校教育法第20条），市町村には経済的理由で就学できないことがないよう就学援助義務（学校教育法第19条）を課している。

　子の教育について第一義的責任を有するのは，保護者であるが，すべての子の教育を受ける権利を保障するためには，保護者だけに責任が課されているわけではなく，国や地方公共団体など社会全体で教育制度を維持し，教育条件を整備していく必要がある。

　教育を受ける権利については，日本国憲法のほか，世界人権宣言（第26条）や児童の権利に関する条約（第28条）の中でも明記されており，国民に限らず，すべての者に対して平等に，生きていくための権利として国が保障するべきものと理解されている。それゆえ，公教育として制度化された学校

教育は，すべての者の教育を受ける権利を保障するものでなければならない。

　このように日本では，日本国憲法に基づき，教育を受ける権利を保障するために，社会全体で公教育制度を確立し，その中核として公の性質を有する学校を設置して，すべての者が等しく学校に通えるよう法整備をしているのである。

2. 教育基本法が示す「公の性質」

　国が，一人ひとりの教育を受ける権利を機会均等に満たす責務を果たすために，公の性質を持つ「学校」が設けられている。教育基本法第6条（学校教育）第1項は，「法律に定める学校は，公の性質を有するものであって，国，地方公共団体及び法律に定める法人のみが，これを設置することができる」と定めている。文部科学省によれば，同条文の趣旨は，「教育を行う主たる機関として学校の法的性格，及び学校の基礎を強固にし，学校の性格にふさわしい活動が行われるための設置者の資格について明示したもの」である。

　「法律に定める学校」とは，学校教育法第1条が定める「一条校（幼稚園，小学校，中学校，義務教育学校，高等学校，中等教育学校，特別支援学校，大学及び高等専門学校）」のことであり，これらの学校は公の性質を持つものである。また学校教育法第2条で，学校の設置主体が明記されており，国が設置する学校を国立学校，地方公共団体が設置する学校を公立学校，法律に定める法人が設置する学校を私立学校と呼んでいる。これらの学校は，教育基本法第6条が示すように，国公私立を問わず，公の性質を持つものである。

　学校が「公の性質」を有することの意味には，次の2つの解釈がある。

　1つは狭く解釈したものであり，法律に定める学校の事業の「主体」が，もともと公のものであり，国家が学校教育の主体であるという意味である。もう1つは広く解釈したものであり，おおよそ学校の事業の「性質」が公のものであり，それが国家公共の福利のためにつくすことを目的とすべきものであって，私のために仕えてはならないという意味である。

　学校事業の「主体」が公のものであると解する考え方は，教育事業主体説

57

や学校設置主体説とも呼ばれており，国家が学校教育の主体であり，国家に専属する事業として，国家が自ら設置・経営するものという捉え方である。このような捉え方の下では，私的団体が国家の許可を得て設置経営する私立学校が，国の学校教育事業の一部であるという考えになる。教育基本法が制定された1947（昭和22）年当時の解釈によれば，国公立学校だけでは入学志願者を十分に収容することができないので，私立学校が公の性質を有する学校として機能を果たしているとの見方もあったが，これは狭い意味での解釈である。

　一方，学校事業の「性質」が公のものであると解する考え方は，教育事業説と呼ばれており，日本国憲法第26条が規定する「教育を受ける権利」の考え方を具体化したものと捉えられている。近代国家においては，国民の教育的要求に応じて学校を設置し，全国的な教育制度を体系的に整備しており，系統的学校制度が確立されている。系統的学校制度の下で実施される学校教育事業は，国民全体のものであって，一部のためのものではなく，すべて国民は，ひとしく，その能力に応じた教育の機会を与えられなければならない。それゆえ，この学校教育は，公的事業として，公共のために行われるものであり，公の性質を持つものと捉えられている。日本では，私立学校を含めて系統的学校制度を形成しており，国民の教育を受ける権利を保障するものとして，学校は公の性質を有するものである。

　教育基本法第6条の規定は，憲法第89条の「公の支配」との関係を念頭に置いて規定されたものであり，学校が公の性質を有し，またその設置者も公あるいはそれと同等と考えられるものに限定している。

3．私立学校における「公の性質」

　以上のように，日本では日本国憲法や教育基本法の考え方に基づき，国公私立の学校は共通して「公の性質」を持っている。他国の教育制度を見ると，国の定める法律が厳格に適用されているのは，国公立学校のみで私立学校には適用されないこともあるが，日本では，国公私立の学校が，等しく公の性質を持つと捉えられている。

　教育基本法第8条は，「私立学校の有する公の性質及び学校教育において果たす重要な役割にかんがみ，国及び地方公共団体は，その自主性を尊重しつつ，助成その他の適当な方法によって私立学校教育の振興に努めなければならない」と定めている。同条文は，私立学校の自主性を尊重しつつも，公の性質を有する私立学校教育の振興に努めることを示している。また私立学校法第1条では，「私立学校の特性にかんがみ，その自主性を重んじ，公共性を高めることによつて，私立学校の健全な発達を図る」ことを示している。

　これらの条文が示すように，私立学校は，自主性と公共性の両方を併せ持つことによって，私立学校の健全な発達を図ることを目指している。私立学校では，学校教育法第6条に基づき，授業料の徴収が認められており，教育基本法第15条に基づき，特定の宗教のための宗教教育が認められている。これらは国公立学校とは異なり，私立学校の独自性が発揮できる点である。

　このように日本の私立学校は，独自性が認められている点もあるが，国公立学校と同様に公の性質を有する公教育機関であり，国公私立学校は国民に開かれた学校として，公の性質を維持していかなければならない。

参考文献

伊藤和衛・持田栄一編（1976）「学校の自主性と公共性」『日本教育行政学会年報2』教育開発研究所。

杉原誠四郎（2011）『新教育基本法の意義と本質』自由社。

浪本勝年・三上昭彦編著（2008）『「改正」教育基本法を考える』北樹出版。

星野真澄（2019）「教育権と学習権」藤田晃之・佐藤博志・根津朋実・平井悠介編著『最新 教育キーワード──155のキーワードで押さえる教育』時事通信出版局。

（星野真澄）

Q3 公教育制度の成立について，わたしたちはなぜ理解する必要があるのか

1．国民教育権論を提示するために

　日本の教育学では，公教育の思想および制度の解明が，1950年代後半から重要な課題とされてきた。そこでは公教育とは何かという普遍的な問いが設定され，それに対する有効なアプローチとして，公教育制度の成立について検討されている。では，その時期においてなぜ公教育をめぐる議論が活発になったのか，また，その成立についてどのように論じられたのか。

　当時は，非軍事化と民主化を推し進めた戦後改革からの，いわゆる逆コースが台頭し，戦前の国家主義への回帰が懸念された時代であった。教育の動向に焦点づけると，学習指導要領に法的拘束力が付与され，教科書検定制度が強化されるなかで，学校教育に対する公権力の介入，とりわけ国家による規制が警戒され，それを排除しようとする動きが高まっていた。そのようななかで，公教育のヘゲモニーをめぐって，国家による教育を主張する側と国民による教育を主張する間での激しい抗争が繰り広げられる。

　学術界の主流は，教育の国家主義化へのアンチテーゼとして，教師を主体とする国民の教育権論を主張していく。その理論的根拠となったのが，公教育制度をめぐる議論であり，その成立史はあるべき教育システムを示すものとして，つぎのように描かれる。公教育の歴史は，古代までさかのぼることができるが，それは公衆に公開され，公的な機能を有する制度とはいえなかった。世俗性，義務性，無償性を原理とする公教育制度は，ドイツで最もはやく成立する。しかしそれは，宗教改革と絶対主義国家を与件とするものであり，国家の厳粛な管理下に置かれていた。

　そこで注目されるのが，市民社会の理念のうえに打ち立てられた公教育思想であった。その典型例を示した人物として，フランス革命期の哲学者，政治家のコンドルセ（1743 ～ 1794）が参照される。かれは，全市民に等しく

開かれた公教育制度の確立を主張し，良心の自由を守りながら，自由と平等
の権利を行使する人格の形成を希求した。そのための制度設計として，徳育
の権利は両親の自然権に属するものとみなし，公教育は，知識の伝達を介し
ての知性の開花を目指す知育に限定する。それによって個人の思想や信条な
どの私的領域に対して，国家権力が介入するのを制限しようとしている。

　このような西欧近代における公教育の思想および制度は，戦後民主主義に
適合的な教育システムを再構築するうえでの重要なモデルとされる。教育は
本質的に私事であり，知育に限定しながらそれを組織化するという，私事の
組織化が公教育のキーワードとなった。1960年代から1970年代にかけて，
国家主義的な教育に対する警戒心は，社会的に一層強まっていく。それが過
熱化すればするほど，国家教育権論への批判は高まり，西欧近代の公教育制
度への憧憬も強化されていくことになった。

2．教育の自由化論に対して

　ところが，国民教育権論は，1980年代から次第に勢力を失っていく。世
界的に見て，その時期はグローバル化が急速に進展し，公教育を実質的に支
えていた国民国家の行方が問われていた。国民国家の構成要素である，国
民，国家，資本のうち，資本がヘゲモニーを握り，市場原理を強力に体制化
しようとする新自由主義改革が世界を席巻する。公的事業は民間へ委託さ
れ，従来の社会システムは抜本的に変革されていく。そのなかで台頭したの
が，教育の自由化論である。公的アクターが担ってきた学校経営を，民間セ
クターへ委ねたり，学校の選択制を導入したりするようになる。かつてのよ
うな国家対国民の図式は後景に退き，市場原理を導入しながら教育の私事化
を推進するのか，それとも平等の維持と実現を図る公共性原理を打ち立てる
か，といった対立軸が前景化する。

　日本において公教育をめぐる議論の軸が変容する端緒となったのは，
1984〜87年に4次にわたる答申を出した臨時教育審議会である。臨教審は，
内閣総理大臣直属の諮問機関であり，当時の中曽根政権は，それまでの福祉
国家的な「大きな政府」から，民営化や規制緩和による「小さな政府」を目

指した。そこで全面的に展開した自由化論は，多様なニーズに応えることを前提にしつつ，教育の多様化と学校の選択化を主張するものであった。そしてそれは，日本人論・日本文化論に媒介されることによって，個性化論へと展開していった。国家関与の縮小と拡大の二面性が存在していたのである。

　その問題性を浮き彫りにするために，つぎのようなかたちで公教育制度の成立に照明が当てられる。19世紀以降，産業革命を経て，従来の家族や地域を母体とする共同体が解体された結果，私的な形態によって子どもの発達を保障できない状況が生じた。そこで，社会の責任として教育を行う必要に迫られて，公教育が制度化されたのである。もちろんそこには，普通選挙制度の成立によって政治教育の必要性が高まったなどの理由も存在するが，自由競争が人間の発達にもたらす弊害を是正し，教育機会の平等などの社会的公正を実現する意味があった。

　一方，臨教審の自由化論は，そのような社会の責任やその自覚を取り除いたうえで成立している，と批判されたのである。公教育への共同責任が失われ，公共財としての公教育という感覚が減退しているとされた。そのような批判への根拠となるのが，成立当初の公教育制度であり，それが教育の私事化に対するアンチテーゼの参照項となったのである。

3．「公教育制度成立史」とどう向き合うべきか

　公教育をめぐる議論は，時代や社会によって，その力点が異なる。それゆえ，公教育概念はいまなお明確になっておらず，対概念とされる私教育との境界線も画定していない。公教育制度の成立について理解する理由も，歴史的・社会的文脈によって規定されている。変化する歴史像を概観すると，公教育制度成立史が，各時代における教育システムへの批判的道具として利用されてきたと指摘することができるだろう。つまり，成立時の公教育制度が理念系として位置づけられ，それとの落差が根拠になって現行の制度が糾弾されている。そのような作業が繰り返されると，公教育への期待が肥大化し，それが不問に付される可能性が生じかねない。

　歴史的に形成された現在という磁場から完全に自由になることは困難であ

る。しかし，というより，だからこそ，公教育を論じるうえでの方法論的前提については自覚する必要があるだろう。そのために，公教育制度の成立がどのように語られたのか，そしてその語りはどのように変化してきたのかという，いわば公教育制度成立史のヒストリオグラフィーが求められるのではないだろうか。それに関する断片的で限定的な作業は，上述のごとく行っているが，すでに他にもこのような取り組みは実施されている。

　公教育の歴史を古代までさかのぼる試みもあるが，日本の公教育をめぐる議論の歴史は決して長くない。日本の学校システムは，19世紀から20世紀への世紀転換期に成立したものの，その時期に公教育ということばが人口に膾炙_{かいしゃ}していたわけではなかった。教育に関する辞典類を幕末維新期から時系列に探ると，それが単独の項目としてはじめて掲載されるのは，1930年代だったことが確認される。第二次世界大戦後には，多くの辞典類で解説されるようになり，戦後教育学のメインテーマとなっていく。総力戦体制へ突入する時代になぜ注目され，その議論が戦後へどう引き継がれていったのか。このような問いと対峙しながら，議論をめぐる歴史的磁場を解明し，曖昧なまま膨張する公教育概念を等身大の姿へ差し戻さなければならない。その意味で公教育制度の歴史を理解する必要があるだろう。

参考文献

羽田貴史（1993）「自由化論と公教育論の課題」日本教育社会学会編『教育社会学研究』第52巻。

堀尾輝久（1971）『現代教育の思想と構造 ── 国民の教育権と教育の自由の確立のために』岩波書店。

市川昭午（2006）『教育の私事化と公教育の解体 ── 義務教育と私学教育』教育開発研究所。

小玉重夫（2002）「公教育の構造変容 ── 自由化のパラドクスと「政治」の復権」日本教育社会学会編『教育社会学研究』第70巻。

森田尚人・藤田英典・黒崎勲・片桐芳雄・佐藤学編（1993）『教育学年報 2 学校＝規範と文化』世織書房。

（白岩伸也）

Q4 公事としての教育と私事としての教育は対立するものであろうか

1. 公事と私事

　私たちが「教育」という言葉を聞いたとき，学校教育を頭に思い浮かべることが多いであろう。それほどまでに，学校教育は私たちの社会制度の中で大きな制度として存在している。その学校教育制度は立法府で議論され成立する教育関連法規によって形づくられ，それらの法に則して運営される教育行財政によって支えられている。教育は，国家および地方公共団体によって管理され，広く国民に提供されている意味で，公事としての性格を有する。

　ただ，教育概念を拡張させて考えたとき，公事に属さない教育も確認できる。家庭における教育である。子どもが未成熟，未発達な状態で誕生して以降，その子の生存への配慮として，親を主とする周りの大人によって，中・長期的な展望のもとで教育が行われている。家庭では，近親なる存在としての子どもが将来において自立・自律できるように，また親がこうなってほしいと願う姿を目指して，しつけ，生活習慣の確立を含めた教育が行われている。この意味において，私事としての教育もまた，社会の中には存在している。なお，わが国では，教育基本法第10条で，「父母その他の保護者は，子の教育について第一義的責任を有するものであって，生活のために必要な習慣を身に付けさせるとともに，自立心を育成し，心身の調和のとれた発達を図るよう努めるものとする。」と家庭教育が規定されている。

2. 公事としての教育と私事としての教育の原理

　公事としての教育と私事としての教育は，本来的には相互に補完的な役割を担っている。このことは，18世紀後半から19世紀にかけて確立された公教育制度の原理から読み取ることができる。

　1789年のフランス革命を契機として，フランスでは，市民の時代として

新しい時代の体制を築いていくために政治・社会・経済的改革が断行され，新たな公教育体制の確立も課題とされていった。1791年に制定されたフランス憲法においては，全市民を対象として共通教育の無償教育制度を創ることが明記される。身分階級によって差をつけることなく，万人が同じ教育を受ける権利を保障するために，単線型教育制度が構想されていった。

　こうした時期に公教育制度構想が種々出されていくが，その中でもコンドルセによって提出された「公教育の一般的組織に関する報告及び法案」（いわゆる「コンドルセ案」）は，近代公教育制度の基礎を示している点で重要な意義を有していた。そこでは，①（〈父親の教育権の保障〉〈学ぶ／教える自由の保障〉を含む）教育に関する自由の主張，②公権力に対する教育提供の義務の主張，③教育の機会均等の主張，④公教育を知育に限定させるという教育の中立性の主張，が反映されていた。コンドルセ案は最終的には廃案となるが，その理念はジュール・フェリー法（1881-1882年）において具体化され，現在に通じる公教育制度原理が確立された。

　これらの原理に通底しているのは，近代個人主義に基づく考え方である。個人は何人によっても侵されえない自由権を有しているという前提のもと，個人の自由を保障しさらに拡大させるためには，私事としての教育が重要な役割を担うと認識されていたゆえ，公事としての教育は私事としての教育の領域を侵してはならないとされた。近代の始まりにおいて，学校教育が価値中立的な知識・技術の伝達（instruction）に内容を限定させていたのも，家庭で行われる価値伝達を含む教育（education）に抵触しないためであった。

　その原理が変質してくるのが，19世紀ヨーロッパに見られた国民国家（nation state）の成立とその後の世界的拡大以降である。公教育が国民形成の役割を強く担われることにより，公事としての教育は個人のアイデンティティ形成にまで射程を拡げ，価値の伝達を含み込むことになった。こうした変化が，公事としての教育と私事としての教育の対立の契機となったのである。

3．公事としての教育と私事としての教育の対立

　公事としての教育と私事としての教育の対立は，親の養育の対象である子

どもが，同時に未来社会を支える構成員として公的な教育の対象でもあることに起因する。対立は，親と国家の間で起こる教育権限をめぐる訴訟という形で顕在化していく。その1つの事例として，アメリカのモザート裁判（*Mozert v. Hawkins Country Board of Education*）を挙げることができる。

モザート裁判は，宗教心に篤い親が地方教育委員会を訴えた裁判である。原告である親は，子どものリーディングの教科書のなかに自分の信仰とは矛盾する内容が記載されていることを理由に，わが子のリーディングの授業への出席免除を求めたことに対し，地方教育委員会がそれを認めなかったことを不服として，訴訟を起こした。一連の裁判の最終判決（1987年）は，親の訴えを棄却する控訴裁判所による判決であった。

原告の訴えが棄却された理由は，子どもが将来価値多元化社会を生きていくことが想定される以上，多様な考えにふれる教育を受ける機会をその子どもに保障することは，信仰の自由と表現の自由の一部としての原告の教育権に優先する，と判断されたからである。それは，先例であったヨーダー裁判（*Yoder v. Wisconsin*）の連邦裁判所による判決（1972年）とは異なる判断であった。牧歌的な共同生活を行うアーミッシュ宗派の親がわが子の義務教育の最終年限2年間の免除を求めて起こしたヨーダー裁判において原告の訴えが認められたのは，子どもが将来，伝統のある宗教共同体内にとどまり世俗から離れた自給自足の共同生活を行うことが前提とされていたゆえ，2年間の内容の義務教育を免除することも妥当だ，という理由によるものであった。

モザート判決は，子どもの未来の権利と親の現在の権利とを比較考量する発想にもとづき下された。子どもの未来の自由を保障しようとするパターナリスティックな判断は，公事としての教育と私事としての教育の対立を調停するための1つの視点を提供している。

4．理念系としての国民の教育権論と子どもの権利の保障

子どもの未来の自由を保障するために，公事としての教育と私事としての教育の対立を調停しようとする論が，わが国の教育学において確認できる。国民の教育権論である。

　堀尾輝久を代表的論者とする国民の教育権論は，「親義務の共同化＝私事の組織化としての公教育」という主張を基軸としている。堀尾の『現代教育の思想と構造』（1971年）に明確に示されているように，この主張は，近代教育思想において，人間の思想・良心の形成は家庭教育で行うことを原則とするが，科学的・客観的知識教育の部分は親の教育義務を委託できる，とするものである。それはまた，公教育が親たちによって支えられており，常に親たちによって監視され守られていかなければならないとする主張でもある。国家は，組織された私事を社会的要求として受けとめ，要求を調整し，必要な施策を行う実行・調整機関でなければならない，とされている。

　国民の教育権論は，私事としての教育と公事としての教育の連続性を希求するものであった。それは，国家による教育への過度な介入，および国家の教育権限の肥大化に抗する論として，1960年代から70年代に有効に機能していた。しかし，その有効性・現実性は，市場原理に基づく教育改革が進んだ1990年代以降，学校教育を含む教育を個人的消費財とみなす教育の私事化の進行によって問い直しが図られている。私事を組織化して新たに立ち上がる公教育の姿を描き出すことができないまま，公教育の解体が進んでいる。

　公教育とは，誰に対しても開かれているという意味において，公共性を備えるものである。それと同時に，みなで協調して支えていく共同性を備えるものである。公教育の解体を防ぎ子どもの未来の権利を保障するためにも，いま求められているのは，私事としての教育に向けられた関心を，公事としての教育への関心へとつなげていく理論と実践の構築なのである。

参考文献

平井悠介（2017）『エイミー・ガットマンの教育理論』世織書房。

広岡義之編著（2007）『教育の制度と歴史』ミネルヴァ書房。

堀尾輝久（1971）『現代教育の思想と構造』岩波書店。

市川昭午（2006）『教育の私事化と公教育の解体』教育開発研究所。

宮寺晃夫（2014）『教育の正義論』勁草書房。

（平井悠介）

Q5 日本と諸外国の公教育費の比較から，教育の公的役割とその課題を明らかにしなさい

1．公教育費の国際比較

OECDが公表する2019年版の「図表で見る教育（Education at a Glance）OECDインディケータ」によれば，日本の在学者1人あたりの年間教育支出額（各学校段階の教育機関の総支出をフルタイム換算した在学者数で除して算出した額）は，OECD加盟国の平均を上回る値である（表3-5-1参照）。

表3-5-1　在学者1人あたりの年間教育支出額

	初等教育	中等教育	高等教育	全教育段階
OECD平均	8,470ドル	9,968ドル	15,556ドル	10,502ドル
日本	8,978ドル	11,219ドル	19,191ドル	12,096ドル

しかし上記の数値では，国の富に占める教育支出の割合は示されていないため，各国が教育に対して，どの程度の優先順位で支出をしているかは見て取れない。そこで，教育機関に対する総教育支出の対GDP（国内総生産）比に注目してみると，OECD各国平均は，GDPの4.89％を初等教育から高等教育段階までの教育機関に充当している（図3-5-1参照）。GDPに対する教育支出が高い国は，ノルウェーが6.5％，ニュージーランドが6.42％である。先進7カ国の中では，イギリスが6.17％，アメリカが5.99％，カナダが5.88％，フランスが5.18％と教育支出の割合は他国に比べて高水準であるが，ドイツは4.17％，日本は4.04％とOECD平均を下回り，イタリアの3.63％に次いで低い値である。GDPに対する教育支出の中でも，高等教育機関への教育支出の割合は，OECD平均が1.47％であるのに対して，日本は1.38％と大差が見られないが，初等中等教育への支出は，OECD平均が3.42％に対して，日本は2.66％と低い値である。

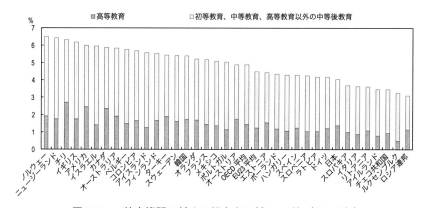

図3-5-1　教育機関に対する総支出の対GDP比（2016年）

出典：*Education at a Glance 2019: OECD Indicators*, OECD 2019, Figure C2.1., Total expenditure on educational institutions as a percentage of GDP（2016）.

　これらの学校教育への支出は，各家庭が直接支出する学校教育費（私費負担）と，国や地方公共団体が税金により支出する公財政教育支出（公費負担）の2つに大きく分けられる。教育機関に対する教育支出の公私負担割合に注目すると，初等中等教育機関については，OECD加盟国の平均値と日本の値には大差なく，全財源の大半（OECD平均値は90％，日本は92％）が公財政支出により賄われている。一方で，高等教育機関への公財政支出の割合は，OECDの平均値が66％であるのに対して，日本は31％と少ない状況にある。

　さらに，一般政府総支出（中央・地方を含む総支出）に占める公財政教育支出の割合に注目すると，OECD平均に比べて，日本の公財政教育支出の割合は低い。OECD加盟国の中で，公財政教育支出の割合が最も少ない国はイタリアで6.9％，最も多い国はチリで15.6％，OECD各国平均が10.84％であるのに対して，日本はOECD各国平均より3ポイント下回る7.8％であり，OECD加盟国の中で低い値である（図3-5-2参照）。

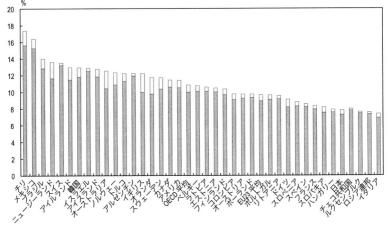

図3-5-2 一般政府総支出に占める公財政教育支出の割合（2016年）
出典：*Education at a Glance 2019: OECD Indicators*, OECD 2019, Figure C4.1.,
Composition of total public expenditure on education as a percentage of total government
expenditure（2016）.

２．教育の公的役割とその課題

　教育の公的役割を法的に見てみると，政府が公教育費を負担することについては，日本国憲法，教育基本法，学校教育法等の法律で，義務教育の無償，授業料の無償，設置者負担主義などの理念が盛り込まれている。

　日本国憲法第26条第２項は，「すべて国民は，法律の定めるところにより，その保護する子女に普通教育を受けさせる義務を負ふ。義務教育は，これを無償とする」と定めており，これが学習権保障の財政原理となっている。

　教育基本法第５条第４項は，「国又は地方公共団体の設置する学校における義務教育については，授業料を徴収しない」と規定し，授業料の無償の範囲は，義務教育段階の国公立学校に限定している。また教科書については，義務教育諸学校の教科用図書の無償措置に関する法律（1963年制定）に基づき，国公立学校だけではなく私立学校においても義務教育段階の教科書は無償とすることが定められている。さらに，教育基本法第４条第３項と学校

教育法第19条は，経済的困難者に対する就学奨励の義務を国および地方公共団体に課しており，すべての国民がひとしく教育を受けることができるよう教育の機会均等の理念が示されている。

　教育の無償性とは，教育財源を私費負担ではなく，公費負担によって賄うことを意味しているため，無償の範囲の設定は議論になる。例えば，現在，学校教育でかかる様々な費用（学用品費，給食費，通学費，修学旅行費など）は，私費負担を基本としているが，これらは無償の範囲に含まれないのか。また法律の中で定める授業料の無償は，義務教育段階だけではなく，就学前教育から高等教育までを対象としないのか。国公私立という学校設置者の違いによって，無償の範囲は，どの程度まで異なることが適切なのか，など様々な課題があり，時代の変化とともに検討を重ねていかなければならない。

　またこれまで日本は，諸外国に比べて，就学前教育と高等教育段階の教育費に占める家計負担（私費負担）の割合が大きく，課題とされてきた。このような課題を受けて日本では，2019（令和元）年10月から幼児教育・保育の無償化を開始し，幼稚園，保育所，認定こども園などを利用する3歳から5歳児クラスの子どもたちと，住民税非課税世帯の0歳から2歳児クラスまでの子どもたちの利用料を無償にした。また高等教育の無償化については，2020年4月から国の制度として就学支援新制度を実施し，住民税非課税世帯とそれに準ずる世帯の学生を対象に，大学，短期大学，高等専門学校（4・5年生），専門学校での学びへの財政支援として，授業料・入学金の免除または減額と，返還を要しない給付型奨学金の対象者・支給額の拡充を実現している。これらの就学支援制度は，就学前教育から高等教育まで一貫して教育を受ける権利を保障する財政原理となりつつあるが，現在は所得制限がある中での「無償化」であるため，支援の対象は限定的だという課題もある。

参考文献

OECD, *Education at a Glance 2019: OECD Indicators*, 2019.

（星野真澄）

第4章

教育的関係

▌Q1　教育者と被教育者の間の教育関係を成立させている要素とは何か

1．教育関係とは何か

　教育が多種多様で複雑な（人間）関係のなかにおいて展開されることは言うまでもないが，教育者が被教育者への明確な意図や手段をもってして働きかけることでその成長を企図する営為であると狭義の意味で捉えた場合，たとえば家庭内で行われる無意図的な教育あるいは中世ギルドのような徒弟制といった関係とは異なる独自の相互作用をもたらすものとしての教育関係の存在を指摘できるだろう。

　古くはロック，ルソー，ペスタロッチーらに教育関係に着目した考察が見られ，またヘルバルトやディルタイもまたその意義について言及してきたが，教育学の重要概念として十分な議論を展開することはなかった。しかしその後，ヘルマン・ノール（H. Nohl）がディルタイの影響を受けながらも独自の定義を行い，教育学の基礎概念として教育関係を位置づけたのである。彼によれば，「教育の基礎」である教育関係とは，「成熟した人間の成長しつつある人間に対する情熱的関係である。しかもそれは成長しつつある人間が自らの生と生活形式を獲得しうるよう，彼自身のために存在する関係」（坂越，2019，p.5）とされている。

　その特徴として，教育者と被教育者との間に権威と服従に基づいた垂直的

関係がありながらも，お互いの愛を伴った水平的関係であること，基本的には一対一の直接的で人格的な関係であり，教育の終了によって将来的には解消されるべき関係であることが挙げられる。教育関係の具体例として「教師ー生徒」「大人ー子ども」「親ー子」間の関係が想定されながら，ノールの弟子たちによって教育概念は批判的に継承・発展していくことになる。たとえばフリットナーは教育関係を共同体の次元において再定位しようと試み，リットは教育関係を取り巻いている歴史的・社会的状況をノールの教育関係論が看過していたと批判し，ボルノウは教育関係の背景を用意している「情感的条件や人間的態度の全体」を含んだ「教育的雰囲気」論を展開した。

　もちろん，ノールの教育関係論そのものに対する根本的批判がなかったわけではない。そのような批判を展開する代表的論者の１人であるヘルマン・ギーゼッケ（H. Giesecke）は，ノールの教育関係論に次のような批判を行っている。すなわち，教育関係論が愛や信頼といったあまりに高邁な理念を要求しており，専門的な職業集団である教員にそれを求めることは非常に困難である。また教育者による被教育者への影響ばかり注目され，その他の要因が軽視されていることや，科学的な探究に馴染まないこと，そして被教育者が複数の教育者と関係を結ぶ場合，どのような愛と権威（服従）関係となるのかが不明なことを指摘したのである。

２．教育関係における非対称性

　上述のギーゼッケの批判は，現在を生きる私たちにとっても納得できる部分が多いのではないだろうか。学校という場において，集団としての子どもを相手にし，日々の業務に携わる専門家集団である教員にとって，相互の愛と権威（服従）を前提としているノールの教育関係論は，理想論としての意義は分かるものの実際問題としてその関係の形成・維持が難しいように見えるからである。さらに，教育関係の成立の有無を科学的に検証することも難しいであろうし，理想的な教育関係を追い求めるあまり，教育者による被教育者への抑圧や暴力につながってしまう危険性も看過されてはならないであろう。

　ノールの教育関係論の垂直・水平軸の狭さを指摘した宮澤康人（2011）は，

人間の生物学的・歴史人類学的な視点から，「教師─生徒」といったタテ・ヨコの関係のみならず，家族きょうだいや親戚あるいは地域の人間関係も含んだナナメの関係の重要性を説いている。また，教育における相互作用の意義を主張したクラウス・モレンハウアー（K. Mollenhauer）は，ノールの教育関係論の垂直的特質を批判し，教育者と被教育者との民主的で対等な相互作用が展開される水平的関係への転換を強調していた。

　すでに述べたように，ノールにおいて教育関係を成立させている要素とは，とりもなおさず「成熟した人間」と「成長過程にある人間」との質的差異とそれに伴う愛と権威（服従）の態度である。現在，グローバル化が展開されているなかにあって，旧来の共同体およびその内部における教育関係が存続しにくくなっており，自らと価値観を共有しない他者との出会いが増加している。何をもってして「成熟」と「成長過程」を区別するのかという疑問に，普遍的な基準で答えることは難しいかもしれない。ノールの教育関係論がアクチュアリティを失っていると思われても無理からぬ話である。

　しかし，宮澤が「牧人＝司祭」の語源へと遡ることによって指摘したように，かつて教師は，共同体を代表して超越者からの啓示を受けとり，それを共同体の成員に告げる精神的指導者であり，それゆえに権威を有する存在とされていた。現在の教師がそのような王や神に匹敵するような権威を有しているわけではないが，たとえば聖職者としての教師像が今でも根強く残っていることにその権威性の証左の1つを見出すことができる。その意味において，教育者の権威はたしかに暴力の温床となる危険性を抱えてはいるが，しかしそれは今なお教育関係を支える重要な要素であり，現在においても変わらないのではないだろうか。

　内田樹（2005）は，尊敬できる先生の条件について奇妙で逆説的な説明を与えている。先生が尊敬されるのは，知識や技術といった量的な側面において被教育者を凌駕しているからではない。それら量的側面における非対称性は，先生と被教育者とを水平の次元のみに位置づけてしまうため，教育関係を立ち上げてはくれない。教育関係を成立させるのは，被教育者を魅了する先生の「謎」である。先生は被教育者の理解を超えた世界に生きており，そ

の理解し得なさが被教育者の欲望を駆動し，教育関係へと招き入れる。つまり，謎こそが教育者と非教育者の間に垂直性をもたらし，教育関係を成立させるのである。ただし，この先生の理解し得なさは現実のものである必要はない。被教育者によってそのように想定されるのであれば，事実，先生が超人であろうが凡人であろうが構わない。

　内田の挙げる『張良』という能楽では，張良が黄石公という老人から「兵法の極意」を学ぶというストーリーになっている。作中において，黄石公がどのような極意を有しているのかは一切触れられていない。ただ張良が「謎」の先生である黄石公を師と仰ぎ続けることで，作品のクライマックスにおいてその極意を獲得するストーリーとなっている。

　もちろん内田の議論には，教育関係への憧憬が含まれ，また被教育者の判断に委ねるという個人主義的傾向があるため，一足飛びに賛同するわけにはいかない。他にも実際の教育現場においてどれほどアクチュアルな議論であるかも慎重に判断されなければならないだろう。しかし，それでもノールの伝統より続いてきた教育関係論の持つ垂直的な非対称性の意義を強調していることは，無視されるべきではない。教育関係を支えているものは，教育者と被教育者との垂直的な非対称性であり，その非対称性ゆえに教育は駆動され，被教育者は新しい世界へと誘われる。権力がもたらす暴力性は当然ながら予防・回避されなければならないが，それでも暴力を忌避するあまり垂直的な非対称性そのものを放棄してしまってはならない。ノールが教育関係における垂直性とともに相互の愛という水平性を手放さなかったこと，すなわち垂直と水平の矛盾する両極において教育関係を位置づけた彼の洞察は，いまも重要な示唆を与え続けている。

参考文献

内田樹（2005）『先生はえらい』筑摩書房。

坂越正樹（2001）『ヘルマン・ノール教育学の研究』風間書房。

坂越正樹監修，丸山恭司・山名淳編著（2019）『教育的関係の解釈学』東信堂。

宮澤康人（2011）『〈教育関係〉の歴史人類学』学文社。

宮野安治（1996）『教育関係論の研究』渓水社。

（平田仁胤）

Q2 教師は発達の助成に専念すべきか，それとも教授に専念すべきか

1. 指導と放任のジレンマ

　勉強で行き詰まった子どもに，何をどこまで教えていいのか分からない。これは教育実習中の学生がよく相談してくる悩みの1つである。積極的に答えを教えてしまえば自ら発達する機会を奪いかねないが，とはいえ，見守るだけでは結局行き詰まった箇所から子どもが先に進めないかもしれない。

　教師は子どもの発達の助成に専念すべきなのか，それとも教授に専念すべきなのか。これは教師であれば必ず一度は躓き，そして生涯頭をもたげ続ける問いである。20世紀ドイツの哲学者・教育学者であるテオドール・リット（T. Litt）は，このジレンマを「指導か，放任か」という言葉で定式化し，1つの「解答」を提示している。リットの言葉を現代風に言い換えながら，彼の議論を概観しよう。

2. 指導および放任の意義

　まずリットは，放任の意義を次のように説く。現在を生きる子どもは，自ずから成長し，自己実現を果たそうと成長する存在である。たとえば，母国語の習得において，子どもは自然と単語や文法を身に付け，最後には母国語を獲得するに至る。その過程において，言語の働きについて理解しつつ，過去の人々によって蓄積されてきた言葉の用法の恩恵に与りながら現在の言葉遣いを学んでゆく。それは過去の用法をそのまま再現するばかりではなく，将来的には他者との関係性を通じて新しい用法を編み出すことへとつながっている。

　リットによれば，それは言語の「本質」が過去・現在・未来へと現象する過程そのものであり，子どもに言いたいことを表現するための型を授けると同時に，子どもが求めている新しい表現をも受容する柔軟性を備えているから

である。子どもの発達は，その意味において教師の指導がなくともおのずから展開していくのである。にもかかわらず，教師がさまざまな習慣や制度や信念や価値観などを，そっくりそのまま子どもに伝達しなければならないという信念を抱いて下手に介入してしまえば，子どもの発達が損なわれてしまう恐れがある。

　しかし，リットは指導の意義も同時に説いている。いくら放任による発達が可能であるにしても，意図的な教育をすべて断念してしまえば，子どもの「嗜好や欲求に追随し」，子どもが「野蛮状態へ転落」してしまうからである。

　だが，教師による意図的な教育は，放任によってもたらされる発達を阻害するのではないか。子どもの未来のためという美辞麗句のもとに，その機会を奪っているだけではないのか。リットが指摘しているように，子どもの未来はいまだ訪れておらず，それはあくまで現在を起点にして想定された未来でしかない。よって，教師が伝えようとする内容が，未来において無価値になり光彩を失ってしまう可能性はあるだろうし，反対に，間違った内容を伝達してしまう危険性すらあり得るだろう。指導によって子どもの未来を保証することは，現在を生きている教師には原理的に不可能である。

　だからこそ，とリットは続ける。教師は子どもに何を伝達すべきなのか反省・吟味し続けなければならないのである，と。その答えの出ない探究のなかにあって迷いながら成長し続けるのでなければ，子どもを指導する権利と責務を担えるはずもない。たしかに，子どもに伝達する内容は，つねに過去の歴史の蓄積のうえに成立しているため，誤りや失敗を排除できない。しかし，教師がそのなかに現在から見た「本質」を見出そうとすることで，その遺産を継承・活用することができるのである。つまり，過去から学びつつ，そのバージョンアップに努め続けることができて初めて，教師は子どもを指導するに値する存在となるのである。

3．ジレンマの行方

　リットは指導と放任をジレンマの関係において捉え，いずれもが重要であ

ると強調する。彼によれば「指導か，放任か」というジレンマはレトリックとしての「比喩」である。純粋な放任は教育の放棄であり，純粋な教授は単なる技術による子どもの操作でしかない。教育はそもそもいずれか一方のみでは成立し得ないにもかかわらず，そのいずれかだけの教育観を支持してジレンマを感じない教師は，すでに放任も指導もできていない状態にあるのである。

　では，このジレンマに対する解答はどうなってしまうのか。リットは，逆説的にも，ジレンマが解消されないことこそがその答えであると言う。指導と放任は根本において対立しているが，同時に，お互いがお互いを支えている緊張関係にもある。責任を自覚して指導しながらも，子ども自身が持つ成長しようとする権利を忘れないこと，あるいは，畏敬と寛容の念をもって子どもの成長を見守りながらも，指導する義務を決して忘れないことである。このジレンマに直面せざるを得ないからこそ，教師は悩み，奮闘し，未来に向けた新しい教育を模索し続けることになる。指導と放任のジレンマは，教師が教師であるために必要不可欠の悩みの種であり，成長の糧なのである。

4．現代への示唆

　最後に，リットの示唆のアクチュアリティを，現代を代表する教育哲学者の1人であるガート・ビースタ（G. Biesta）の議論を経由することで確認しておきたい。

　近年，教育学において学習者中心の議論が展開されているが，それは教師による指導の意義を後景へと追いやっているという。教師が一方的に話し，子どもが受動的にそれを聞くという「古い」教授形態が批判され，学習者である子ども自身による主体的な活動によって学ぶという「新しい」学習スタイルが支持されるようになってきた。

　たしかに，学習者による活動が積極的意義を持つことは論をまたないが，学習者の主体性を過度に強調してしまえば，教師の不在という事態を招くことになる。教師の不在は，子どもの世界を開く可能性を閉ざすことにもなりかねない。教師による導きを欠いた学習は，子どもをただ自らが置かれた環

境に適応する過程になりさがり，その自閉性を打破できなくなってしまう。もちろん，教えることの意義を強調しているからといって，ビースタは権威主義的な教育の復権を目指しているわけではない。「古い」受動的教育と「新しい」能動的学習という二項対立の枠組みそのものを批判し，そのいずれでもない第三の選択肢を提示しようとしているのである。

　リットとビースタの議論はその時代背景が異なっており，安易に並置・比較すべきではない。しかしながら，両者にはある共通した問題意識が流れている。指導か放任か，あるいは，「古い」受動的教育か「新しい」能動的学習か，といった二項対立の枠組みを前提とし，いずれか一方に軍配を上げようとする立場や議論を批判している点である。リットは，指導あるいは放任のいずれか一方だけが強調されてしまえば，教育はもはや成立しなくなると強調していたし，ビースタも学習ばかりに焦点を当て，教えることの意義を看過している現代の教育動向を批判していた。

　リットの議論は，たとえば，ゆとり／詰め込み教育といったように，二項対立の枠組みを用いながら，いずれか一方を優位に置くことで教育を語ってしまう私たちの傾向に楔を打ち込み，そのジレンマと向き合わなければならないことを教えてくれている。その知的遺産は，ビースタの議論が示してくれているように，現代を生きる私たちにとってもアクチュアルなのではないだろうか。

　さて，冒頭で触れた指導と放任のジレンマに悩む学生に対して，もし読者が大学教員として対応する立場にあるとすれば，どのように応答するだろうか。ここまでの議論を読んだ読者であれば，たとえすぐに答えが出なくとも，「指導」でも「放任」でもないそれがすでに見えているはずである。

参考文献

テオドール・リット（石原鉄雄訳）（1971）『教育の根本問題 —— 指導か放任か』明治図書出版。

ガート・ビースタ（上野正道監訳）（2018）『教えることの再発見』東京大学出版会。

（平田仁胤）

Q3 教育における主体―主体関係とは何か，説明しなさい

1．タテの関係からヨコの関係へ

　かつての徒弟的な親方－弟子関係は，弟子が親方の仕事を模倣し，徐々に実践共同体に参入していくことで成り立っていた。だが，とくに近代以降，世代を超えて伝達すべき知識や技能が増え複雑になるにつれて，明確な教育意図をもつ教師が，効果的な方法によってそれらを子どもに教えるという教育関係が一般的になり，その反省的な検討も進んだ。ヘルマン・ノール（H. Nohl）の「成熟した人間が成熟しつつある人間に対する情熱的な関係」という教育関係の定義は，こうした近代社会での教育のあり方を反映している。

　だが，この教育関係の定義に対しては，とりわけ1970年代以降，批判の目が向けられることになる。ノールの定義では，教師はすでに成熟している者であり，学習者である子どもは「いまだ～ない」者として位置づけられている。教師の権威は揺らぐことはなく，教師から子どもへの一方的な関係として教育関係は描かれている。教育関係は，教師と子どもの間にある「成熟の落差」を，事実としても，また論理的にも想定することで成り立っている。

　対して，クラウス・モレンハウアー（K. Mollenhauer）は，ユルゲン・ハーバーマス（J. Habermas）のコミュニケーション的行為の理論を援用して，教育の営みを教師と子どもの対等な相互行為として捉えた。教師と子どもの間には教育内容がある。教師と子どもは，その教育内容を互いに解釈し合う主体だと考えるのである。子どもは教師の想定した通りに教育内容を解釈するとは限らない。子どもは教師がもつ教育意図の通りになる対象ではなく，完全にはコントロールできない「他者」である。人間が様々な技術を開発することで自然をコントロールしてきたように，効果的な教育方法は子どもを操作する客体とみなしがちである。客観的な根拠（エビデンス）に基づいて，より蓋然性の高い，確かな教育方法の確立を目指す近年の教育改革の語り口

は，その典型かもしれない。モレンハウアーに代表される主体－主体関係として
の教育関係論は，こうした教師が子どもを一方的に操作しようとする考えを問いなおす試みであった（ただし，相互の情熱的関係を唱える限りで，ノールの教育関係が子どもを単なる操作可能な客体と捉えているわけではないことには注意を払っておきたい）。

2．主体－主体関係が主張された背景

　では，なぜ教育関係は成熟の落差を前提としたタテの関係から，教師と子どもが教育内容を対等に解釈し合うヨコの関係へと転換されなければならなかったのか。ひとつには，反教育学や批判的教育学に見られるように，教育は子どもの学習権を担保し，よりよい社会の実現に向けて子どもを解放するものだという啓蒙主義的な教育観に対して，疑いの目が向けられていたことが挙げられる。教師や学校は中立的なものでも，ましてや社会を改良するものでもなく，既存の社会秩序を再生産し，権力を行使するものとして理解された。教育は子どもを抑圧するものであり（アリス・ミラー『魂の殺人』），学校は廃止されるべきものだと論じられもした（イヴァン・イリイチ『脱学校の社会』）。あるいは，教師にはいまある差別や権力関係を子どもとともに批判していくことが求められもした。

　他方で，主体－主体関係は社会の構造的な変化を目の当たりにする中で登場してきたとも言える。テレビや映画といった映像文化は，文字を習得しなければアクセスできなかった文字文化とは違って，大人と子どもの境界を曖昧にしている。ニール・ポストマン（N. Postman）は『子どもはもういない』と題された著書の中で，情報化社会における教育関係の姿をそのように描き出している。スマートフォンが普及し，誰もが情報にアクセスできるようになった現代社会では，ポストマンが診断した社会よりも，一層大人と子どもの境界が見えにくくなっていよう。知識を持つ者と持たざる者の差はなくなり，大人も子どもも情報を解釈し発信できる社会が到来した。その中で，権威ある成熟した教師と「いまだ～ない」子どもを前提にした教育関係にどれほどの現実味があるだろうか。

3．主体－主体関係の現代的意義を探る

　こうして教育関係は，教師と子どもが対等に対話し合うパートナー関係として捉えなおされることになる。だが，いくら大人と子どもの境界が曖昧になったといっても，すべての教育関係を主体－主体関係で描くことには無理がある。主体－主体関係として教育関係を捉える前提として，子どもは大人（教師，共同体）の解釈から独立に，教育内容を解釈することができると想定されていよう。

　しかし，主体性を想定することが論理的に妥当な場合とそうでない場合がある。例えば，幼児にスプーンの使い方を教えるとき，スプーンをそれとは異なるものとして解釈する余地が与えられているだろうか。スプーンとは異なる何かとして幼児が解釈したとしても，大人はそれを訂正するだろうし，そもそも意味ある何かとして幼児が解釈していると想定すらしないかもしれない。あるいは母語（例えば日本語）を習得する中で，「猫」という概念を覚えはじめた幼児が，ヨークシャテリアのことを「猫」と呼ばずに「犬」と呼ぶとすればどうか。訂正されるだろう。外国語学習がすでに習得している母語によって新たな言語を解釈する過程として描かれうるのに対して，母語の習得にはそうした解釈過程が入り込む余地はない。幼児は端的に大人と同じように振る舞ったり，言葉を使ったりするようになるしかないのである。

　もちろん，ある年齢段階に達すれば，主体－主体関係を構想することはできるだろう。ここでのポイントは，主体－主体関係によって，実際の複雑な教育関係を説明した気になることの危険性である。例えば子どもが主体的であることは理想的に映るだろうが，主体性概念ほど現代哲学において批判的に論じられたものはない。「subject（主体）」が，「subject to（従属する）」という用法を含んでいるように，主体的に見える振る舞いも様々な権力構造に埋め込まれているかもしれない。理念としての主体－主体関係を現実にあてはめるとき，何が見えにくくなってしまうのかを考えておく必要がある。

　例えば，「主体的・対話的で深い学び」として注目されたアクティブ・ラーニングは，子どもの主体性や興味・関心を尊重する動向のひとつである。だ

が，単に活動的な要素を授業に取り入れたり，何の脈絡もない中で子どもの興味・関心が生じてくると考えたりするのでは不十分である。ガート・ビースタ（G. Biesta）が『教えることの再発見』で主張しているように，人はこれまでのやり方ではうまく行かない状況に遭遇したり，謎や不思議さに出会ったりしたときに，能動的に学びはじめる。異なる世界や他者からの呼びかけという受動性（「教えられた」という出来事が生じること）によって，子どもは主体となるというのである。今井康雄は20世紀初頭に世界的に広がった新教育運動の限界性を，教師や世界との関係から切り離された自己活動を子どもの内側に想定したことに見ている。この地平に立つ限り，教育は子どもの自己活動を操作し社会へと適応させるか，子どもの自己活動をただ尊重するかという二元論に陥ってしまう。ビースタは，この二元論を問いなおし，子どもが主体として立ち現れる条件を考察しているのである。

　ここで私たちは，主体−主体関係が，教師が子どもを一方的に操作しようとする考えを問いなおす試みであったことを思い起こす必要がある。つまり，それは，子どもを操作可能な客体と見なしがちな教育関係の見方を相対化する営みだったのである。そう捉えれば，主体−主体関係は現実の教育関係を記述するものというよりも，多様な教育関係を模索するための構えとして理解することができるのではないだろうか。

参考文献

ガート・ビースタ（上野正道監訳）（2018）『教えることの再発見』東京大学出版会。

今井康雄（1998）『ヴァルター・ベンヤミンの教育思想』世織書房。

坂越正樹（2008）「教育的関係」小笠原道雄・森川直・坂越正樹編『教育学概論』福村出版，pp.133-144。

高橋勝（2002）『文化変容のなかの子ども』東信堂。

（杉田浩崇）

Q4　ケアリングとは何か。教育においてケアの必要性について述べなさい

　どこかで子どもの泣き声が聞こえてくると，何かしなければという思いに駆られる──こうした感情こそ，弱者へのケア（配慮）が理屈抜きの自然な行為であると言われるゆえんなのだろう。ケアとは何か。また教育においてケアが必要であると言われるとき，ケアは教育とどのような関係にあるのか。

1．ケアとは何か

　まず，英語圏のケア（Care）という言葉の来歴をみておこう。Careという英語は「ひどい悲しみ，嘆き，喪に服すこと」を意味する古英語caruとして11世紀初頭より登場した。clothig of care（喪服）という言い回しは，この用法の名残りであり，中世の人々がいかに弱く死にやすいか，その存在の寄る辺なさが暗示されている。このことを受け，careの第一義は悲しみや苦悩である（OED Online:care）。この第一義から派生するのが「何かにたいする配慮，関心」の意である。これも同様に11世紀初期の用法に見られるが，careが「保護，保全，援助するために目をくばること」の対象を，人の死から離れて病者，老人，子どもにまで広げて扱うようになったのは，15世紀頃であるという。

　この来歴をふまえるとき，careの意味として次の定義が並べられることの意味がよくみえてくる──①心配，気がかり，気苦労，②世話，看護，管理，監督，③注意，用心，配慮，苦心，④心配の種，配慮の対象。こうした語義は，ケアが古来，ままならぬ生の持つ傷つきやすさと密接に関連してきたことを示す。人は弱いまま生まれ，衰弱し，いつか死ぬ。また逝く者も残された者も等しく孤独である。生が含み持つ弱さや脆さが，傍らの誰かの配慮や世話を必要とする源泉となる。ケアリングは，生についてのこうした了解のもとに成立したという指摘もある（田中，2003）。

　19世紀中期以降になると，学問の制度化とともに医学や教育学が権威づ

けられ，ケアリングは「母子関係」や「看護」といった「女性の」領域へと
後退することにより，先に述べた本来的なケアリングの実践からはズレてい
く。次節でみる，教育学や看護学においてケアリング論に向き合おうという
動きは，そうしたズレを是正し，生そのものが含み持つ傷つきやすさに向き
合うというケアの本来的な実践を取り戻そうとする行為なのである。

２．ケアリング論の拡がり

上記のような語源を持つケアが，「ケアリング」という思想概念として立
ち現れるようになったのは，おおよそ1980年代以降，とりわけネル・ノディ
ングズ（N. Noddings, 1929 ～）の『ケアリング』（原著1984年）が出版さ
れてからである。彼女は，それまで自明とされてきた人間形成モデルにおい
て，人間の成長が目指すべき価値が著しく偏ったものであると批判し，看護
学が説くケアリングを教育の基礎にすえようとした。

ではその「偏り」とは，具体的にどういうものか。ノディングズが教育学
領域の事例の１つとして挙げる「女性と道徳性」のトピックが好例となる。
人間一般の発達を描いたとして提唱されたローレンス・コールバーグ（L.
Kohlberg, 1927 ～ 1987）の道徳性発達段階説のモデルに対して，キャロル・
ギリガン（C. Gilligan, 1936 ～）は異議を唱えた。ギリガンは，道徳的ディ
レンマに対して人々がどう回答するかを道徳性発達段階説に即して測定する
作業をとおして，この学説が，実は「正義」など，主に男性的な価値基準に
貫かれた構造を持つのではないかと疑問を持った。というのも，この価値基
準を尺度にした道徳性発達段階説を用いながら子どもたちの道徳性を測定す
ると，一部の女の子たちの道徳判断に無理が生じること，その理由は，女性
の道徳発達の中では「正義」を求め権利を要求する声ばかりではなく，他者
への「ケア」（配慮）や責任を果たそうとする声が響いてくることに気付い
たからである。

例えば11歳の男の子と女の子に，難病を抱える妻の命を助けるため葛藤
の中で薬屋に盗みに入る「ハインツのジレンマ」を聞かせ，ハインツが道徳
的にどう行動すべきかを問うてみる。すると，男の子は薬屋の所有権と奥さ

んの生命のどちらが大事かを「算数の問題」のように受け止め，後者を優越させることをためらわない。これに対して女の子のほうは，本当に薬屋を説得できないか，友達からお金を集められないものか，一連のプロセスで奥さんの病状が悪くなりはしないかと思い悩むばかりで，はっきりとした結論を出せないでいるという。女の子のこうした態度は，コールバーグの道徳性発達段階説では道徳的な自律性や主体性を欠くものとして低い段階に位置付けられてしまう。しかし，物差しとして使用されている道徳性発達段階説そのものが，人間一般の道徳性発達を対象としているとうたいつつ，その半数に過ぎない男性のみの理屈を組み立てているだけでではないか——このように考えたギリガンは，責任と応答性を重視する女性的観点に基づく道徳理論を「ケアの倫理」（Ethics of care）を提唱した。

　上記のようにケアリングは，人間に普遍的に内在する傾向性や道徳的理念に依拠しつつ，同時に他者との連関において共感とともになされる個別具体的な応答をともなう，正義とは異なる価値基準に基づく実践なのである。

3．ケアリングのもつ課題と可能性

　こうしたケアリングの考え方は，先に述べた教育や看護の領域のほか，医療，福祉，環境，倫理学，法学などの分野において，判断や行為を行ううえでの主体や主体性の内実を問い直す視点を与えるものと評価されている。

　先の教育学領域における議論では，ケアリングは，近代教育が依拠する自由で自律的な人間モデルをベースにしたリベラリズムの考え方を，批判し再考する文脈で用いられているとの指摘がある（尾崎，2017）。ケアは，第一に，リベラリズムが前提とする普遍的な理論の在り方と異なり，性別や文化，慣習などの個別具体的な観点からみた人間モデルや社会関係を説明する理論として捉えられる。第二に，リベラリズムが前提とする人間モデルが自由・自律・理性などを過度に強調することへの意義申し立てを行い，関係や依存，感情などを再評価する。第三に，権利・義務・交換など，近代の資本主義的な社会構造をみなおし，共同・責任・贈与などに基づく社会への転換を促すものとも捉えられ得る。

　ただし，上記において正義やリベラリズムへの対立軸としてのケアリングという見方を強調しすぎる企てには，注意が必要である。確かにこの企ては，教育学で主流となる既存の価値の狭さや一面性を批判することにはつながり得るだろう。だがケアリングが，正義かケアかという二項対立的な図式を強化する方向性に働けば，男性性 vs 女性性，理性 vs 情愛，公的領域 vs 私的領域といった図式間の亀裂を深めるだけにおわってしまう。また，上記の企ては，これまで主流だった価値観に，単なる付けたしか置き換えを要請する役割をケアリングに担わせる。しかしそのことは，ケア概念の意味を矮小化し，ひいては「カウンセリング」や「ケアリング・マインド」と名付けられた特別な行為や専門職に特有の実践をケアであるとする偏った理解につながる。

　これに対して１.で確認した「生の寄る辺なさ」というケアの包括的なテーマと照らし合わせるなら，むしろケアリングは，これまで理解されてきた自由で自律的な人間モデルへの「付けたし」としてではなく，そうした狭くて一面的な人間モデルを基盤にしてでは構想不可能な「共生」のすがたを描き出すためのキイ概念として位置付けなおす必要があるだろう（川本，1998）。ポスト・コロナ，ウィズ・コロナの時代において，医療，教育，介護，保育といった実践，あるいは配送業やごみの収集作業など，直接的に「他者をケアする」営みに光が当たり始めた今，ケアリングという実践から人間の生を問い直すという課題は，教育においても重要なものとなっている。

参考文献

尾崎博美（2017）「ケア（ケアリング）」教育思想史学会編『教育思想事典【増補改訂版】』勁草書房。

川本隆史（1998）「講義の七日間 —— 共生ということ」野家啓一ほか編集『新・哲学講義⑥　共に生きる』岩波書店。

田中智志（2003）『教育学がわかる事典』日本実業出版社。

ノディングズ（立山善康ほか訳）（1997）『ケアリング：倫理と道徳の教育 —— 女性の観点から』晃洋書房。

（奥野佐矢子）

Q5 コミュニケーションメディアが高度に発展した社会で，教師と児童生徒の直接的な関係はなおも必要とされるか

1．高度なコミュニケーションメディアの広がる現状と教育改革の動向

インターネットが普及し，多くの人がスマートフォンを手にする現代は，私たちのコミュニケーションを大きく変えている。誰もが動画を撮影して全世界に発信できるし，遠い海外の人とも電子メールやブログ等を通じてやり取りができる。何気ないつぶやき（ツイート）が見知らぬ人にフォローされ，新たな出会いが生じることも増えている。

通信技術が発展することによって，直接的な対面を前提にしたコミュニケーションは自明ではなくなっている。時間と空間を隔てたやり取りが可能になり，情報をいつどこで発信しても，また誰に発信してもよい時代が到来した。そのことが逆に，「既読スルー」のようにコミュニケーションに対する不安を生んだり，匿名での無責任な発言による「炎上」といった社会問題や「ネットいじめ」のような教育問題をもたらしたりしている。

このような時代を迎え，学校教育の姿も変わろうとしている。文部科学省の「Society 5.0に向けた人材育成」（2018〔平成30〕年6月5日）によれば，AI技術やビッグデータの普及によって，社会が大きく変わるだけでなく，学びのあり方も変わる。そこでは一人ひとりの学習状況等を電子データとして記録したスタディ・ログを作成し，一人ひとりの能力や適性に応じた「公正に個別最適化された学び」を提供することが謳われている。また，経済産業省の主導する「未来の教室」プロジェクトでは，一律・一斉・一方向の授業や，教室という空間に縛られた学びは古いとされる。代わりに，高度な通信技術（technology）と教育（education）をかけ合わせた EdTech によって，幼児期からの個別学習計画に基づいた自学自習と学び合いの実現が目指される。新

型コロナウイルス感染症の影響により，児童生徒ひとり1台のタブレット配布が加速し，様々な困難を抱えながらも遠隔での授業が現実となった。

2．授業や学びに身体が果たす役割

この動向を目の当たりにしたとき，「はたして教師と児童生徒の直接的な関係はなおも必要とされるのだろうか」という問いは切迫したものに見えてくる。この問いに教育学はどう応えるのだろうか。

ひとつの応答として，身体に着目してみよう。グンター・ゲバウア（G. Gebauer）は〈手〉が私たちの学びにどのような役割を果たしているのかを描いている。彼によれば，幼児は手を使って事物に触れることで，事物を把握するとともに，事物がそこにあることの確認を得る。情報を文字によって送受信することに慣れた私たちは，記号や言葉によって世界の中の事物を指示できると考えがちだが，その原型には指差しや手で触れるといった身体動作が関わっている。また，幼児が指を折りながら数を数えることは，時間と空間の構造化に重要な役割を果たしているという。指を順に折っていくことで順序性を，また互いに独立した指を同じ「1」として数えることで数の空間的な広がりを幼児は獲得するのである。

また，モーリス・メルロ゠ポンティ（M. Merleau-Ponty）によれば，右手で左手に触れるとき，私たちは右手で左手に「触れること」とともに，その右手が左手に「触れられていること」も実感できる。そうすることで，人は自分が身体を持つ実体としてこの世界にあることを理解できる。また，他者と握手をするときも同様に，私は「触れられている」と感じると同時に，「触れている」と感じることができる。ここから，メルロ゠ポンティは世界や他者から独立した意識である私（コギト）と世界や他者との関係を捉えるデカルト以来の哲学を批判している。私たちは世界や他者と身体を通じて絡み合っているのであり，そこから切り離された〈私〉なるものを想定することはできないというのである。

身体への着目は，とくに身体的な接触の多い介護や看護の領域で見られる。例えば，細馬宏通（2016）によれば，「ごく，ごく，ごっくん」といっ

たオノマトペを使って被介護者の嚥下を援助するとき，介護者は相手が飲み物を飲み下すのに応じて，「ごく」と「ごく」の間を調節したり，「ごっくん」と言うタイミングを変えたりしている。また，西村ユミ（2018）は，患者との関わりについて「視線が絡む」と表現した看護師の語りから，見る自分と見られる相手が密接に絡み合い，両者の区別がつかなくなるような感覚が看護行為に生じていることを指摘している。こうした身体レベルでの相互作用は，教師と児童生徒の間でも生じていよう。実際，言葉によって明示的に語ることのできない暗黙知・方法知は教師の専門性を構成する要件だとされているし，「わざ」の伝承を身体論から解明しようとする試みもある。

　さらに，私たちは模倣による学びを日々行っている。学校や共同体の中には様々な儀礼や儀式がある。例えば，文化祭において，児童生徒は音楽に合わせて踊ることによって，互いの違いを越えて共鳴しあうことができるかもしれない。荘厳な雰囲気を醸し出す卒業式に臨む中で，決まった所作をまねることによって，児童生徒はそこに内包された規範や伝統を内面化することができるだろう。あるいは，平和式典では記憶が特定の身体的な所作を通じて社会的に伝承されているのを目にすることができる。先述したゲバウアは，こうした学びを「社会的ミメーシス」と呼んでいる。「ミメーシス」とは模倣の意味であるが，単に形をまねるだけでなく，ときにはその形をつくりかえる創造性をはらむものだとされる。それは，日本の芸術伝承において「守破離」と呼ばれているものに近いかもしれない。

　いずれにせよ，教師と児童生徒の関係には身体や所作が媒介しており，身体レベルでのやり取りが豊かなコミュニケーションを支えている。この点をふまえれば，たとえコミュニケーションメディアが高度化したとしても，直接的な関係は必要だと言えるのではなかろうか。

3．「直接的な関係」を捉えなおす

　だが，そもそも「直接的な関係」とは何を意味しているのだろうか。それによって生の身体による顔を突き合わせた（face to face）関係を意味するのであれば，その重要性を指摘することは懐古主義に陥らないだろうか。

　例えば，オンラインの会議システムによる疑似的な対面での授業であっても，教師は児童生徒の表情や振る舞い，あるいは状況から，ある程度のことを理解できるのではなかろうか。もちろん，情報の量や質は生身の身体を介したコミュニケーションの場合と異なるに違いない。だが，アバターという架空の身体を介した方が自分を表現しやすい児童生徒もいるだろう。身体や所作がコミュニケーションにおいて重要な役割を果たしているからといって，生身の身体による「直接的な関係」が望ましいと言い切れるだろうか。

　むしろ，媒介となるものを拡張することで豊かなコミュニケーションが可能になる場合もある。例えば，自閉スペクトラム症の児童生徒の中にはパソコンのキーボードがあることで自己表現できる者もいることが知られている。また，杖をつくことで円滑な歩行が可能になるように，私たちは様々な道具や技術によって身体を拡張している（河野，2006）。さらに，そもそも学校や教室空間は，私たちの身体を一定の仕方で方向づけ，状況や文脈の複雑性を縮減するように設計されている。だとすれば，私たちは生身の身体を持つというよりも，つねにすでにサイボーグなのだと捉えることすらできるだろう。

　確かにコミュニケーションメディアが高度に発展することで，生身の身体を通じた「直接的な関係」が希薄になっていることは事実である。上述した身体論が示しているように，それによって失われるものは多い。他方で，懐古主義的に「直接的な関係」の復権を声高に叫ぶべきでもなかろう。私たちの身体はこれまでも，そしてこれからも技術に媒介されるのだから，懐古主義に陥らず，冷静に教師と児童生徒の関係を見つめていく必要がある。

参考文献

樋口聡，グンター・ゲバウア，リチャード・シュスターマン（2019）『身体感性と文化の哲学』勁草書房。

河野哲也（2006）『〈心〉はからだの外にある』日本放送出版協会。

細馬宏通（2016）『介護するからだ』医学書院。

モーリス・メルロ゠ポンティ（中山元編訳）（1999）『メルロ゠ポンティ・コレクション』筑摩書房。

西村ユミ（2018）『語りかける身体』講談社。　　　　　　　　　　（杉田浩崇）

第 **5** 章
教育の基礎理論・思想

▌Q1　近代教育思想の特徴を述べなさい

1．近代の教育

　近代以前，子どもは身分秩序にもとづく共同体の生活のなかで生きるうえ
で必要な知識や技能を身につけ，親の身分を受け継ぐという形で大人になっ
ていった。しかし，近代以降，共同体から解放された人びとは，個人として
自立して生きていくことが必要になった。子どもをいかなる人間に，どのよ
うに教育していくべきなのか，という新しい課題が生まれたのである。ここ
では，こうした時代の変化のなかで，新たな人間の生き方，教育のあり方を
模索し，近代教育思想の基盤を築いたジャン゠ジャック・ルソー（J.
Rousseau），ヨハン・ハインリヒ・ペスタロッチ（J. H. Pestalozzi）の教育思想
に注目し，近代教育思想の特徴をとらえていく。

2．ルソーの教育思想

　ルソーは1712年，当時独立した共和国だったジュネーブに時計職人の子
どもとして誕生し，16歳で祖国を離れ各地を遍歴した後，フランスのパリ
で知識人と交流し，独学で学問を身につけていった。『社会契約論』（*Du
Contrat Social, 1762*）等，多数の著作を発表し，その後の政治，社会に大き
な影響を与えた（押村ほか，1997）。

（1）人間の教育

　1762年，ルソーは教育書『エミール』（*Emile, ou De l'education, 1762*）を発表した。エミールという名前の子どもの誕生から結婚までを，1人の家庭教師が導くという小説形式の作品である。ルソーはこの作品の冒頭で「万物をつくる者の手をはなれるときすべてはよいものであるが，人間の手にうつるとすべてが悪くなる」と当時の社会体制と文明社会を批判した。人間の本性は善であるが，文明社会により悪がもたらされるとルソーは考えた。そのため，子どもの善なる本性が社会によって損なわれることがないように，社会から切り離された「自然の秩序」のもとでの教育を提唱した。ルソーは「自然の秩序のもとでは，人間はみな平等であって，その共通の天職は人間であることだ」として，既存の社会的身分をこえた，抽象的で一般的な「人間」の教育を構想したのである。

（2）「自然の歩み」に即した教育

　ルソーは『エミール』の「序文」において，「人は子どもというものを知らない。（中略）かれらは子どものうちに大人をもとめ，大人になるまえに子どもがどういうものであるかを考えない」と述べている。

　ルソーは子どもには大人とは異なる独自のものの見方，考え方があり，それに積極的な価値を見いだし，子どもの「自然の歩み」（発達段階）に即した教育を提唱した。「自然の歩み」は①「感覚の段階」，②「感覚的理性の段階」，③「知的理性の段階」の3段階であり，この段階に即して『エミール』は編成されている。『エミール』は第1編から第5編まであり，各編が子どものそれぞれの発達段階や次の段階への移行に相当するという構成になっている（坂倉，2017）。

　とりわけ，第1編から第3編の「初期の教育」のあり方は「消極的教育」として知られている。「自然の歩み」を守るために，子どもを既存の社会から隔離し，知識を積極的に教え込むことはせず，子どもが事物や環境と関わり学ぶことを重視する。余分な欲望を持つことを禁じられ，感覚や体を鍛える時期であるとされる。そうすることで，生きるうえで必要な欲望を自分の力で満たすことができる充足した人間に育て上げようとするのである。第4

編以降の教育は「真の教育」であるとされ，社会や人間について学びを深め，他者との様々な関係を適切に結び，「道徳的存在」へと導くことが目指される（坂倉，2017）。ルソーは子どものあり方に積極的な価値を見いだし，「自然の歩み」（発達）に即した教育を提唱した。

3．ペスタロッチの教育思想

ペスタロッチは近代社会の成立期のスイスで，貧しい人びとの救済と教育改革を担った人物である。1746年チューリッヒに誕生し，5歳のとき父親を亡くし母親に育てられた。祖父は牧師であり，村の学校の改善や貧しい農民の家庭を訪問し，指導にあたった。少年時代のペスタロッチは祖父に同行し，村の農民との関わりをもち，苦しい生活状況を知ることとなった。やがて祖父と同じ牧師を志し，コレギウム・カロリヌムに進学する。ここで，ルソーの『エミール』に出会い，大きな影響を受けたが，やがて，ルソーを批判的にとらえるようになり，独自の思想を形成し，学校における教授法を開発した（長尾・福田，1998）。

（1）農民の救済と人間の教育

ペスタロッチは貧しい人びとの救済を生涯の課題とし，農場の経営と学校教育に携わった。当時のスイスでは，マニュファクチュアが農村に浸透しつつあった。少ない賃金で長時間の過酷な労働を強いられる者も少なくなかった。ペスタロッチは農民を救済するには，農民が人間らしく幸福に生きるうえで必要な知識や手段を身につけ，知的・道徳的・宗教的能力を調和的に発展させることが必要であると考えた（長尾・福田，1998）。農場経営は失敗に終わったが，文筆活動を通して自身の思想を発表した。ペスタロッチは『隠者の夕暮れ』（1780）の冒頭で「玉座の上にあっても木の葉の屋根の蔭に住まっても同じ人間，その本質からみた人間，一体彼は何であるか」と述べている。ルソーと同じく，ペスタロッチも社会的身分をこえて人間の本質を問い，そこから人間の教育のあり方を考察した。

1798年には，革命によって誕生したスイス新政府がシュタンツに設立した施設にて献身的に孤児の養育にあたった。この経験は半年間ほどであったが，

実践の記録は『シュタンツ便り』（*Brief an einen Freund über seinen Aufenthalt in Stanz*, 1799）にまとめられている。その後，ペスタロッチはブルクドルフ，イヴェルドンの地で学校経営にあたり，自らの教授法すなわち「メトーデ」の開発にあたった。

（2）メトーデの開発と普及

メトーデは子どもの内面にある「頭（精神的力）」，「手（身体的力）」，「心（道徳的力）」を調和的に発展させることを目指す方法である（羽根田，2012）。子どもの「直観」を出発点として，認識の過程を分節化し，感覚的な印象を概念化し，概念をより明晰なものへと順序だてて導いていく。子どもの「自然の歩み」（認識の仕方）に従った教授法であり，その詳細は著書『ゲルトルートはいかにその子を教えるか』（*Wie Gertrud ihre Kinder Lehrt*, 1801）に示される。ペスタロッチは自身の学校でメトーデの改良に努め，彼のもとには効果的な教授法を求める教育関係者がヨーロッパはもとより世界各国から訪れた。ペスタロッチのメトーデは，国民教育制度の成立期であった当時，広く受け入れられた。ペスタロッチは初等教育における方法的基盤を築き上げた（鳥光，2009）。

4．まとめ

以上のように，ルソーとペスタロッチは近代の社会状況に向き合い，新たな人間像のもと教育のあり方を提唱した。それは，近代以前の共同体における人間形成においては意識されることがなかった，子どもの「自然の歩み」（発達）に即した教育である。それは，これから到来する市民社会を見通した，個人としての人間形成のあり方であった。

参考文献

押村襄・押村高・中村三郎・林幹夫（1997）『ルソーとその時代』玉川大学出版部。

坂倉裕治（2017）「ルソー」教育思想史学会編『教育思想事典【増補改訂版】』勁草書房。

鳥光美緒子（2009）「ペスタロッチとフレーベル」今井康雄編『教育思想史』有斐閣。

長尾十三二・福田弘（1998）『ペスタロッチ』清水書院。

羽根田秀実（2012）「近代ドイツの教育思想」新井保幸・上野耕三郎編『新教職教育講座 第1巻 教育の思想と歴史』協同出版。

ペスタロッチー（長田新訳）（1995）『隠者の夕暮・シュタンツだより』岩波書店。

ルソー（今野一雄訳）（2006）『エミール（上)』岩波書店。

（野々垣明子）

Q2　過去の数多くある教育思想は現在の現場で求められる教育に対して有効か

1．教育思想の有効性への疑義

　教育思想とは，一般的にはある特定の人物が著したものにおいて，教育的な事柄に対する理念的な言説内容を指している。すなわち，①過去の著作物として残されたものであり，②何が「子どものため」になるのか，どうすればそれを実現することができるのかといった教育に関する理念的内容を含み，③特定の人物によって著されているために主観的な価値観や志向が反映されている，といった特徴を備えているものである。17世紀のヨーロッパにおいて，教育という主題は自覚的に反省され始めるようになり，それ以降，様々な著者によって蓄積されてきたものが教育思想である。

　このように教育思想について説明することは簡単ではあるが，しかしその有効性を示すことには独特の困難さがつきまとう。とりわけ，現場で役に立つのかという問いに，具体的な対案でもって答えようとすればなおさらである。たとえば，現代日本にあって学力向上に資する教育方法を知りたいのであれば，教育思想よりも科学的手法に裏づけられた最新の研究成果を学ぶほうが有益かもしれない。

　しかし，教育思想はそのような意味とは異なったかたちで現場で求められる教育に資することができる。ここでは2点の有効性について触れておきたい。1つ目は，教育思想が直接的に役に立たないがゆえに役に立つということであり，2つ目は，教育と呼ばれる営みの特徴やその課題について，時代を経ても変わらない鋭い洞察を与えてくれることである。

2．無用の用：イリイチを例として

　まずは1つ目について具体的に考えよう。イヴァン・イリイチ（I. Illich）という社会思想家がいるが，彼は「脱学校論」を主張した人物として有名で

ある。学校は，人々の教育権を保障するための制度であり，その質的・量的な拡大は人々の幸福に資する「善」だとされてきたし，今もされることが多い。しかしイリイチによれば，学校制度は，決められた時間，教室，授業，人間関係などへと人々を押し込め，彼らから自発的に学び，力強く生きる力を奪ってしまう。

　たとえば，教室で長時間にわたって教師から説明される知識を暗記しさえすれば，その知識が役に立たなくても，どこか偉くなったような気分になることはないだろうか。また，進級したり卒業証書を与えられるだけで，自分にはそれに相応しい能力があると感じたりはしないだろうか。学校が人々にこうした気分や錯覚を与え，自ら学ぼうとする構えを奪ってしまうのみならず，その構えを奪われてしまったことすら自覚できないように人々を変えてしまうことをイリイチは批判しているのである。

　よって，イリイチは学校制度を廃止すべきだと主張するのだが，その主張自体が新鮮ではなかろうか。学校があることを当然だと思い，そのうえで学校の改善を目指すばかりでは，この問題に気づきようもないからである。もちろん，イリイチの主張を額面通りに受け取ることは難しい。学校制度の廃止には様々な困難が予想されるし，その弊害も大きいはずである。この意味においてはたしかに，イリイチの教育思想は無用であり，優れた授業実践を行うことにも貢献しない。しかし，イリイチの議論は学校制度そのものが孕^{はら}んでいる問題を明らかにしてくれており，学校という現場に携わる以上は，考え続けなければならない問いを提示してくれているのである。

3．教育の不易：ルソーを例として

　2つ目の有効性についても具体的に考えていきたい。ここではジャン＝ジャック・ルソー（J.-J. Rousseau）に注目しよう。

　ルソーの教育小説『エミール』には，怠け者の子どもがやる気をもって徒競走に取り組むための教師の働きかけが具体的に記されている。まず，徒競走の勝者を誉めたり，お菓子を褒美として与えたりすることで，その子どもをひとまず走らせるところまで誘導する。実は，教師はあらかじめ徒競走の

コースの長さを操作しており，当の子どもにはかなり短いコースを与えている。しかも，最も足の速い子どもを事前に競争から除いており，その子どもが簡単に勝利できるように用意周到な準備をしていたのである。こうして徒競走に勝利した子どもは自信を抱くようになり，走ることが好きになって足も速くなる，という話である。

　ここでルソーの話を終えてしまえば，いわゆる誉めて伸ばすと呼ばれる教育方法の典型例が示されるにすぎない。この話の重要なところは，その子どもが徒競走の距離が違っていたことにあとで気づき，それが不正であると異議申し立てをするところまで，教師が導いたということである。

　誉めることの意義は言葉を要しないだろう。今も誉められることで自信をつけて成長している子どもはたくさんいるはずだ。だが，誉められた子どもの長所は，人間が集団として存在する以上，否応なく他人との比較に晒されることになる。それは違いや優劣となって現れ，子どもに少なからぬ試練を与える。この試練は，そのまま挫折の可能性につながっているが，同時に，他者との公平な競争についての鋭敏さを養い，そのなかで努力し切磋琢磨することの意義に気づかせることにもつながっている。誉めて伸ばすのであれば，ただ長所を誉めるだけではなく，その後の他人との比較という試練についても展望していることが必要なのである。

　この話の意義はそれだけではない。例の子どもを徒競走へと仕向けるために教師は嘘をついていた。そしてこの嘘は，教育の当初の段階では子どもに隠されていた。そうでなければ，その子どもは徒競走に勝利することができないし，自信をつけさせることはできなかったからだ。とはいえ，その嘘が隠蔽され続けてしまえば，子どもの自信は仮初のものに留まるしかない。その嘘に気づき，正義や公平の感覚を養い，教師の嘘を乗り越えていく契機が重要になる。つまり，教育する側には，子どもに暴かせる嘘を自覚的につくというダブル・スタンダードが求められているのである。そして，このダブル・スタンダードによって子どもが主体的に成長するよう仕向けていくという教育の枠組みは，ルソーの伝統以来続いてきたものであり，今もなお私たちが取り組み続けている課題である。

4．有用な無用の長物

　イリイチやルソーを一瞥して分かるように，教育思想は私たちの教育観に距離をもたらしてくれていた。過去に生きていた人物の理念が反映されたそれは，今の私たちの教育観と似ていながら異なる。その間に含まれている違いこそが，教育を考えるための材料を与えてくれるのであり，教育思想を学ぶ意義なのである。

　この答えでもって教育思想の意義を説明しつくしたはずもないが，現場に求められる役割は一定程度提示できたのではないだろうか。現場では教育改革の荒波のなかにあって，忙しない対応が求められている。教育思想はその荒波にあって，1つの安定した錨を与えてくれる。私たちにとってあまりに自明であるが故に自覚しづらい現場の問題機制から距離をとって，反省的に捉え直すためのヒントが詰まっている。学校とは何か。教育とは何か。教育思想との対話は，荒波を航海するための羅針盤を提供してくれるに違いない。

参考文献

今井康雄編（2009）『教育思想史』有斐閣。

イヴァン・イリイチ（東洋・小澤周三訳）（1977）『脱学校の社会』東京創元社。

原聡介（2017）「教育思想」教育思想史学会編『教育思想事典【増補改訂版】』勁草書房，pp.159-162。

村井実（1990）「教育思想」『新教育学大事典』第一法規出版，pp.245-246。

ルソー（今野一雄訳）（1962）『エミール（上）』岩波書店。

（平田仁胤）

Q3　教育学と心理学の関係性について説明しなさい

1．教育学の学際性と心理学の貢献

　教育学とはそもそもどのような学問なのだろうか。教育学はヨハン・フリードリヒ・ヘルバルト（J. F. Herbart, 1776 ～ 1841）によって確立されたと言われる。彼は著書『一般教育学』において，目的は倫理学，方法は心理学に立脚することで導かれるとし，学問としての教育学を構想した。このように教育学は最初から学際性を特徴としていた。つまり，教育という営みを学問対象にしつつ，その対象に迫る方法論については他の学問分野から援用する形で発展を遂げてきたのである。現在においても，教育学に固有な学問的方法論はいまだ確立されていない。

　では，教育学の樹立・発展において，心理学はどのような貢献をしてきたのだろうか。それは「経験則から科学的知識へ」という言葉に集約できる。当初からの最大の関心事は，子どもの学習を基礎づける認識過程の合自然的な法則性を分析的に明らかにすることであった。また，その法則性を定式化することで，いかに子どもの認識を深め発展させることができるのかが探究されてきた。教育史を紐解けば，例えば，ヘルバルトの四段階教授法をはじめ，ジョン・デューイ（J. Dewey, 1859 ～ 1952）の問題解決学習，ジェローム・シーモア・ブルーナー（J. S. Bruner, 1915 ～ 2016）の発見学習など，子どもの認識過程を定式化した学習論が多々提唱され，教育学に多大なる影響を与えてきたことに気づくことができる。

2．価値規範を重視する教育学

　これまで心理学は，人間の資質・能力に関する概念や構造をはじめ，学習や発達のプロセスやメカニズムなどの心理的基礎を明らかにすることで教育学に貢献してきた。教育学はその能力論・学習論・発達論などを参照することで，従来の教育を批判的に捉え直し，新たな教育を構想しようとしてきた。

ここで注意が必要なのは，教育学は必ずしも心理学理論をそのまま受容するとは限らないということである。

　教育とは価値規範的な営みである。例えば，心理学がある学習論を提唱したとしよう。多くの場合，その学習論にもとづきながら，子どもの学習活動を促す教育方法が考案されることになる。しかし，教育方法は教育目的とのかかわりにおいて規定されるため，教育目的がまずもって吟味される必要がある。この教育目的は心理学から直接的に導き出すことはできず，倫理学的あるいは哲学的な考察を要する。実際にはその時々の社会・政治状況の影響も強く受けることになる。

　心理学は「人間（子ども）はどのような能力を備えているのか」，「人間（子ども）はどう学ぶのか／発達するのか」という実態にまずもって目を向ける。しかし，教育学は「どのような能力を育てるべきなのか」，「どう学ぶべきなのか／発達すべきなのか」という価値規範を論じようとする。この両者の違いの意味は大きい。価値中立性を標榜する心理学理論であっても，その背後には暗黙の前提とされる価値観が潜んでいるわけであり，教育学はこの点も議論の俎上に載せながら，教育的価値を見極めようとする。

　ただし，教育学が当為論的に議論しすぎる傾向にあることは，これまでも批判されてきた。教育の実際場面における成否などについて，子どもの心理・発達という観点から実証的に説明しうる理論を，教育学は十分に構築しきれていないことも事実だからである。

3．実証研究を基本とする心理学

　心理学は基本的に実証研究を志向する。つまり，「論より証拠」という研究姿勢である。何らかの理論を構築するにしても，その理論を支持する仮説を実験や調査でもって検証する必要があり，データの信頼性や妥当性が何よりも問われる。例えば教育学で「主体性」という概念が議論される場合，主体性の本質を探り，その原理を明らかにすることで教育実践への示唆を得ようとする（実践研究だと，概念の定義づけ自体があいまいな場合も多い）。他方，心理学では主体性という概念を操作的に定義することで，実験や調査

などのデザインを組み，その実態や影響要因等を明らかにしようとする。あるいは，既存の動機づけや自己調整学習などの心理学的概念や理論と紐づけて実証的に取り扱うことになる。

　どちらが優れている／劣っているという問題ではなく，どちらも重要だからこそ，学問分野の違いや研究・実践の別を問わず，使い分け関連づけることが必須となる。心理学が基本とする実証研究は，人間が陥りやすい「経験の罠」から逃れるための一助となる。例えば，心理学的知見は教育学者や教育実践者らが子どもに向ける教育的なまなざし，そこに潜む思い込みや偏見などを客観的に再考する契機を与えてくれる。また，子どもの一般的な心理的傾向や法則性を明らかにすることで，現状を分析する新たな視点を提供し，改善に向けた手がかりを示唆してくれる。

　ただし，子どもが不在のまま，証拠としてのデータが独り歩きしうる危険性があることは知っておかなければならない。かつて知能検査が人種差別や社会的排除を促進したのはその象徴的な事例である。人間の生まれつきの頭のよさは知能指数（Intelligence Quotient, IQ）によって科学的に測定できるという考えが信奉された結果，例えば，マイノリティの人々はマジョリティを構成する人々よりも生得的に劣っているなどと，優生学を正当化する根拠として用いられたことがある。検査内容自体に埋め込まれていた文化的バイアスや成育環境における社会的格差などの問題は看過されていたのである。ゆえに，どのような条件下で何をどこまで説明しうる心理学的概念や理論なのか，それらが前提とする仮説や価値観をも含めて批判的に考察するとともに，生態学的妥当性や社会的影響についても見極めることが求められる。

4．教育学と心理学の架橋・融合に向けて

　では，教育学と心理学はどのような関係を築いていけばよいのだろうか。心理学は特定の理論（動機づけ理論など）に依拠して教育現場を分析し，その理論から導き出される技術知を問題解決に向けて適用しようとする。学問分野間の関係においても，心理学は基礎的知見を提供し，教育学はそれを応用するという発想がいまだに根強い。いずれも技術合理性を原則とする考え

方である。

　しかし，実際の教育現場には理論的知識では十分に説明・対応しきれない不確定要素が満ち溢れている。他方で，教育学は価値規範を重視する立場を採る傾向にあるが，実践的通用性を担保しなければ机上の空論に留まる。いずれも日々変わりゆく教育現場における教師と子どもの相互行為（その背景や状況を含む）という現実や経験に根差しながら，それらを反省的に捉え直していく過程から理論と実践，理念と現実の「媒介項」を見いだす努力が求められる。また，その過程を通じて，今の理論的知識で説明しきれない部分はどこなのかを自覚し続け，実践的理論へと昇華させていくことが期待される。

　教育学であろうが心理学であろうが，教育を対象とする限り，教育目的を常に吟味し，その実現に向けて反省的に教育の現実を共創し続ける，そのための理論構築を探究すべきである。

（緩利　誠）

Q4　近代教育を問い直す視点（ポストモダン）とはどういうものかを述べなさい

1．近代教育が必然的にもたらす問題

　「ポストモダン」という言葉を聞いたことがあるだろうか。「ポスト」とは「〜の後」，「モダン」とは「近代」を意味するものであることを考えると，「ポストモダン」とは「近代後」あるいは「近代を乗り越えたなにものか」を意味するものであると言えよう。

　近代の教育思想とは様々な思想家たちによって提唱された主張の総体であるが，大きくまとめると，人間の「理性」の力に信頼を置き，理性に基づく思考によって導き出された理想の社会の姿に向けて子どもたちを効率的・計画的に教育していくならば，より理想に近い人間を育てることができ，その結果として社会はより理想へと近づいていくと期待するものであったと言えるだろう。こうした思想は，今日の教育を支える考え方でもあり続けている。

　だが，こうした教育思想に支えられた近代教育についてはこれまで，その問題点の指摘と解決の提案が繰り返されてきたのも事実である。例えば，すべての子どもに等しく教育を行うことを目的とした学校教育が，（すべての子どもたちの画一的な通学を求めた結果）不登校を「問題」として生み出してしまったことや，教育の担い手であり子どもの導き手としての役割を引き受けた教師の振る舞いが，（子どもたちが教師の意図通りには反応しない場合に）「体罰」や「ハラスメント」として子どもたちを抑圧する結果にもつながってしまうことなどが挙げられるだろう。だが，子どもたちは理想の社会を支えるために効率的・計画的なかたちで教育されていくのが当たり前な（そのようなことを望む）存在であるわけではないし，いくら教師が「良い教育」を行おうとも，そうした教育に反発したり，教師の意図とは異なる行動をとろうとしたりする子どもたちは必ず現れるだろう。これらの事例は，特定の子どもたちが問題児であったり，特定の教師が「ハラスメント教師」

であったりしたことから引き起こされた問題なのではなく（一部にはそうした場合もあるかもしれないが），近代の教育思想に支えられた近代教育がなかば必然的に生み出すことになる問題なのである。良き目標に向かって，良き教師が，良き意図を持って，良き教育を行えば，すべての子どもたちが喜んで教育を受け，良き目標を実現してくれる，と考えるのは単純に過ぎるだろう。

２．ポストモダン教育思想

（１）ポストモダンとは何か

「ポストモダン」という語を有名にした人物の１人がフランスの哲学者ジャン＝フランソワ・リオタール（J.-F. Lyotard）である。彼は「大きな物語」，すなわち時代・地域・対象を問わず普遍的に正しいとされる（近代を支える）理念の絶対性を否定し，それらを前提とした立場に対する批判を行った。

彼の挙げる理念の例としては，人間の理性や真理，正義などがあるが，それ以外にも例えば，科学技術の進歩や効率性の追求など（を無条件に良いものとみなすこと）も近代の理念として挙げられるだろう。例えば，人間の生活を豊かにする科学技術の進歩を目指してきた結果，他の動物を絶滅させたり地球環境に致命的な影響を与えたりしてきたことが今日，反省されている。また，人々が効率性を追求した生活を行うようになった結果，そうした暮らしが逆に私たちの生活の質を悪化させたとの指摘もなされるようになった。

（２）ポストモダン思想の影響

近代を支える理念の正しさを絶対視しないポストモダンの考え方は，教育学にも及んでいる。しかし，教育学者の下司晶によると，教育学の領域においてポストモダン思想は根本的に（近代を支える特定の理念それ自体を全否定するようなかたちで）ではなく，あくまでも既存の教育理論の枠組みに受け入れ可能な範囲と形態においてのみ取り入れられたとされる。その際，とりわけ大きな影響を及ぼしたのがオーストリア出身の文明批評家イヴァン・イリイチ（I. Illich），フランスの哲学者ミシェル・フーコー（M. Foucault），フランスの歴史学者フィリップ・アリエス（Ph. Ariès）らの著作であった。

　イリイチはもともと，社会の制度化によって人々が自律性（自主的な判断の力）を奪われ，特定の制度や専門家に依存するようになることを批判していたのであるが，実際には彼の理論は既存の学校制度の形態に対する批判として受容されるにとどまった。フーコーの著作は私たちが教育されていく過程を，本人に強制力を感じさせないかたちでのソフトな支配（規律＝訓練）として描き出した。その結果，教育学においては，近代教育を支える装置である学校がそのようなかたちで人々を統制するための装置であることが広く知られるようになったものの，根本的な学校批判にはつながらなかった。また，アリエスの著作は「子ども」と「大人」の区別が近代以降にはじめて作られたものであることを示し，大人とは明確に異なる存在として（それゆえ大人によって教育されなくてはならない存在として）子どもをみなす視点に対して反省を促した。だが，その影響は子どもを未完成で不十分な存在として捉える視点に多少の修正を加えさせるにとどまったと言えよう。

3．近代教育の改善に対するポストモダン思想の貢献

　このように，近代を支える理念の絶対性に問い直しを迫るポストモダン思想は，教育学の領域においては必ずしも真正面から捉えられてこず，あくまでも既存の理論の枠組みに受け入れ可能な範囲と形態においてのみ受容された。そして日々，教育実践を繰り返す学校教育の現場においては，現実上の様々な制約や事情ゆえに，その受容の程度がさらに小さかったと言えよう。

　その理由は，現に私たちの社会の中に存在し，新たな社会の構成員を育て上げるために続けられている教育（とりわけ学校教育）という営みが，非常に近代的な営み，すなわち近代教育思想に支えられた近代教育という営みであるためである。近代を支える理念の正当性を否定するポストモダン思想を全面的に取り入れるならば，教育や学校教育はその正当性を失い，結果として私たちの社会の再生産もままならなくなってしまうのである。

　だが，私たちの教育や学校教育がポストモダン思想を全面的に取り入れることが困難だからといって，こうしたポストモダン思想に目を向けることに意味がないわけでは決してない。例えば，不登校という現象が生じた際，学

校というのは必ず通わなくてはならない場所だとみなしたり，学校教育になじめないままでは人間として不完全だとみなしたり，子どもとは必ず大人によって教育されなくてはならない存在だと考えたりすると，不登校を「問題」としてみなし，不登校児を「問題児」とみなすほかはなくなるだろう。だが，ポストモダン思想の視点を踏まえ，「たとえ近代の理念から部分的に外れるところがあったとしても，それは必ずしも決定的な問題ではない」と捉え，不登校という現象の発生を前提とした代替案を探すのであれば，結果として子ども本人にとっても，周囲の大人にとっても，そしてそうした人々を取り巻く社会全体にとってもより衝突の少ない状態がもたらされることになる。そして，そうした修正を経て，近代を支える教育という制度はその都度の時代や状況に合わせたかたちで維持・改善されることになるのである。

4．多文化化・価値多元化社会における近代教育の意義

近年，社会の多文化化や価値多元化が進んでいる。そこでは，絶対的な価値や規範が存在せず，あらゆる物事は相対化されているようにも思われる。こうした社会においては，もはや近代の理念を放棄しなくてはならないようにも思われる。だが，社会の中に存在するそれらの多様な文化や価値の共存を図るためには，近代が大切にしてきた理性や自由，権利などの理念を手放すことはできないだろう。近代の理念の上に暮らす私たちは，あくまでもそれらの理念に修正を加えつつ，それらを維持し続けることが必要なのである。

その際，大きな役割を果たすのが，近代の理念に基づいて構想され，近代の理念を伝える営みとしての近代教育である。私たちの暮らす近代社会は教育を通じて新たな社会構成員を育て，社会を維持している。だが，時代や社会は変化し続けるものであり，私たちの教育（学校教育）は決して完璧なものではありえないだろう。しかし，ポストモダン思想に部分的に学び，近代教育という制度に修正を加えることで，教育も，そしてそうした教育によって支えられる社会も，維持・改善され続けることになるのである。

参考文献

下司晶（2016）『教育思想のポストモダン —— 戦後教育学を超えて』勁草書房。

ジャン=フランソワ・リオタール（小林康夫訳）（1986）『ポスト・モダンの条件 —— 知・社会・言語ゲーム』水声社。

（鈴木　篤）

Q5 理論と実践の往還とは何かについて述べなさい

　近年，我が国の教員制度には，教職の高度化を求める政策のもと，教員免許更新制，教職大学院制度，教員育成協議会による教員育成指標，教職科目コアカリキュラム設定など，次々に改革が加えられている。これら改革の流れを決定づけたともいえる中央教育審議会答申「今後の教員養成・免許制度の在り方について」(2006) において打ち出された「教職大学院」制度において，制度設計の基本方針5項目のうち1つに掲げられたのが「2.『理論と実践の融合』の実現」である。そこには次のように記載されている。「高度専門職業人の養成を目的とする大学院段階の課程として，綿密なコースワーク（学修課題と複数の科目等を通して体系的に履修することをいう。）と成績評価を前提に，理論・学説の講義に偏ることなく実践的指導力を育成する体系的で効果的なカリキュラムを編成するとともに，実践的な新しい教育方法を積極的に開発・導入することにより，「理論と実践の融合」を強く意識した教員養成教育の実現を目指す」。

　この答申をはじめ2012年，2015年と中央教育審議会の一連の答申において，「理論と実践の融合」は「理論と実践の往還」へと微妙な変化を見せながら，「実践的指導力」を涵養しつつ「学び続ける教員」が欠くことのできない基本姿勢として示唆されている。以下ではこの「理論と実践の往還」というキイ概念をめぐる諸問題をみていく。

1. 教師教育のキイ概念としての「理論と実践の往還」の成り立ち

　そもそもキイ概念としての「理論と実践の往還」が浮上する契機として，日本教育大学協会「モデル・コア・カリキュラム」研究プロジェクトにおける一連の検討が一定の役割を果たしたという指摘がある（岩田，2019）。2003年3月に出された同プロジェクトの報告書には，教員養成カリキュラム統合の軸が「教育科学，教科教育学，教科専門分野の大学教員が協働しながら，

実践の場を通して理論の実践化を図るとともに，実践の場を通して実践に理論的考察を加え，それによって実践の理論化を図ろうと」することに求められるという。ちなみにこの時点では教職大学院の創設は政策課題として現実化していないため，報告書で想定されている「理論と実践の往還」は，教育大学において専門を異にする大学人が，相互に協働しながら教員養成カリキュラムをつくるための概念であったという。

　その後教職大学院制度の創設に際し，「理論と実践の往還」はキイ概念として引き継がれたが，その意味合いは変化した。変化のポイントは，次のようにまとめられる（岩田，2019）。(1)「理論と実践の往還」が，教職大学院において入職前の教員養成に限らず，日本の一条校で一定の経験を持つ現場教師の再教育を企図したものになった，(2)(1)に伴い「理論と実践の往還」の「実践」が日本の一条校における現実的かつ具体的な課題に即したものへと傾斜してきた，(3)「理論と実践の往還」が，「大学人相互の協働」よりは「大学と一条校の協働」へと軸足を移した。

　上記のような意味合いの変化は，昨今の日本の教師教育の実践や研究において「理論—実践」というときの「実践」を，「学習指導要領を出発点とした同時代的な狭義の『実践』」にのみ注目させるような帰結を生む。また，教職大学院発足に際しては，教育諸科学の中でも教育経営学や教育方法学など「国内の学校における教育課題に比較的親和性の高い」学問領域のみが重視されることが懸念される。

2. 教師教育改革を後押しする社会的背景 ── 実践的指導力への期待

　1．でみたように，もともとは教育大学におけるカリキュラム編成のキイ概念であった「理論と実践の往還」が，現場教師の再教育モデルから「実践」へと移行してきている。その理由のひとつとして，「大学における教員養成への失望」が指摘されている（油布，2013）。確かに，社会人活用を目的とした特別免許状の創設，さらに2000年の教育職員免許法の改正により特別免許状から普通免許状への上申が可能になったことなど，教員免許取得

における昨今の流れは，大学での教員養成と座学による教育学のみで教員の専門性が担保されるわけではないとの意図が透けてみえる。「教育学理論が教育現場の役に立たない」――この無力感が醸し出される背景として，ここで教員を取り巻く社会環境の変化にも目を向けておこう。

1950年代後半から80年代にかけての時期は「学校化社会」の成立期であり，経済発展とともに，子どもが社会に出るために不可欠の装置としての学校の役割が重視された。就労の条件として就学が自明視され，学校経由の就職ルートが成立したことにより，全日制普通高校への進学がメインルート化した。このことは就学機会を増やすことにつながったが，同時に全階層の子どもに「競争の教育」を強いる結果となり，就学行動が飽和期にさしかかるとともに学校不適応など新たな問題が生まれる土壌となった（木村，2015）。高校生・中学生による学校の荒れが問題となり，一時期は体罰や厳しい校則などの抑圧的な手法で収束したかに見えたものの，その後はいじめや不登校など「力によって抑え込む指導」が効力を持たない時期へと移行し，「子どもが変わった」という声も聞かれるようになった（諏訪，2005）。

こうした状況下，教職を志望する学生たちの「科学知に対する過度の期待」は「それがかなえられないことの失望」を伴いながら「大学での教員養成の非力説」（油布，2013）へと転換される。近年の教員養成制度が大学から教育現場へ，科学的・理論的知識から経験重視へと移行する背景には，「実践的指導力」が上記で述べたような諸課題に対応できる教師をイメージさせるマジックワード的な役割を果たしたためとも考えられる。

3．「理論と実践の往還」をどう捉えていくか

2．で問題状況をふまえたところで，ふたたび「理論と実践の往還」というテーマ周辺で，いまどのような問題があるのかをみてみよう。

1．で概観した経緯により2008年からスタートした各教職大学院では，「理論と実践の往還」あるいは「理論と実践の融合」を掲げた多様な研究や実践が次々と打ち出されている。事例研究，授業観察・分析，フィールドワーク等を積極的に導入した方法で理論と実践の融合を図る大学院もあれ

ば，拠点校を作り現場での長期の活動に携わる大学院（福井大学大学院）や，大学教員と現職教員学生・学部新卒性がチームを組んで学校現場に提供できるようなアイディアを「学校支援プロジェクト」として提案し，それを実際のフィールドワークとしていく例もある（上越教育大学大学院）。教職大学院における「理論と実践の往還」をめぐる模索は，戦後の「はい回る経験主義」を再現しないことへの自覚のあらわれである一方，それが新しいテーマでもあるため「何を意味し，どのように実行されるのかを探究しつつ実施している現状」でもあるという（油布，2013）。

　おそらく「理論と実践」を「学校では一般化可能な『抽象的・理論的思考』を学び，それを現場ではただ実践する」（福島，2001）という短絡的な通念で捉え返すことはもうできないだろう。さりとて「実践」を学校や教室といった極めて狭い範囲で理解することも望ましくない。教育における今日的な問題が，社会の変動や人々の価値意識の新しい形態と古くからの学校制度（学ぶことを意味づけ促す制度）のズレから生じているのだとすれば，それを顧みないままに行使された「実践的指導力」の内実は，今を生きる子どもを旧来的な学校システムに適応させる力技に陥ってしまう可能性があるからだ。

　教師の省察を「行為の中の省察」と「行為についての省察」とに分けて考えるなら，今日，より求められているのは後者，すなわち自らの教育実践活動を俯瞰してみることのできる視点であろう（油布，2013）。「理論と実践の往還」に託されている期待とは，教師という熟達者の知識獲得の在り方が腹落ちできるような理論の言葉が与えられること，教育に関わる人々が現状を俯瞰する「うてな」としての機能をもつ理論が学ばれることで，未来に開かれた視野をもちつつ教育に当たることができるような場所が用意されることだと思われる。

参考文献

岩田康之ほか（2019）「教職の高度化における『理論と実践の往還』」日本
　　　　　教育学会編『教育学研究』第86巻1号。
木村元（2015）『学校の戦後史』岩波新書。

諏訪哲二（2005）『オレ様化する子どもたち』中央公論新社。

福島真人（2001）『暗黙知の解剖 認知と社会のインターフェイス』金子書房。

油布佐和子（2013）「教師教育改革の課題 ──『実践的指導力』養成の予想される帰結と大学の役割」日本教育学会編『教育学研究』第80巻第4号。

（奥野佐矢子）

第6章

現代の教育問題

Q1　教育格差が存在することの何が問題なのか。問題であるならば，それを解消するためにどのような方法があり得るか

1．教育格差のとらえ方

　アメリカの道徳哲学者フランクファート（H. G. Frankfurt）は，経済的平等を目指す政策，および理論を批判する文脈で，格差について次のように述べている。「経済的平等は，それ自体としては何ら道徳的な重要性を持っていない。そして同じ議論から，経済的格差はそれ自体としては道徳的に反発すべきものではない。道徳性の観点からすると，万人が同じだけ保有するというのは重要ではない。道徳的に重要なのは，万人が十分に保有することだ」（フランクファート，2016，p.15）。この言及は，格差それ自体は道徳的に許容されうるのであり，格差をいかになくすかではなく，格差に起因する不利益をいかに小さくするかを考える必要がある，ということを示している。

　格差に起因する不利益について，2013（平成25）年に閣議決定された『第2期教育振興基本計画』では，「教育をめぐる社会の現状と課題」の1つとしての格差の再生産・固定化という問題が言及されている。そこでは，「国民生活上，個人の努力などによる格差が一定程度生じることは許容されるべきではあるが，能力を発揮する機会は，経済的・社会的な事情にかかわらず等しく享受されなければならない」との認識のもと，地域間格差，世代間・世

代内の社会的・経済的格差，希望の格差の一層の拡大が，「教育やその後の就業の状況など」とあいまって，格差の再生産・固定化を進行させていることが問題視されている。ここに示されるように，教育格差の問題とは，本来個々人が有する能力を発揮する機会が平等に保障されるべきであるにもかかわらず，社会・経済的格差と教育機会の不平等によって，その保障が十分にはなされていないこと，を意味する。

　こうした問題に精力的に取り組み，問題構造の解明と問題解決の方途の探究に挑んできたのが，階層と教育をテーマとした教育社会学研究である。その具体的特徴を示す研究の1つとして，松岡亮二（2019）をあげることができる。松岡は「『生まれ』による最終学歴の格差」を「教育格差」であると規定し，親の学歴，出身地域，階層が初期条件として子どもの学歴の格差が生み出されていることを分析する。また，社会経済的地位（socioeconomic status）の地域間・学校間格差の観点から，就学前・小・中・高の各教育段階での，また段階間で連関した教育格差の実態を実証的に示し，教育格差に対する処方箋も提示している。教育格差問題の探究の根底には，出自や出身階層にかかわらず，能力と努力によって競争を勝ち抜けば報酬や地位を獲得できるメリトクラティックな社会が，事実として公平な競争社会とはなっておらず，その中で不公平にも不利益を被っている者が存在していることへの問題意識が存在している。

2．教育格差と学習権の保障

　教育格差がなぜ問題とされるのか。それは，教育の機会均等の理念に反するからである。教育基本法第4条は教育の機会均等に関する条項であるが，第1項で「すべて国民は，ひとしく，その能力に応じた教育を受ける機会を与えられなければならず，人種，信条，性別，社会的身分，経済的地位又は門地によって，教育上差別されない」とされている。旧法（1947年法）で該当するのは第3条であり，「すべて国民は，ひとしく，その能力に応ずる教育を受ける機会を与えられなければならないものであって，人種，信条，性別，社会的身分，経済的地位又は門地によって，教育上差別されない」と

されている。これら，わが国における教育の機会均等の理念をどのように理解すればよいのか。旧法解釈に沿って確認することとする。

「昭和22年教育基本法制定時の規定の概要」での説明をふまえれば，旧教育基本法第3条は「憲法第14条第1項及び第26条第1項の精神を具体化したもの」である。日本国憲法第14条第1項は「すべて国民は，法の下に平等であって，人種，信条，性別，社会的身分又は門地により，政治的，経済的又は社会的関係において，差別されない」とされている。また，同第26条第1項は「すべて国民は，法律の定めるところにより，その能力に応じて，ひとしく教育を受ける権利を有する」である。われわれ国民は，日本国憲法によって学習権が保障されている。

学習権の保障を前提として，1947年法第3条は，第1項前段で，国民がその能力に応じて教育を受ける機会を均等に与えられなければならないものであり，国はそれを妨げてはならないことを，後段は，単に教育を受ける機会を均等にするのみならず，教育のあらゆる場合において能力以外の事由によって差別的取り扱いをしてはならないことを示している，と解釈される。つまり，教育の機会の提供は等しくあるべきだが，すべての児童生徒に同一の教育を与えることを意味するわけではない。ここでは，形式的な平等の保障（教育の機会均等）とともに，結果の平等も視野に入れられている。教育格差は，結果の平等を志向する立場からの学習権の保障という観点から，是正される必要がある。

3．教育格差是正のための原理

アメリカの教育哲学者ハウ（K. Howe）は，教育機会の平等に関する解釈をそれが依拠する分配の正義の理論から分析・評価している（ハウ，2004，第2章第2節）。ハウが検討するのは，リバタリアニズム，功利主義，リベラル平等主義の立場からの教育機会の平等論である。リバタリアニズムは，「個々人あるいはその親が自由に選ぶ教育を，それがどのようなものであれ追求していく自由を保障する」ことを主眼に置く立場である。また，功利主義は，経済的に価値のある技能（メリット）にもとづいて機会を分配するこ

とを主眼に置く。ハウは，これらの立場による論の欠点を指摘したうえで，リベラル平等主義の分配論を支持していく。その核心は，基準点の原理である。

　基準点の原理とは，個人が善き生を生きることができるよう，一定の水準の個人財を，また民主的国家の市民としての政治能力の平等が担保されるよう，一定水準の共有財を分配する必要がある，とする原理である。この原理によれば，「異なる個々人は基準点に達するのに異なる量の教育動力と教育資源を必要とするので，その努力と資源は異なるように分配されなければならない」ということになる。

　こうしたハウの議論は，わが国の教育機会の均等のあり方を考えるうえでの参照点としての価値がある。ただし，福祉国家的な分配を求めるその議論は，現在のわが国における社会状況に照らして考えると，実現は困難であるといえる。

4．教育格差をいかに解消するか

　教育機会の不平等につながっている教育格差の原因について，教育社会学においては多くの研究が蓄積されている。その1つとして，イギリスの社会学者バーンステイン（B. Bernstein）は，労働者階級の子どもが学校で成功しにくい理由，またそれに起因する階層間格差が世代間で再生産されていく理由を，言語コードに求めている（バーンステイン，2011）。人がどのように話すかを規定する言語コードは，中産階級と労働者階級とでは異なるという。中産階級は，5W1Hがはっきりとしている丁寧で説明的な物言いを生み出す精密コード（elaborated code）を，労働者階級は文脈を共有する度合いが高い人間関係の中で発せられる言葉を生み出す限定コード（restricted code）をもとに日常的にコミュニケーションを取っている。バーンステインは，文化伝達機関である学校では，精密コードによるコミュニケーションが主であるゆえ，それに習熟している中産階級の子どもはよい成績を収め，習熟していない労働者階級の子どもは成功しにくいことを明らかにした。

　養育された家庭的要因，文化的環境に起因する学力格差は現実的に再生産

され，固定化されている。これを打開する方策として注目されるのは，「効果のある学校」である。「効果のある学校」とは，「人種や階層的背景による学力格差を克服している学校」（鍋島祥郎，2003，p.17）であり，イギリス教育社会学において多くの研究が蓄積されている。教育社会学者の志水宏吉は，効果のある学校研究をもとに，日本への応用を次のように7つの法則として提唱している。「①子どもを荒れさせない，②子どもをエンパワーする集団づくり，③チーム力を大切にする学校運営，④実践志向の積極的な学校文化，⑤地域と連携する学校づくり，⑥基礎学力定着のためのシステム，⑦リーダーとリーダーシップの存在」（志水宏吉，2005，p.166）である。教育格差を克服する鍵は学校教育の中にあるのである。

参考文献・URL

バジル・バーンスティン（久冨善之他訳）（2011）『〈教育〉の社会学理論　新装版』法政大学出版局。

ハリー・G・フランクファート（山形浩生訳）（2016）『不平等論 ── 格差は悪なのか？』筑摩書房。

ケネス・ハウ（大桃敏行ほか訳）（2004）『教育の平等と正義』東信堂。

松岡亮二（2019）『教育格差』筑摩書房。

文部科学省「昭和22年教育基本法制定時の規定の概要」https://www.mext.go.jp/b_menu/kihon/about/004/a004_03.htm

鍋島祥郎（2003）『効果のある学校』解放出版社。

志水宏吉（2005）『学力を育てる』岩波書店。

（平井悠介）

Q2 いじめ問題に対する対応策が長く講じられてきたにもかかわらず，この問題が根強く残っていることを私たちはどう捉えていけば良いか

1. そもそもいじめ問題は「教育」問題なのか？

　いじめ防止対策推進法において，いじめは「児童等に対して，当該児童等が在籍する学校に在籍している等当該児童等と一定の人的関係にある他の児童等が行う心理的又は物理的な影響を与える行為（インターネットを通じて行われるものを含む。）であって，当該行為の対象となった児童等が心身の苦痛を感じているもの」と定義づけられている。

　このいじめの定義は，学校における子ども同士の関係のみに限定して通用するものではない。仮に，定義中の児童等を従業員，学校を企業に置き換えたとしても成り立つものである。また，この定義には含まれていないが，いじめはヨコの関係（子ども同士）だけでなく，タテの関係（教師－子ども関係）などでも生じうる。体罰もまた教師の立場を利用した子どもへのいじめである。それは大人社会ではハラスメントと呼ばれる。

　つまり，いじめ問題は学校を中心とする教育分野のみならず，社会全般で起こっている「社会」問題なのである。基本的には他者と関係をもち，何らかの集団が組織されるところであれば，「いつでも，どこでも，誰においても」いじめ問題は発生しうるし，実際に発生し続けてきたのである。もし，いじめをなくしたいのであれば，他者との関係をすべて断ち切ればいい。しかし，残念ながらそれでは人間は生きていけない。人間が他者とともに生きる限り，いじめはつきまとう。人間が「生存」するうえで不可避な問題であるという認識からいじめ（問題）について思考していくことが求められる。

2. 「いじめ＝悪」という認識の問題性

　もちろん，いじめは人権侵害であり，そもそも倫理的に認められるべきで

はない。現実的にも，悪質さの程度によっては，違法行為や犯罪行為に該当し，処罰の対象になる。他方で，だからといって素朴な正義感をふりかざし，いじめを悪とみなし，すぐに加害者や管理者・指導者の責任問題へと発展させたとしても事態は改善しない。むしろ，責任追及の社会的圧力が高まれば高まるほど，事態は悪化する可能性もある。例えば，いじめの隠蔽，犯人探しによる相互不信，関係者の言い訳や責任逃れ，管理や厳罰化の促進，あるいは，被害者が言い出せない雰囲気の醸成などを引き起こしかねない。そうすると，結果的にますますいじめは見えにくくなっていく。

「いじめ＝悪」という認識が支配的な状況では，どうしても加害者が最も注目を浴びやすい。しかし，先行研究の成果を踏まえれば，加害者の属人的要因だけでいじめ発生の原因を説明することはできない。確かに加害者本人の気質や能力・スキルなどが一定の影響を与えているが，むしろ，成育歴・成育環境やその時の生活状況などの環境的要因，さらには，その背後にある社会構造や社会情勢などの社会的要因が多分に影響を与えている。

また，いじめは加害者と被害者のみならず，はやし立てる観衆，見て見ぬふりをする傍観者という4層構造で成り立っており，加害者だけに注目してもその全貌は見えてこない。あわせて，それぞれの立場はいつでも入れ替わる可能性があることからも，発生したいじめ行為の善悪を問うだけでなく，その行為を取り巻く関係性や背景にもっと目を向ける必要がある。

大抵の場合，いじめ問題の背後には，子どもたちの「生きづらさ」が横たわっている。この「生きづらさ」が問題行動という形で顕在化しているという理解が不可欠になる。「いじめ＝悪」という認識は，この視点を曇らせてしまう恐れがある。責任追及はもとより，いじめ自体の原因分析をして，解決の手立てを打ったとしても，根本的な解決は期待できない。

3．同質性を志向する学校教育が生み出す生きづらさ

心理学では「黒い羊効果」という現象が明らかにされている。白い羊の群れに1匹の黒い羊が入ってきたとき，その黒い羊をいじめることで，白い羊の群れに一体感が生まれることを指す。人間には他者との同質性でつなが

り，異質性を認めたがらない傾向がある。近代学校はこの同質性でもって成り立っており，実は子どもたちの生きづらさを助長させる一因になっている。

　例えば，生活集団・学習集団は年齢に基づく学年・学級として固定的に組織される。集団は年間を通じて変わることがほとんどなく，共通の時間割に則して，予め定められた同じ内容を，同じ方法・スタイル，同じペースで学ぶことを原則とする。たとえ授業がつまらなくても，理解できていなくても，さらには，意味を見いだせなくても授業は進んでいくのである。その構造上，個人の意思よりも集団の秩序を維持することが優先されやすく，校則や各種ルールなどの規律でもってコントロールすることが多くなる。この規律から逸脱することは，"子どもが納得しているかどうかにかかわらず"許されない。

　こうした閉鎖的な学校空間や固定的な生活集団・学習集団において，子どもは自らが生き残るための戦略を考えることになる。いずれの子どもも集団内での自分のポジションを確立するために，自分が所属する集団で自分自身の優位性を示す必要があり，その優位性が侵されないようにしなければならない。それを確固たるものにするうえで「群れ」をつくることは有効に働く。つまり，子ども同士の間で何らかのさらなる同質性を見いだそうとする。

　この群れができること自体が問題なのではない。ただ，自分の欲求が満たされない場合，子どもは同質性で結びついた群れのなかで，その欲求を満たそうとする。満たされたい気持ちが強くなればなるほど，異質なものを排除し，自分の群れのなかの同質性をさらに高め，集団内での力を強めようとするのである。もとより，いつ自分が今の群れから排除されるかもしれないという不安も抱え続けながら，である。

4．満たされる学校教育に向けて

　「いかなる問題も，それが発生したのと同じ次元では解決することはできない」，これはかの有名な物理学者アインシュタインの言葉である。いじめ問題も同様で，「いじめをなくそう！」というスローガンのもと，直接的に

アプローチするだけでは，根本的な問題解決には至らない。

　最大の鍵を握るのは，子どもたち一人ひとりの自己実現欲求を満たしてあげることができるかどうかである。少なくとも夢中になって何かに打ち込んでいるとき，人は他者と争うことにエネルギーを注がない。夢中になれるプロセスにおいて，異質で多様な他者と関わり，協同したり，創造したりすることの魅力や可能性を実感できれば，少しずつ異質さを受け入れようとする。他方で，そのプロセスに葛藤や対立などがあったとしても，それを建設的に乗り越えていく経験は，社会で生きていくうえで不可欠である。

　今の学校教育は，どれだけ子どもたちの自己実現欲求を満たしてあげられているだろうか。確かに近代学校の構造上，同質性や閉鎖性，権力性をすべてなくすことはできないが，緩めることはできる。互いの自由を尊重し合い，相互承認の関係を築ける学校教育の実現に向け，必要な制度設計や各種条件整備，カリキュラムのあり方・つくり方について，探究し続けることが求められる。

参考文献

ミシェル・フーコー（田村俶訳）（2020）『監獄の誕生〈新装版〉』新潮社。
森口朗（2007）『いじめの構造』新潮社。
鈴木翔（2012）『教室内カースト（スクール）』光文社。
苫野一徳（2019）『「学校」をつくり直す』河出書房新社。

（緩利　誠）

Q3 第3期教育振興基本計画が示す日本のこれからの教育の方向性・人材養成の方向性はどのようなものか，説明しなさい

　教育振興基本計画は，2006（平成18）年改正の教育基本法の第17条に基づき，我が国の教育振興に関する施策の総合的・計画的な推進を図るために策定された計画である。同条第1項に基づき，政府は，今後10年を通じて目指すべき教育の姿をイメージしながら，5年で取り組むべき施策を公表している。政府が策定した第1期教育振興基本計画は2008～2012年度，第2期は2013～2017年度，第3期は2018～2022年度に実施する計画である。また第2項に基づき，地方公共団体は，政府の計画を参考にしながら，地域の実情に応じた計画を定めるよう努めなければならない。実際に多くの地方公共団体は，独自の教育振興基本計画を策定しており，2019年時点で全47都道府県，全20政令指定都市，全54中核市，及び82.7%の市区町村教育委員会が，地域の実情に応じた教育施策に関する基本的な計画を策定している。

　以下，第3期教育振興基本計画で政府は，どのような教育の方向性を示したのか，日本が目指す人材育成とはどのようなものか明らかにする。

1．2030年以降の社会を展望した教育の方向性

　第3期教育振興基本計画は，2030年以降の社会を見据えて，日本が目指す教育と人材育成の方向性を描いている。2030年頃には，第4次産業革命とも言われるAIやビックデータ等の技術革新が一層進展し，社会や生活を大きく変える超スマート社会（Society 5.0）の到来が予想されている。そうした時代において，これからの日本の教育は，変化の激しい社会を生き抜いていけるような人材育成が目指されており，一人ひとりが自立した人間として，主体的に判断し，多様な人々と協働しながら新たな価値を創造できる人材を育成しようとしている。予測困難な変化の激しい社会を生き抜くためには，変化に適応するのみならず，社会変化を前向きに受け止め，自らが自立

して主体的に社会に関わり，将来を創り出すことが求められている。

２．教育政策に関する５つの方針と人材養成の方向性

　第３期教育振興基本計画は，教育の目指すべき姿の実現に向けて，次の５つの教育政策の方針と人材養成の方向性を示している。

（１）夢と志を持ち，可能性に挑戦するために必要となる力の育成

　一つ目の方針は，夢と志を持ち，可能性に挑戦するために必要な力の育成である。急激な社会・産業構造の変化が予測され，将来が展望しにくい状況の中でも，夢や志を持って積極的に行動し，自信をもって可能性に挑戦できる人材を育成することが重要である。予測困難な社会であるからこそ，変化を前向きに受け止め，新しい未来の姿を創造し実現することが求められる。

　そのためには，確かな学力を備え，豊かな心を育み，健やかな体を育成することが必要である。幼児期から質の高い教育を提供し，初等中等教育においては，新学習指導要領を着実に実施していかなければならない。高等教育では，知識・技能の修得だけではなく，学んだ知識・技能を実践に応用する力や，自ら問題の発見・解決に取り組む力の育成が特に重要である。また将来が展望しにくい状況の中で，社会的・職業的自立を実現するためには，一人ひとりが自己の生き方や働き方についての考えを深め，職業生活や日常生活に必要な知識や技能，技術を主体的に身に付けることが求められる。

（２）社会の持続的な発展を牽引するための多様な力の育成

　二つ目の方針は，社会の持続的な発展を牽引するための多様な力を育成することである。技術革新やグローバル化が進展する中で，少子高齢化を克服して持続的に成長・発展していくためには，各自が基礎・基本を身に付けたうえで，それぞれの得意分野や個性に応じてリーダーシップを発揮し，時にはリーダーを支えながら新たな価値を創造していかなければならない。イノベーションを牽引する人材の育成には，各分野の専門的知識に加えて，文理の枠を超えた分野横断的な知識の修得，幅広い視野でニーズを捉え，技術や情報を取捨選択して課題解決のために使いこなす力の育成が求められる。

　そのため初等中等教育では，児童生徒の意欲を高め，幅広い視野を付与

し，創造性を育む教育の提供が求められる。高等教育では，教育の基盤となる研究力の向上や優秀な学生の育成強化が必要である。とくに大学院教育においては，日本の発展を担う主役として，高度な専門的知識と倫理観を基礎に自ら考え行動し，新たな知を創り出し，その知から新たな価値を生み出して，グローバルに活躍できる人材を社会と協働して育成する必要がある。

（3）生涯学び，活躍できる環境を整える

　三つ目の方針は，生涯学び，活躍できる環境を整えることである。人生100年時代には，これまでの「教育→就労→引退」というライフステージモデルが通用しなくなると言われている。それゆえ，一人ひとりが人生100年を見据えて人生を設計し，学び続け，学んだことを活かして活躍できるようにしなければならない。人生100年をより豊かに生きるためには，生涯にわたって自ら学習し，自分の能力を高めて，働くことや，地域や社会の課題解決のための活動につなげていくことが必要である。

　こうした学びの継続を進めていくためには，社会に開かれた高等教育の実現が必要であり，大学における公開講座の開設や，大学や専修学校における社会人の受入等，生涯を通じた学びを推進する環境を整備することが求められる。障害者も地域の一員として豊かな人生を送ることができるよう，教育やスポーツ，文化等に生涯親しめるような支援が必要である。

（4）誰もが社会の担い手となるための学びのセーフティネットの構築

　四つ目の方針は，誰もが社会の担い手となるための学びのセーフティネットを構築することである。幼児期の教育は，生涯にわたる学びと資質・能力の向上に大きく寄与するため，すべての子が幼稚園・保育所等で質の高い教育を受け，共通のスタートラインに立てるような環境整備が必要である。高等教育では，意欲と能力のある者が家庭の経済事情にかかわらず，質の高い教育を受けられるよう，真に開かれたものにしていかなければならない。すべての者がしっかりとした学力を身に付けられるよう，幼児期から高等教育段階まで切れ目のない経済支援や地域住民の協力による学習支援等の総合的な対策が必要である。また障害の有無，日本語指導の必要性，不登校，中退など，多様なニーズに応じた教育機会の提供が求められる。

（5）教育政策推進のための基盤の整備

　五つ目の方針は，教育政策推進のための基盤を整備することである。具体的には，新しい時代の教育に向けた持続可能な学校指導体制の整備，ICT利活用の推進，安全・安心で質の高い教育研究環境の整備，大学の財政基盤の確立と機能強化，日本型教育の海外展開などが求められている。

　学校教育では，十分な教職員の配置や専門スタッフとの連携・分担体制の構築が必要であり，教員が児童生徒一人ひとりに向き合える環境を整えていかなければならない。大学教育では，学生が主体的に学修するアクティブ・ラーニングへの展開を図るなど，教育の質向上の観点からICTの利活用を積極的に推進する必要がある。また地域の実情に応じた多様な学習機会の提供や社会教育施設等の教育環境整備も重要である。さらに近年，高い基礎学力と規律ある生活習慣を育む日本の初等中等教育や，高等専門学校等に代表される産業人材育成などの日本型教育は，諸外国から高い関心が寄せられている。日本型教育の海外展開は，諸外国との強固な信頼・協力関係を構築できるものであるため，積極的に推進することが求められている。

3．次世代の教育の創造に向けた研究開発と先導的な取組の推進

　第 3 期教育振興基本計画では，2030 年以降の社会を展望した教育政策を進めていくために，一人ひとりの可能性とチャンスを最大化するという観点から，各種政策を着実に推進することが求められている。一方で，2100 年以降までの時代を生き抜くことになる子どもたちの未来を展望するとき，技術革新の動向や人々を取り巻く社会環境，そのときの教育の姿を描き切ることには，限界があることも指摘されている。そうした中で重要なことは，公表された教育施策を着実に実行しつつ，次世代の教育の創造に向けて新たな研究開発を進め，先導的な実証実験を積極的に推進していくことである。

参考文献

文部科学省（2018）『第 3 期教育振興基本計画』2018 年 6 月 15 日閣議決定。

（星野真澄）

Q4　グローバルな世界の中で，日本の教育はどうあるべきか

1．いま「グローバルな世界」とは何か

　思考は問いを立てるところから始まる。だから，示された問いにすぐに答えようとすることは思考にならないことがある。ここでは設問の次元を繰り上げ，"「グローバルな世界の中で，日本の教育はどうあるべきか」について考えるとはどういうことか"を検討してみたい。そのために「グローバルな世界」，「日本の教育」，そして「教育はどうあるべきか」に分節化する。

　まず「グローバルな世界」から始める。ここではまずその世界を"グローバル化が推し進められる世界"と捉えよう。そのうえで「グローバル化」を"人間の思想や活動，とくに経済活動を世界的規模に広げること"と一般的に理解するなら，世界はつねにすでにグローバルであったことになる。

　人類はそもそも誕生時から世界に偏在していたわけではなく，アフリカ大陸から移動して散らばったとされる。宗教は宣教師が移動して広め，奴隷は資本とともに移動させられた。植民もあった。移民や難民はいまもいる。人間は原初から世界を移動してきたし，させられてもきた。また，グローバル化は他者や異物，外界との接触の増加をもたらす。そこにはウイルスも含まれる。「歴史」とはまさに「世界史」のことである。

　時代が下るにつれて，人間の移動の難度は下がり，量が増え，速度も増していった。「グローバル」という言葉を素直に受け取るなら，世界から境界はなくなったと書いてもよさそうだが，それは動揺しても消失することはなかった。境界はむしろ強化され，分断線ともなっている。境界Aが消されてもBは残され，強調され，Cが新たに作られる。感染症のグローバルな拡大が示したのは，境界を再強化した世界でもある。

　目下グローバル化の進展がグローバル化を制限している。しかし，ワクチンが開発されるなどすれば——あるいはしなくても——元来のグローバル

化を回復しようとする動きは活発化するかもしれない。

　グローバル化の進展と親和的な思想の1つが新自由主義である。それは市場原理主義と同義にも見られるが，国家の役割を決して軽視しない。むしろ市場のために制度を改変するよう国家に求める。それに応じるかどうかは国家次第である。その意味で，新自由主義は国家が纏う思想である。新自由主義は，国家が主たる役割を果たしてきた公教育のあり方も変えようとする。

2．なぜ「日本の教育は」と語り出すのか

　次に，「日本の教育」である。「日本の教育」という対象の切り取りは，「グローバルな世界」という視点からなされたものである。それは"アジアの教育"でも"ルワンダの教育"でもない。対象は明確になったかに見える。

　しかし，「日本の教育」は"北海道の就学前教育"でも"岐阜県可児市の中学校の外国籍生徒の教育"でも"沖縄県石垣市の社会教育"でも"目の前のこの子どもの教育"でもない。なるほどウイルスのように教育についても列島と教育段階を縦断する共通の問題があろう。だが，場所や段階ごとに固有の状況が現出していることは疑いえない。ならば教育について語るとき，なぜ「日本の」と始めなければならないか，と問うことができる。

　「日本の教育」という語り方が放つのは，「日本」には1つの教育しか存在しないかのような印象である。たとえばそれは，国家間外交が論じられるときの"日本と米国が合意した"という表現にも似ている。その表現は，「日本」や「米国」の内部には反対を含む他の意見がないかのような印象をもたらす。そこにあるはずの意見の複数性が見えにくくなる。

　それゆえ，「日本の教育」と聞こえてきたら，誰から何が語られ，何が語られずにいるかを確認したほうがよい。「日本の教育」という声の発信元の1つは政府である。「日本の教育」は日本政府の教育政策を語るときに使用される。たしかに政策は列島と教育段階を貫こうとする。

　新自由主義的な「グローバルな世界」と「日本の教育」政策との結節点にあるのが，いわゆる「グローバル人材」の育成である。人間は経済の観点から捉えられ，「人材」と見なされる。この見方が強まるなら，人間のあいだ

に「グローバル人材」になれるかどうかの境界線が引かれることになろう。

「グローバル人材」言説で強調されるのは，語学力，コミュニケーション力，主体性，積極性，協調性，柔軟性，異文化理解，「日本人」としてのアイデンティティなどである。実質陶冶から形式陶冶へ，リテラシーからコンピテンシーへ，認知能力から非認知能力へ，学力だけでなく人間力も，といったいくつかの言い換えが可能な流れをここに重ねて見ることもできよう。

ただし，資質・能力とも呼ばれるこれらのほとんどは，「日本」に限らず「グローバルな世界」全体で求められてもいる。たとえばコンピテンシーの名のもとに強調されるのは，文脈化された場所で対応する能力というより，脱文脈化された状況，つまりいつでもどこでも対応できる能力である。主体性や柔軟性はEU域内や南極や地球外でも発揮できたほうがよい。だからこそ「日本人」のアイデンティティが要請される。つまり，これらの諸能力を「日本」のために「日本人」として活用することが教育政策の側からは求められている。ここに道徳の教科化の動きを重ね合わせてもよい。

だが，「日本」に包含される内容が本来多様であるように，「日本人」も多様である。だから「日本人」とは誰か，そう括るのはなぜかと問う余地がある。「日本人」は日本国籍保有者という意味での「日本国民」と同義か。日本国籍はないが，この列島で生活し，納税し，「日本」を支えている外国籍の人びとはどうなるか。その子どもへの教育も「日本の教育」のはずである。「日本の教育」は一様ではない。ただ，そうした多様性の承認が，格差の放置へと短絡されないよう注意する必要もある。

3. 「教育はどうあるべきか」で何が問われているか

以上を踏まえるなら，最後の「教育はどうあるべきか」という規範的な問いはやはり投げかけられねばならない。だが，簡単に答えられるわけでもない。なぜ答えづらいのか。それはまさに問いが規範に関わるからである。

"こうあるべきだ"という規範の言明は，望ましさへの言及を含む。望ましさはあらかじめ1つに定まっていない。だからどれがもっとも望ましいか，どれがより望ましくないかを判断しなければならない。それは価値判断

と呼ばれる。価値判断は、いま自分が着ている服の色が黒かどうかの事実判断とは次元が異なる。むしろ明日着る服も黒色か、それとも緑色にするか、あるいは紫色がよいかに近い。

　しかし教育の場合、明日の服の色のように、自分の都合のみで価値判断すればよいものではない。もちろん最終的には教育者個人が具体的な判断を下して教育する。だが、教育は必ず他者を巻き込む。社会とも接続しており、未来にも関係する。だから教育の価値判断の正当性は、本来、望ましさの座標軸のあらゆる場所から点検されねばならない——明日の他者から、30年後の社会から、50年後の世界から、といったように。

　教育の価値判断の難しさは、座標軸上の立脚点の多様さに由来する。グローバル化は、教育の座標軸を否が応でも押し広げ、人間を望ましさの多元性に直面させている。逆に、人間をわかりやすい一元的な望ましさへと押し流し、思考停止に陥らせることもある。わかりやすさは複雑さを捨象した結果でもある。捨象されたものの中には別の望ましさが含まれている。

　「グローバル人材」も何かの代わりに打ち立てられた教育の立脚点の1つであり、1つでしかない。だから、「グローバル人材」のために教育はどうあるべきか、と方法の問いを立てるのは早計である。「教育はどうあるべきか」はまず目的の問いでなければならない。座標軸上の「グローバルな世界」や「日本」という立脚点自体を吟味し、それらとの距離を見定めながら、教育の目的を問わなければならない。「グローバルな世界の中で、日本の教育はどうあるべきか」という問いが突き付けているのは、世界と平行に立って教育について自ら思考せよということに他ならない。

参考文献

神代健彦（2020）『「生存競争」教育への反抗』集英社。
田畑真一・玉手慎太郎・山本圭編（2019）『政治において正しいとはどういうことか——ポスト基礎付け主義と規範の行方』勁草書房。
松田憲忠・三田妃路佳編（2019）『対立軸でみる公共政策入門』法律文化社。

（橋本憲幸）

Q5 改革疲れを生む「教育改革」の捉え方の課題について述べなさい

1. 教育改革論の多元性

　教育の社会的機能として，「社会化」と「選抜・配分」が挙げられる。「社会化」は，子どもがその社会の一員として必要な知識や習慣を身につけていくことであり，同時にその社会の秩序を維持することである。「選抜・配分」は，能力に応じて人材を選抜し，社会的地位（職業）に配分していくことである。教育改革の必要性が唱えられる背景には，とりわけ学校教育がこれらの社会的機能を果たせずに機能不全を起こしているのではないかという認識の広がりがある。暴力行為，いじめや不登校，ひきこもりの増加，学力の低下など子どもたちは学校教育で必要な知識や技能，規律を身につけることができておらず，さらに学校から職業への移行にも支障が出ている事例を機能不全の例としてマスコミなどが取り上げる。

　他方，その社会の一員として必要な知識や習慣とはどのようなものか，今後どのような能力が必要とされるのか，そしてそれをいかなる方法で身につけさせるべきなのかについては，多様な意見や価値観があり対立を含む場合もある。さらに言えば，学校教育が機能不全に陥っているという認識そのものについても多様な解釈や評価が可能である。そもそも，暴力行為，いじめや不登校，ひきこもりの増加は本当に学校教育のみの機能不全で生じているのか。子どもたちに起きている危機的な状況は，福祉や経済といった，より広範かつ全般的な社会システムの機能障害の結果であり，学校教育のみに責任を負わせることは正しいのだろうか。さらには学力低下という場合の「学力」は，ある指標や尺度によって評価可能なものであり，その結果を過度に追求することで子どもたちの学び全体に悪影響を及ぼすことになるのではないか。

　このように多様な意見や価値観，解釈や評価が入り乱れる中で，これらを

十分に共有したり吟味したりしないままで（時には矛盾をはらみながら）
次々と学校教育を改革しようとする施策が導入される。結果として何のため
に行うのかが判然としないままに，学校現場からすれば外発的なものとして
次から次に改革が進められる。このような構図の中で教員は心身の徒労感を
募らせ，学校現場の「改革疲れ」が生まれているということができよう。

２．新自由主義教育改革の推進と課題

　1980年代以降，経済のグローバル化が進展する中で，日本をはじめ世界
各国の教育改革を含めた社会改革の推進に影響を及ぼしたのは「新自由主義
（neoliberalism）」の理論である。新自由主義は，政府などによる管理や規制
を最小限にして，企業や個人の自由と能力が制約なく最大限に発揮されるこ
とにより経済成長を推し進め，社会的な問題の解決を図っていこうとする。
新自由主義の台頭により，政府の役割は，第二次世界大戦後に多くの先進国
が前提としてきた社会保障や福祉の充実といった富の再配分を行うことか
ら，企業や個人の自由競争を妨げないルールの設定や市場の創出へと重点が
移動するようになった。富の再配分は，企業や個人の自由な経済活動により
投資や消費が活発になり，富裕層のみならず中間層・貧困層の所得も引き上
げられることで達成されるとする。
　世取山洋介は，このような新自由主義の考え方が公教育改革に及ぼす影響
について，「学校体系の多様化」と「公教育管理方式の徹底したトップダウン
化と，公教育管理の基本原理のインプットのコントロールからアウトプット
のコントロールへの移行」を挙げている（佐貫・世取山，2008）。前者は，市
民的共通教養（読み，書き，算も含む）を学ぶための教育，エリート教育，
職業教育に対応する学校体系を創出することである。日本では，これまで学
校教育法第1条に規定された小学校，中学校，高等学校，特別支援学校（盲
学校・聾学校・養護学校），大学といった単線型を基本とする学校体系を整備し
てきた。しかし，現在，中等教育学校（1999年導入）や義務教育学校（2016
年導入）というように分岐型の学校体系が整備されている。都道府県や市
（区）町村ごとに特色ある学校体系を整備し，学校選択制の導入などもあわせ

て，地域住民がそれらの学校を選択する構図ができあがったことになる。

　後者は，「教育を実行するのに不可欠な外的条件に関する基準の設定とその財政的裏付けの確保」から「教育内容標準の達成度の評価，および，評価に基づく賞罰の提供」を具体的な内容としている。例えば，日本では，小学校から大学に相当する教育機関に対してなされた公的支出の国内総生産（GDP）に占める割合が経済協力開発機構（OECD）加盟国中で最低レベル（2016年では比較可能な35カ国中最下位）である。そのような状況を放置したまま，OECDが進めている生徒の学習到達度調査（PISA）や国際教育到達度評価学会（IEA）が実施する国際数学・理科教育動向調査（TIMSS）といった国際的な学力調査への参加，そして全国学力・学習状況調査や各都道府県が実施する学力調査の実施といった子どもたちの学びを数値化して評価可能なものとする施策が積極的に導入されてきた。学校の施設・設備の整備や教員の任用に直結する予算＝インプットを低く抑えたまま，調査の結果＝アウトプットを評価軸とする教育改革が進行しているということができる。

　アウトプットを評価軸とする教育改革は，教育振興基本計画の策定においても協調されてきた。「各施策を効果的かつ効率的に実施するとともに，教育政策の意義を広く国民に伝え，様々な社会の構成員の参画の促進等を図るためにも，目標の達成状況を客観的に点検し，その結果を対外的にも明らかにするとともに，その後の施策へ反映していくことで実効性のあるPDCAサイクルを確立し，十分に機能させる」（第3期教育振興基本計画）ことが重要だとされる。教育改革を進めるために現状分析や情報収集，そして何らかの施策が採用された場合の目標の達成状況を点検するために，さらに多くの調査や検証のための作業が教育現場に課されることになる。評価の複雑化やそれ自体の目的化が，学校現場や教師と子ども達の関係に及ぼす影響を過小評価してはならないだろう。

3．教育改革と教師のエンパワーメント

　以上のように，教育改革をめぐる多様な意見や価値観，解釈や評価が入り乱れる中で，学校現場においては，外発的な施策が導入され，他方で外圧的

な評価にさらされるという構図を見いだすことができる。さらに言えば，外発的で外圧的な施策と目の前の子どもたちや保護者に対する日々の教育実践や対応の「はざま」に教師は置かれている。

　このような状況を乗り越えるためには，何のための改革であり，何のための評価であるのかといった「対話」を学校現場や教師の日常に回復していくことが有効となる。そのために個々の教職員が自らの教育実践の中で抱く課題意識を相互に交流しながら，学校としての「共有ビジョン」を形成していくことが重要となる。「共有ビジョン」とは，「『自分たちは何を想像したいのか？』という問いに対する答え」，「組織中のあらゆる人びとが思い描くイメージ」であり，組織の構成員の多様な活動に一貫性を与えるものだとされる（ピーター・センゲ，2011）。学校現場における「共有ビジョン」の形成と教師間の「対話」の充実は，「一人ひとりの教師に教授・学習活動の質的改善に対する自らの関与可能性を確信させ，自信と自己効力感をもたせる」という「教師のエンパワーメント（empowerment）」（浜田，2012）につながることになる。

参考文献

神野直彦（2007）『教育再生の条件 —— 経済学的考察』岩波書店。

ピーター・センゲ（2011）『学習する組織』英治出版。

佐貫浩・世取山洋介（2008）『新自由主義教育改革』大月書店。

浜田博文（2012）『学校を変える新しい力』小学館。

広田照幸（2019）『教育改革のやめ方』岩波書店。

文部科学省（2018）『第3期教育振興基本計画』。

（小野瀬善行）

教職原論

第7章

教職の意義

▍Q1　学校の教員が深く自覚すべき「自己の崇高な使命」とは何か，説明しなさい

1．教員の使命感の重要性

　教育は，単に知識や情報を伝達するのではなく，児童生徒との人格的な触れ合いを通じて行われるものであり，児童生徒の人生に大きな影響を与えるものである。その職務の性格ゆえに，教育の直接的な担い手である教員は，教育者としての使命感をもって，職責を遂行しなければならない。

　また，専門職（profession）という視点からも，教員の使命感は重要である。専門職に従事する者の行動原理は，次のようなものである（岸本・久高，1986，曽余田・岡東，2019）。

　　・公共的な価値実現に貢献するという強い使命感と責任感をもつ

　　・高度な専門的知識・技術をもち，それに対して自尊心と責任を有する

　　・その専門性に基づいて自律的な意思決定をして行動する

　　・自らの専門性を高めるために，絶えず研究と修養に励み，学び続ける

　どんな職業であれ，使命感をもつことは大切なことである。しかし，専門職としての教職（teaching profession）にとっては，一部の人（集団）の利害関心に貢献する使命感ではなく，公共的な価値実現に貢献する使命感が不可欠の要件である。

2．「自己の崇高な使命」

（1）教育基本法第9条

教員が使命感をもつことの重要性は，わが国の教育に関する根本法である教育基本法に，次のように表されている。

　「第9条　法律に定める学校の教員は，自己の崇高な使命を深く自覚し，絶えず研究と修養に励み，その職責の遂行に努めなければならない」

これに続く第2項には，教員の使命と職責の重要性に鑑みて，教員の身分の尊重，待遇の適正，養成と研修の充実を図るべきことが定められている。ただし，学校の教員が深く自覚すべき「自己の崇高な使命」とは何かについては，明記されていない。

（2）教育の目的

学校の教員の「自己の崇高な使命」とは何かを考えるためには，教育の目的とは何かを踏まえる必要がある。教育の目的について，教育基本法第1条は次のように示している。

　「教育は，人格の完成を目指し，平和的で民主的な国家及び社会の形成者として必要な資質を備えた心身ともに健康な国民の育成を期して行われなければならない。」

この規定によると，教育の目的は次の2点にまとめることができる。

1つは，人間は一人ひとりが尊厳ある存在，かけがえのない価値ある存在であるという認識にもとづき，一人ひとりの個人の人格形成や自己実現という観点から，「人格の完成」をめざし，個人の能力を調和的に伸長し，自立した人間を育てることである。

もう1つは，社会や国家の持続と発展，さらには国際社会の一員としての観点から，国家及び社会の形成者としての資質を育成することである。

この教育の目的は家庭や地域社会における教育も含んでいるが，計画的・組織的に営まれる学校教育はその中心的な役割を果たすものである。ゆえに，学校の教員は，塾や予備校の講師のように，受験のための学力をつけることに専念すればよいというものではない。また家庭教師のように，子ども

や保護者の個別的要求に応えれば済むというものでもない。一人ひとりの子どもの人格の完成をめざし，社会や世の中をつくっていく者として子どもたちを育て，未来を建設するという公共的な使命を担っている。

3.「自己の崇高な使命」の一例　～大村はまの場合～

「自己の崇高な使命」の自覚や教育者としての使命感は，学校の教員にとって，「いつの時代にも求められる資質能力」である。その典型例として，戦後のわが国の教育界に大きな影響を与えた大村はま（1906 ～ 2005）を見てみよう。

大村は，敗戦後の新しい社会を建設するために子どもたちにことばの力を育てることが，再出発した戦後教師としての，また，中学校の国語教師としての使命だと自覚していた。すなわち，日本を再生するには，民主国家を建設するほかに道はない。民主国家の基盤は何事においても「話し合い」である。ゆえに，話す力，書く力，話し合う力など，ことばの力を育て，子どもたちを話し合いのできる民主国家の一員に育てたいという使命感が大村の原点であった。

このような使命感から，大村は，「教える」ということはどういうことかについて徹底してこだわった。学校は教えるところであり，教師は教える人であり，学力をつけることに責任を負っている。そんな彼女が危惧したのは，子どもの自主性ばかりに気をとられて，「教える」ことを遠慮する「教えない教師」が増えていることである。たとえば，多くの教員は気軽に「話し合ってごらん」と，子どもたちに話し合いをさせる。しかし，話し合いそのものを教える教員はほとんどいない。大村のいう「話し合い」は，単なる意見交換や活発に誰かと話していればいいということではない。自分の思っていることが相手に間違いなく伝わるように，音にしたり文字にしたりできる技術という意味である。さらに，本当に話し合わなければいけないことをみんなが真実のことばで話せる，一人で考えていては行き着けないところへと話し合いによって世界を新しく開いていける等々，生きるための大切な技術という意味での「話し合い」である。

大村は，こうしたことばの力や技術を子どもたちが身につけるよう，教職

生涯を通じて，その指導のあり方を研究・研修していった。

4. 教員の使命をめぐる近年の課題

　知識・情報・技術をめぐる変化の早さが加速度的になり，グローバル化が進む今日の社会（知識基盤社会，Society 5.0 など）は，創造性や独創性によって活性化される社会である。同時にこの社会は，地域コミュニティの崩壊，貧富の格差の拡大など，社会に不安定さをもたらしている。そのなかで，一人ひとりの子どもの人格の完成をめざすとともに社会の未来を建設するという学校の教員の使命はますます重要なものになっており，新たな社会や時代にふさわしい教員の使命の自覚が問われている。

　その一方で，教員の働き方改革答申（2019）では，教員の使命感と関連づけて，教員のこれまでの働き方の見直しが論じられている。

　　「‘子供のためであればどんな長時間勤務も良しとする’という働き方
　　は，教師という職の崇高な使命感から生まれるものであるが，その中で
　　教師が疲弊していくのであれば，それは‘子供のため’にはならない」

　確かに教員の使命感と働き方の関係を見直すことは大事だが，教員が本来の使命を果たすことができるよう，教員が働く条件整備（教員数の増加，少人数学級の実現など）を見直すことも重要な課題である。

参考文献

大村はま・苅谷剛彦・苅谷夏子（2003）『教えることの復権』筑摩書房。
岸本幸次郎・久高喜行編著（1986）『教師の力量形成』ぎょうせい。
曽余田浩史・岡東壽隆編著（2019）『改訂版　新・ティーチング・プロフェッション』明治図書出版。
中央教育審議会（2019）『新しい時代の教育に向けた持続可能な学校指導・運営体制の構築のための学校における働き方改革に関する総合的な方策について（答申）』。
ハーグリーブス，A.（2017）『知識社会の学校と教師』金子書房。

（曽余田浩史）

Q2 学校教育の特徴について，家庭や地域との違いを踏まえて，説明しなさい

1．学校教育の特徴への問い

　学校は教育を目的として意図的に作られた公的な専門機関である。しかし，人格の完成や豊かな人間形成をめざす教育は，学校だけで自己完結して行われるものではなく，家庭や地域社会においても行われる。「学校教育の特徴は何か」という問いは，学校教育の自己完結的な考え方や学校万能主義を見直し，生涯学習の視点から，学校・家庭・地域の相互のつながり・連携を意識しながら，学校が果たすべき固有の役割と責任を考えようとする際に生まれるものである。

　学校・家庭・地域の相互の連携については，教育基本法に次のように示されている。

　　第十三条　学校，家庭及び地域住民その他の関係者は，教育におけるそれぞれの役割と責任を自覚するとともに，相互の連携及び協力に努めるものとする。

　「それぞれの役割と責任の自覚」を考える際に，学校教育の役割と責任を人間形成の特定の一部の側面に限定し，その他の側面を家庭と地域社会にそれぞれ役割分担して任せると捉えるべきではない。むしろ，一生を通じての多面的な人間形成の基礎を培うことが学校教育の役割である。その役割を適切に果たすために，学校でなければなしえない教育とは何かを考えることが重要である。

2．家庭教育と地域社会における教育

まず，家庭教育と地域社会における教育について確認しておきたい。

（1）家庭教育

家庭教育は，衣食住を共にする家庭という私的な場で，親がわが子に向け

て行う教育である。親子の触れ合いを通して，基本的な生活習慣や生活能力，豊かな情操，自立心，善悪の判断などの倫理観，自制心，社会的なマナーなどを養う。乳幼児期から始まる家庭教育はすべての教育の出発点であり，子どもの教育の第一義的責任は親が持つ。教育基本法では，家庭教育について，次のように規定している。

　　第十条　父母その他の保護者は，子の教育について第一義的責任を有するものであって，生活のために必要な習慣を身に付けさせるとともに，自立心を育成し，心身の調和のとれた発達を図るよう努めるものとする。

（2）地域社会における教育

日常生活が営まれる地域社会の中で，子どもたちは，さまざまな異なる年齢の大人たちや仲間たちとの交流，自然や文化遺産との接触，多様な目的を持つ集団活動への参加を通して生活体験，社会体験，自然体験を積み重ねる。これらの体験活動は，社会性の涵養や自主性・創造性の発達，地域への愛着や誇りなど，豊かな人間形成につながる。地域における教育は，実生活や実社会について体験的であり多様性がある点に特徴がある。

しかし近年では，少子高齢化の進行，価値観やライフスタイルの多様化などを背景として，地域社会のつながりは希薄化し，その教育力は低下している。そこで，地域と学校がパートナーとなり，地域全体で子どもたちの成長を支えるとともに，学校を核とした地域づくりをめざして，郷土の伝統・文化芸能学習，地域の産業や商店街の職場体験学習，防災教育，地域の行事・イベント・お祭り・ボランティア等への参画などの取り組みが「地域学校協働活動」（中央教育審議会，2015）として進められている。

3．学校教育の特徴①〜組織的・計画的・体系的な教育〜

私的な場や日常生活の場で行われる家庭や地域社会における教育とは異なり，すべての子どもたちに対して学校という公共的な専門機関で行われる学校教育は，組織的・計画的・体系的である点に特徴がある。より具体的には，次の特徴・特質を持っている（中央教育審議会，1971）。

　　・ある年齢まで一定の教育計画にもとづく学習を制度的に保障している

こと

・同年齢層の比較的同質的な集団と一定の資格をもつ教員が，学園という特別な社会を形作っていること

・勤労の場を離れ，社会の利害関係から直接影響を受けない状態のもとで，原理的・一般的な学習活動に専念できること

　こうした特徴は，学校教育について定めた教育基本法第六条にも示されている。

　　第六条　法律に定める学校は，公の性質を有するものであって，国，地方公共団体及び法律に定める法人のみが，これを設置することができる。

　　２．前項の学校においては，教育の目標が達成されるよう，教育を受ける者の心身の発達に応じて，体系的な教育が組織的に行われなければならない。この場合において，教育を受ける者が，学校生活を営む上で必要な規律を重んずるとともに，自ら進んで学習に取り組む意欲を高めることを重視して行われなければならない。

　学校教育の大きな部分を占める義務教育の目的は，「各個人の有する能力を伸ばしつつ社会において自立的に生きる基礎を培い，また，国家及び社会の形成者として必要とされる基本的な資質を養うこと」（教育基本法第五条２）である。自社会についての基本的な知識や構え，読み・書き・計算の能力，道徳性・社会性，自ら学び自ら考える力など，社会をつくっていく者としての基礎的な資質・能力は，すべての子どもが共通に習得すべきものである。そのため，学校で行われる教育は，特定の一部の集団や個人の利害に応じたものではなく，公共的性格を持つものでなければならない。

　このような公共的性格を有する学校は，国民一人ひとりの「教育を受ける権利」を保障し，教育の機会均等と教育水準を確保するために，教育内容・人的・物的・組織的要件について法的・制度的に一定の枠を与えられている。その条件の下，各学校は，教育の目的を達成していくために，国が示した「学習指導要領」を基準にしながら，子どもたちの姿や地域の実情を踏まえつつ，教育内容を児童生徒の発達段階に応じて授業時数との関連において総

合的に組織した学校の教育計画である「教育課程」を主体的に編成し，組織
的・計画的・体系的に授業や行事等の教育活動を展開する。

４．学校教育の特徴②～自分と他が影響し合う～

　学校教育が組織的・計画的・体系的であることは，学校教育の制度的な特徴
である。むしろ重要なことは，この制度的な特徴を生かして，学校でなけれ
ばなしえない教育を行うことである。

　学校は，教師が子どもと一対一の関係で教えるのではなく，文化遺産であ
る教材を媒介にして，教師と子ども，子どもと子ども，また学級と学級，上
学年と下学年とが相互の交流を起こし，互いに影響し合うことによって，そ
れぞれを高いものにしていくところである（斎藤，1969，1996）。学級には
複数人の子どもたちがおり，授業や行事で１つの課題を追求していくことを
通して，異なる考えを持つ他の人たちと交流し合うことによって，他から学
び，自分を変えていき，自らを育て，他を育てていく。その中で，学ぶこと
の喜びや学ぶ態度などを知る。自分一人で考えるよりも深く考え，互いに磨
きあって，より質の高いもの創り出していく可能性を秘めている。その意味
で，学校教育は，一人で学ぶことや一対一の関係では得られない大きな教育
力を持つ。このように自分と他が影響し合い学び合うことができるのが学校
教育の特徴である。

参考文献

斎藤喜博（1969）『教育学のすすめ』筑摩書房。

斎藤喜博（1996）『君の可能性』筑摩書房。

中央教育審議会（1971）『今後における学校教育の総合的な拡充整備のた
　　　めの基本的施策について（答申）』。

中央教育審議会（2015）『新しい時代の教育や地方創生の実現に向けた学
　　　校と地域の連携・協働の在り方と今後の推進方策について（答
　　　申）』。

吉本二郎（1988）「学校と学校学」『講座学校学１　学校』第一法規。

（曽余田浩史）

Q3 「教師の仕事は子どもの無限の可能性を引き出すことである」の意味を述べなさい

1. 人間は誰しも無限の可能性を持っている

（1）人間の能力はつくられる

　斎藤喜博（1911 〜 1981）は，授業の創造・研究や学校づくりなど，小学校の教師や校長として多くの優れた仕事をし，わが国の戦後の教育界に大きな影響を与えた教育実践家である。斎藤は，教師の仕事とは，それぞれの子どもの持っている無限の可能性を引き出し拡大して，そのことによって，一人ひとりの子どもの成長を助けていくことだと捉えた。

　　「人間は誰でも，無限の可能性を持っているものであり，自分をより豊かに成長させ拡大し変革していきたいというねがいを持っているものである。また誰でもそういう力を持っているものである。教育という仕事は，そういう考え方が基本にあったときはじめて出発していくものである。」（斎藤，1969, p.5）

　教師の仕事，すなわち教育という仕事は，人間は変わることができるという可能性に立脚してはじめて成り立つものである。斎藤によれば，人間の能力や素質は，固定しているものではない。自分で努力したり，人に励まされたり，人に引き出してもらったりして，新たにつくり出されていくものであるし，事実変わりうるものである。

　しかし実際は，「あの子は素質がないのだ，能力が劣っているのだ」「できる子」「できない子」「よい子」「問題児」とレッテル貼りをして，子どもたちを固定的に捉える傾向がある。また，テストによって点数で測れる学力だけを能力だと思い込んで，人間の能力を固定しがちである。子どもの能力は既に決まっており固定化しているという捉えは，教育の責任を問わず，教師が自らの授業や学級経営を改善する責任を免れるという帰結をもたらすことになる。

　さらに，子ども本人が「どうせ自分は能力がない」「どうせ自分はここまでが限界だ」と思い込んだとき，努力していくこと，自分を成長させたり変革させたりすることができなくなる。人間は固定していないからこそ，努力し，自分を豊かに変革していこうとする。

（2）「無限」の意味

　「無限の可能性」という言葉をめぐっては，現実を無視した観念的な幻想にすぎないといった批判がなされてきた。しかし，ここでいう「無限」とは，すべての子どもたちが努力次第で無制約に何でもできるようになるという意味ではない。

　子どもたちはそれぞれに素質や発達において個人差や個性差を持っている。その意味で，人はすべて有限である。しかし，それぞれの子どもにおいて，ここまでが限界だということはないのであり，上限は固定していないという意味において「無限」である。子どもが「無限の可能性」を持つとは，子どもをつねに成長し続けていこうとする可能態として捉えようとすることである（吉本，1986，p.27）。

2．仕事によって可能性を引き出す

（1）山登り

　どうすれば，それぞれの人間の持っている可能性を引き出し拡大することができるのか。斎藤は，それは仕事によってだと考えた（斎藤，1969，pp.8-9）。

　大人の場合，自分の専門の仕事をきびしく積み上げ努力していくことによって，自分の可能性を引き出したり拡大したり自分を変革したりする。それまでの自分の知識・経験・技術だけにたよって固定的に仕事をするのではなく，事実にしたがって，新しいものをつくり出そうと創造的に仕事をしていく。大工であれば材木と話をしながら優れた仕事をし続けることによって，教師であれば子どもの事実に対応・交流して創造的な仕事を積み上げていくことによって，自分の可能性を引き出し拡大し，自分の能力をつくり出し自分をつくり上げていく。こうした仕事は，山登りのような作業である。

「ほねおり，くふうして，一つの山をのぼりつめると，そこには新しい世界がある。けれどもそこへ登りつめたときには，いままで見えなかった，より高い山が目の前にそびえている。また，よりけわしい未知の山に向かって，登りはじめなければならないのである。そしてその山を登りつめると，そこには，いままでみえなかったようなものがあり，目の前にはまたあたらしい山が見えてくる。」(斎藤，1996，p.144)

（2）子どもの仕事としての「学習」

それでは，子どもは専門の仕事を持っていないが，どうすれば持っている可能性を引き出し拡大することができるのか。子どもの場合，その仕事は学習である。山登りのように，より高いものへの憧れを持ち，たえず困難→発見→創造→変革という筋道を追いつづけ努力していく学習という仕事によって，可能性を引き出し拡大する。

たとえば，跳び箱の飛べない子どもがいる。その子どもは，跳び箱を飛ぶことが怖くてならないし，自分が跳び箱を飛べないことに引目を感じ，他の人間に対して恥ずかしくてたまらないし，自分には跳び箱が飛べないと思い込んでいる。そういう子どもたちに，教師が的確な指導をすることによって，跳び箱を飛べるようにする。その子どもは，自分も跳び箱が飛べるのだと思い，自分を変えていくことへの自信と喜びを持つようになり，困難に立ち向かって努力し，自分の可能性を引き出されていく。1つのよい要素が引き出され拡大されることによって，他のさまざまなよい要素がつぎつぎと芋づる式に引き出されていく。(斎藤，1969，pp.13-14)

3．教師としての指導力

教師の仕事，つまり教育という仕事は，子どもの持っている可能性を，子どもの学習という仕事によって無限に引き出し高めていくものである。そのための授業は，教師だけが正しさや真理を持って，それを子どもたちに一方的に教える，単に知識や技術を伝達するというものではない。また，子どもたちの自発性を大事にするということで子どもに任せるだけでは，可能性を引き出すことはできない。教師の豊かな的確な指導で子どもを触発し，子ど

もの力を引き出すのである。

　「真理とか正しさとかに向かうねがいを持っている教師と子どもとが，文化遺産である教材を媒介にして，教師と子ども，教師と教材，子どもと子ども，子どもと教材とのあいだで，相互に激しくぶつかり合い，その結果として，つぎつぎと新しい正しさとか真理とかを獲得したり発見したりしていくことが，『指導』ということであり，『教える』ということであり，『学ぶ』ということである。」（前掲p.71）

　教師は，学級や学校という集団の力をつかって，学び合い影響し合うということを基本におき，授業や行事によって教師と子ども，子どもと子どもとの相互の交流や葛藤を起こしながら困難な課題を追求し乗り越えていく。それによって一人ひとりの子どもの可能性を引き出し拡大していく。

　そのために，教師は次のような指導力を持たなければならない（前掲pp.76-81）。

　　・教材の本質をとらえる力
　　・子どものそのときどきの具体的な事実を咄嗟に見抜く力
　　・教師としての教育に対するねがいや方向
　　・子どもの思考をうながしたり拡大したりする，言葉による豊かで的確な表現力
　　・子どもたちの思考や論理を相互の交流や葛藤を起こしたりながら学級全体や学校全体のなかに組織し，一人ひとりを生かしたり高めたりしていく組織者・演出者としての力

参考文献

斎藤喜博（1969）『教育学のすすめ』筑摩書房。
斎藤喜博（1979）『教師の仕事と技術』国土社。
斎藤喜博（1996）『君の可能性』筑摩書房。
吉本均（1982）『ドラマとしての授業の成立』明治図書出版。
吉本均（1986）『授業をつくる教授学キーワード』明治図書出版。

（曽余田浩史）

Q4　教師の専門職性について説明しなさい

1．専門職としての教師

　教師の「専門職性（professionalism）」とは，教職が職業としてどれだけ専門職としての地位を獲得しているのかを問題にする概念である。これに対し，「専門性（professionality）」は，教師が生徒に対して教育行為を行なう場合に，どのような専門的知識・技術を用いるかを問題にする概念である（辻野・榊原，2016，p.165）。

　学校教師は，公共的使命と社会的責任を負った「専門職」である。専門職というと，特定分野の「スペシャリスト」やその道の「達人」と混同されがちであるが，そうではない。もともと専門職を意味するプロフェッション（profession）は「宣誓・公言・明言する，信仰する，信仰を告白して宗教団に入る」を意味する「profess」という動詞から派生している。つまり，自らの専門的知識・技能を用いて人々の幸福な生活，社会の発展に貢献するということを神に誓い，公共的使命を背負って，その世界（神学や医学，法学など）に参入することを意味しており，専門職は神の宣託を受けた職業である。

　では，教職（teaching profession）は一体，どのような使命を託されているのだろうか。教育の憲法ともいわれる教育基本法は，第一条において教育の目的を「人格の完成」そして「平和で民主的な国家及び社会の形成者」の育成と規定している。つまり，学校教師は，個々の子どもの発達の支援と社会的自立を促すという子ども個人に即した役割と同時に，社会・国家の存続・発展を担う役割を併せ持っているのである。このように学校教師は，特定の専門的知識・技術を有したスペシャリストや達人とは異なるし，塾や予備校の講師のように個々の受験学力の向上に特化した指導をしたり，独自の教育観に沿った自由な教育活動を行うものとは性質が全く異なる。その職として公共的な使命と責任を伴う専門職なのである。

2．専門職の要件

　教師を専門職として考えようとする動きは，1956年のM. H.リーバーマン
『専門職としての教育（Education as a Profession）』，1966年のユネスコ・ILO
の共同宣言「教員の地位に関する勧告」（ユネスコにおける特別政府間会議，
第6項）を契機として展開してきた。この勧告では，「教育の仕事は専門職
とみなされるべきである。この職業は厳しく継続的な研究を経て獲得され，
維持される専門的知識および特別な技術を教員に要求する公共的業務の一種
である。また，責任をもたされた生徒の教育および福祉に対して，個人的お
よび協働の責任感を要求するものである」と宣言されている。これにより，
教職の「専門職」としての在り方が追求されるようになった。
　専門職と呼ばれる職業（たとえば，医師や法律家など）は，一般的に次の
ような要件を充たしているとされる（佐藤，2017，p.6）。
第一に，その職業が私的利害を追求するものではなく，公共の福祉あるいは
　人々の幸福を追求することを目的としていること（公共的使命）
第二に，その使命を実現する専門的な知識と技術を有していること（専門的
　知識と技術，知識基礎knowledge base）
第三に，その知識と技術を養成し研修する教育システムを確立していること
　（現在は大学院レベル）
第四に，資格制度を有し，専門家としての資格認定と専門性の研修を担う専
　門家協会（professional association）を組織していること（専門家協会）
第五に，行政権力から自立し専門家としての自律性（professional autonomy）
　を樹立していること（自律性）
第六に，専門家協会において倫理綱領を作成していること（倫理綱領）
　専門職は，長い期間の学業を経て得た高度な知識や技能を用いて，外部か
らの指示や統制を受けることなく独自の判断でもって実践を展開する「自律
性」を有する。しかし，専門家の独善に陥ってしまわぬように，さらには絶
えず変化する社会において公共的な使命を果たし続けるべく専門性を維持・発
展させるために，同業組合・職能団体を組織し，資格や研修制度を整備し，

自らの行為を互いに自律的に統御するのである。

　では，これら6つの要件から学校教師を見るとどうだろうか。一つ目の公共性の高い職業という点では当てはまるが，それ以外の要件を充たしておらず，専門職としての内実を十分に伴っていない。たとえば，二つ目の高度な知識と技術について，教師の仕事は非常に複雑で不確実性に富む。ゆえに，医者や弁護士のように一般化された専門領域の知識基礎を確定するのが困難である。三つ目の，大学院段階での養成も十分ではない。世界の，いわゆる先進国の教員養成制度は，高度化＝修士化が標準となっているところが多いが，わが国は未だ学部卒レベルの第一種免許状取得が一般的である。第四の専門家協会も第六の倫理綱領も教員の世界は有していない。五つ目の自律性はどうだろうか。たしかに学校での学習指導や生徒指導の個別的な場面では，個々の教師の裁量に委ねられてはいるが，たとえば学習指導要領から逸脱した教育活動ができるわけではなく，あくまでも行政の監督下に置かれているのが現実である。

　このように，教職は上記の専門職としての要件を十分に充たしているとは言えない。それゆえ，これまで教師は医者や弁護士などと違い，「準専門職（semi-profession）」として格下に位置付けられてきた歴史がある。しかし近年，教職の専門職化を進める教育改革の中で，こうした準専門職として見なされてきた職業（教師や看護師，ソーシャルワーカーなど）の持つ独自の専門性に光をあて，新たな専門職像を唱える議論が登場している。それが，ドナルド・ショーン（Donald Schön）の提唱する「反省的実践家（reflective practitioner）」という専門職像である。これは，近年の教師教育政策に多大な影響力を持っており，たとえば「リフレクション（省察，反省）」をキーワードとした授業改善の推進などはこの考え方をベースとしている。

3．教職の高度化政策（教職大学院の設置と教員育成指標）

　現在のわが国における教職の高度化政策をみると，2012年の中教審答申「教職生活の全体を通じた教員の資質能力の総合的な向上方策について」において，四年制学士課程以降の修士レベルでの教員養成とそれに伴う免許制

度の改変が提案された。具体的には，「基礎免許状（学部卒レベル）」「一般免許状（修士課程修了レベル）」「専門免許状（特定分野の高い専門性を身に付けた証明）」を新設し，一般免許状を標準免許とするという提言である。これは実現には至っていないが，現在，既存の大学院の教職大学院化が進められており，2020年時点でほぼ全国の都道府県に教職大学院が設置され，専修免許状の取得が奨励されている。

　他方，教職の専門性の内実をどのように考えるのかについては，「専門職基準」（professional standards）の作成という形で議論がなされている。これは，教員の専門性や資質能力などを明確化したもので，養成，採用，研修，評価の指標として活用することが企図されている。わが国においては，各自治体において教育委員会と大学等による「教員育成協議会」が設置され，「教員育成指標」といった名称で，当該自治体で働く教職員の育成ビジョンと求められる資質能力の共通枠組みが作成されている。

　専門職基準の策定については欧米諸国が先進的であるが，たとえばスコットランドにおいては，教員の専門職団体である「スコットランド総合教職評議会（General Teaching Council for Scotland）」が教員の養成，採用，研修を司っており，教育省，地方当局，大学，学校と連携しながら指標の開発・改訂に取り組んでいる。つまり，自らで，自らの職の自律的な質保証を行い，結果として職の社会的地位の維持・向上に努めることに貢献している。だが，わが国の場合，専門職基準の開発とその活用において，教育行政主導の色合いが強く，ともすると教職の他律的な質コントロールに陥る危険性がある。今後，専門家協会の設立やこうした協議会への関わり方など，専門職としての教職の自律性の確立に向けた改革が求められるだろう。

参考文献

佐藤学（2017）「第2章　教職の専門職性と専門性」日本教師教育学会編『教師教育研究ハンドブック』学文社。

辻野けんま・榊原禎広（2016）「『教員の専門性』論の特徴と課題——2000年以降の文献を中心に」『日本教育経営学会紀要』第一法規，pp.164-174。

（金川舞貴子）

Q5 専門性の観点から，他の職業と比較して，教師という仕事の特徴を述べなさい

1．教師の仕事の特徴

　教職に対して，一般的にどのようなイメージが持たれているだろうか。子どもと共に成長するやりがい溢れる仕事，様々な発達段階の子どもに応じた授業を考える高度な仕事，一方で，「子ども好き」なら誰でもできる仕事，部活動指導や生徒指導等で長時間勤務を余儀なくされる「ブラック職場」，「モンスターペアレント」など保護者や地域からの要求や批判にさらされる疲弊する職といったネガティブなイメージもあるかもしれない。教師の仕事は，社会における学校や教師の位置づけ（イメージや期待，要求など）や各学校の労働環境にも左右されるが，そもそもの教職という仕事の特徴に由来するところも大きい。教師の仕事は，次のように特徴づけられる。

（1）不確実性

　不確実性とは，これをすれば必ず成果があがるという保証がどこにもないことを意味する。医療の場合，どの医者であれ，この病気の患者に対してはこの処置を施せば一定の効果があるという確実性の高い専門的知識や技術が存在する。しかし，教育という営みでは，ある学級でうまくいった方法が他の学級でも同じ様に成功する保証はなく，どの教師も使える（耐教師性の強い）万能ツールはない。子どもも保護者も実に多様で，それぞれの家庭での生育歴があり，独自の地域性の中に生き，多様な考え方や生活習慣，学習習慣を身につけている。たとえ同じ子ども，同じ学級であっても一様ではなく，昨日穏やかに話をしていた子どもが，翌日には落ち着きをなくし授業にも集中しなくなっていることもあるだろうし，1学期終了間近の学級と夏休み明けの学級では全く雰囲気が異なるであろう。このように，児童生徒と教師，それらが織りなす複雑で多様な関係性，そこで生じる種々の出来事，こうした積み重ねで学校の日常は作られており，教師の教育行為とその効果は

状況性や文脈性に影響を受ける不確実なものである。ゆえに，常に創造的に挑戦することができると同時に，絶えず不安感がつきまとう仕事でもある。

（2）無境界性

無境界性とは，どこまでが教師の仕事と責任の範疇なのか，その境界が曖昧なことを意味する。医者の場合，患者の病気が治癒すれば，そこでその患者に対する仕事は完了する。しかし，教師の場合，3月になって自分の担当する学級や学年が終わったからといって，その子ども達に対する教育の責任がそれで完了するわけではない。たとえば，他学年の知らない子どもが激しく喧嘩をしている場面を目撃した時，自分はその学年団ではないからと見過ごすわけにはいかないだろう。授業準備ひとつをとっても，子どもの実態に応じた授業展開の構想や教材開発，資料の準備などいくら追求しても完璧と言える状況は訪れない。このように，教師の仕事は，子どものためにやろうと思えば際限なく広がる「終わりなき職務」であり，だからこそ自律的な判断が求められる仕事である。

（3）複線性

複線性とは，複数の多種多様な業務が同時並行で進んでいくさまを意味する。たとえば，職員室で採点業務を行っていたとしても，学級で子ども達の衝突が起これぱそれに対応せざるを得ず，業務は中断される。また，クラスで給食を食べながら子ども達の様子に目を配り，子どもとの会話の受け応え，健康状態や食習慣を把握したうえでの気になる子への働きかけ，食物アレルギー等への対応，安全面や衛生面の配慮，子ども同士のいざこざの回避などを行っている。授業をしていても，教科の指導と同時に生徒指導を含めた幅広い指導に関わっている。このように，教師の仕事はその内容が多元的であり，複線的に進展するという特徴を持つ。ゆえに，事前の計画性や見通しと同時に，柔軟に優先事項を見極めて即時的に対応することが求められる。

（4）再帰性

再帰性とは，教師の行為の責任や評価が，保護者や児童生徒からブーメランのように絶えず自分に返ってくることを意味する。たとえば，子どもの

「コミュニケーション力不足」という課題について，「田舎の小規模校で，メンバーが固定化しているからだ」など外部に要因を求めることがあるが，そうした子どもの姿は，教師のこれまでの教育の結果として現れる姿である。あるいは，もっと直接的には，授業中の私語や居眠りといった姿で自分の行為の評価を突きつけられることもあるだろう。このように，教師は絶えず自分の在り方を問い直さざるを得ず，このことは実践の改善と自身の成長を促す一方で，時に精神的な苦しさを伴うものである。

2．教師の仕事の困難化

　現在の学校や教師を取り巻く状況は，教育という仕事の持つ特質をさらに厳しいものにしている。一昔前は，「学校に行けば豊かな人生を送ることができる」という学校や教師に対する信頼が社会の土台にあり，学校の存在価値は広く認められていた。しかし，社会が成熟し，価値の多様化する今日においては，「学校は何のためにあるのか」に対する答えは自明ではなく，学校信仰は大きく揺らいでいる。教育の私事化の中で，学校教育はますますサービス産業と化し，学校に対する要求は過剰化・多様化している。

　こうした中で，地域内の問題に教師が介入せざるを得なくなったり，休日や夜間であっても子どもの引き起こす事件や事故に対応しなくてはならなかったりと，本来教師が担うべき役割かどうかわからないことも当たり前に要求され，「子どものため」につながる様々なことが教師の仕事とみなされる傾向もある。教師の仕事はより一層，その複雑性と無境界性を増している。加えて，近年の透明性やアカウンタビリティを求める潮流の中で学校や教師に対する外部の目も鋭くなり，再帰性の性質も強まっていると言えよう。

　こうした状況は，ともすると教師を，批判に対して防衛的な閉鎖性や独善，孤独へ，また既存の権威や権力への追従やマニュアル主義へ，そして職務と責任の無制限な拡大とそれによる恒常的な多忙化や疲労・ストレス，専門的アイデンティティの危機へと導く土壌ともなり得る。

3．教師の仕事の特徴を踏まえた専門職像

　OECD 国際教員指導環境調査（TALIS）2018 報告書を 1 つの契機に，わが国の教員の長時間勤務が問題視され，学校における働き方改革が推進されている。具体的には，勤務時間管理の徹底や学校が担う業務の明確化・適正化，専門スタッフや外部人材の配置拡充などである。この時，重要なのは，表面上の労働時間短縮や労働負担の軽減に終わるのではなく，真に子どもにとって効果的な教育の創造につながる教育，経営改革となることである。

　先述の通り，教師の実践は，状況性や文脈性，即時対応性といった性質を持つ。実際の実践の中で生起する，教師の予想を超える児童生徒の思考や言動に向き合い，時に臨機応変に対応していく必要がある。このためには，反省的実践家としての専門家像に基づく働き方が適切であろう。

　反省的実践家は，これまで支配的であった技術的熟達者としての専門職像に代わる新たな専門職像として提唱された。技術的熟達者としての教師は，一般化された最善の専門的知識や技術，たとえば児童生徒理解の技術や授業方法を教育現場に適用することで確実性を追求しようとする。それに対して，反省的実践家としての教師は，「省察」を専門性の基礎とし，複雑で不確実性に富んだ学校という場で，個別具体的な状況と対話し，実践と葛藤を繰り返す中で，自らの認識や行動を吟味・修正し，何が学校の重要な使命・役割か，何が子どもにとって最善かを探究し続ける専門家である。学校及び教師に寄せられる社会からの期待は大きい。だからこそ，人々の多様な思いや願い，要求の渦の中に身を置きつつ，何が本質的なのかを見極め，考え続ける反省的実践家モデルに立脚した働き方改革が求められるであろう。

参考文献

秋田喜代美・佐藤学編著（2006）『新しい時代の教職入門』有斐閣。

国立教育政策研究所編（2019）『教員環境の国際比較：OECD 国際教員指導環境調査（TALIS）2018 報告書 —— 学び続ける教員と校長』ぎょうせい。

（金川舞貴子）

第**8**章

教員養成・採用（教師になる）

Q1 戦後の教員養成制度の基本原則について説明しなさい

1. 戦前の教員養成制度への反省と2大原則

　戦後の教員養成制度の基本原則は，「大学における教員養成」と「開放制」の2つである。

　戦前，日本の教員養成は，師範学校や高等師範学校等の教員養成を目的とする専門の学校で行うことを基本としていた。師範学校では「順良，信愛，威重」という「教員の三気質」の養成が目的とされ，①給費制度による金銭的援助，②集団規律と軍隊式訓練に基づく全寮制，③一定期間の服務義務（進路固定）の3つを特徴とした養成教育が行われていた。

　戦後初期の改革では，こうした戦前の師範教育への反省を前提に，上記2大原則を基本とした教員養成制度が成立した。特に，師範型教員養成の上記3つの特徴が，真面目だが内向性と表裏を持ち，偽善的で，卑屈で，融通の利かない「師範タイプ」の教師を生み出したとして強く批判された。

　この師範教育に対する批判は，戦前昭和期にすでに部分的に存在し，その批判が戦後初期の改革へと引き継がれる形で戦後の制度改革が行われた。戦後の教員養成制度改革は，学問の自由・大学の自治という憲法での保障が，帝国大学だけでなく新制大学にも拡大されることを前提に展開されたのである。

2．大学における教員養成

　1つ目の基本原則である「大学における教員養成」とは，高度な学問体系を有する高等教育機関としての大学において，学問・研究を背景に高度な知的教養の教授と自律性を培った専門職としての教師を養成しようと企図した理念である。

　終戦直後の教育刷新委員会では，「アカデミシャンズ＝教科・教養」と「エデュケーショニスト＝教育科学」の対立図式がありながらも，共通して「学識」から「実践」へのつながりを想定し，教員養成制度の原則が形作られた。すなわち，教育刷新委員会におけるそれぞれの主張は，「教科・教養」あるいは「教育科学」の獲得を，「大学における教員養成」で培われるべき「学識」と位置づけていた点で共通していた。知の体系としての大学で，学問・研究を修めることが，教員が実践を展開するうえで欠かせないとして，この基本原則が構築されたのである。

3．開放制

　2つ目の基本原則である「開放制」が意味するのは，教員免許状授与を特定の大学や学科等に限定せず，国公私立いずれの大学や学科等であっても，学生に所定の単位を修得させれば，免許状授与が可能であることを指す。

　「開放制」の原則は，様々な大学で養成教育を受けた多様な資質能力を有した教員を広く確保しようとする意図があった。ただし，戦前も特に中等教育段階の教員養成は一般大学でも相当程度担われていた。

　1949（昭和24）年の教育職員免許法制定当初は，国公私立いずれの大学や学科等であっても，所定の単位を修得すれば免許状を取得することができるという文字通りの「開放制」であった。しかし，1953（昭和28）年に教育職員免許法が改正され，課程認定制度が導入されたことで，認定を受けた大学や学科等でのみ免許状授与のための教職課程を設けることが可能となっている。つまり，教育職員免許法施行規則第19条に，教科専門科目と教職専門科目の単位は「文部科学大臣が免許状授与の所要資格を得させるための

適当と認める大学の課程」（認定課程）で修得したものでなければならない。そのため，教職課程を設置する大学は，文部科学省教員養成部会及び課程認定委員会によって実施される課程認定の審査を受ける必要がある。この審査は，教育職員免許法及び同法施行規則のほか「教職課程認定基準」（教員養成部会決定）等に基づいて実施される。

4．2大原則に基づく制度運用と改革

　ここまで見てきた通り，「大学における教員養成」と「開放制」の2大原則は，両者の相互作用によって，教員養成制度の原則としての機能を有してきたといえる。すなわち，教員免許状取得者が，高度な学問的教養を修めることが教員の資質能力を育成するうえで不可欠とされ「大学における教員養成」が原則となり，その大学で修める学問的教養の多様性が「開放制」原則によって担保されていた。

　一方で，この原則による教員養成制度は，教職課程を編成する大学や学科の「多様性」と，教員免許状の資格としての「標準性」の双方を両立させることが求められる。この双方の両立を実現するために，教職課程の編成・実施にかかわる制度改革が行われてきた。

　その象徴が，上記した教職課程認定制度であったが，これに加え，2017（平成29）年に教職課程コアカリキュラムが策定され，「標準化」に向けた動きが加速化している。教職課程コアカリキュラムは，教育職員免許法及び同法施行規則に基づき，全国すべての大学の教職課程における「教職に関する科目」の各科目について，修得すべき資質能力を共通的に示し，そこに至るために必要な学習内容や到達目標を構造的に示したものである。これが作成された目的は，「教職課程全体の質保証を目指す」ためであり，大学の自主性や独自性が教職課程に反映されることを阻害するものではないとされる。

　しかし，課程認定を受ける大学は，この目標・目的に沿った「教職に関する科目」編成を示す必要が生まれ，教職課程全体の「標準化」が図られていることは間違いない。現在，「教職に関する科目」のみで策定されているが，今後，「教科に関する科目」等においても策定予定である。

　これは，「大学における教員養成」と「開放制」の２大原則が理念として残されながらも，その科目の目標と内容までもが「標準化」される事態となりつつあることを意味する。確かに，２大原則は，「大学の自主性と独自性」の名の下に，大学が教職課程編成について自ら省みることを抑制してきたかもしれない。しかし，質保証の大義名分のもと，過度な教職課程の「標準化」を大学が受け入れることは，学問の自由と大学の自治がゆがめられ，２大原則の理念が有名無実化することにもなりかねない。

参考文献

岩田康之（2017）「大学における教員養成と開放制」日本教師教育学会編『教師教育研究ハンドブック』学文社，pp.42-45。

海後宗臣編著（1971）『教員養成——戦後日本の教育改革 8』東京大学出版会。

北神正行（2020）「教員養成と教員採用」小島弘道，北神正行，水本徳明，平井貴美代，安藤知子『教師の条件［改訂新版］——授業と学校をつくる力』学文社，pp.45-74。

TEES 研究会編（2001）『「大学における教員養成」の歴史的研究』学文社。

（髙野貴大）

Q2　教員免許制度について説明しなさい

1．教員免許制度の原則

　教員免許制度は，公教育の担い手である教員について，その資格を定め，必要な資質・能力に関する質の確保を目的としている。その目的達成のため，以下のような原則に基づいて制度が運用されている。

（1）免許状主義

　「教育職員は，この法律により授与する各相当の免許状を有する者でなければならない」（教育職員免許法第3条第1項）という規定の通り，教員には勤務する学校種や教科等に応じた免許状の所持が義務づけられている。これを「免許状主義」と呼ぶ。日本には性質の異なる3種類の免許状が存在するが，そのいずれかを所持していなければ教員として勤務することはできない（発行されている教員免許状の種類については，教育職員免許法第4条を参照）。ただし，後述（3）のように，いくつかの例外も存在する。

　義務教育学校と中等教育学校に勤務する教員には，それぞれ小学校教員免許状と中学校教員免許状，中学校教員免許状と高等学校教員免許状の両方が必要となる（教育職員免許法第3条第4項，第5項）。特別支援学校に勤務する教員には，特別支援学校と特別支援学校の各部（幼稚部・小学部・中学部・高等部）に相当する学校種の両方の教員免許状が必要となる（教育職員免許法第3条第3項）。また，幼稚園と保育所の機能を併せ持つ「幼保連携型認定こども園」に勤務する教員（保育教諭と称す）には，幼稚園教諭の普通免許状と保育士資格の両方が必要となる。

（2）開放制の原則

　「開放制の原則」とは，相当の教員免許状取得に必要な所要の単位に係る科目を開設することが文部科学省によって認められれば（これを課程認定と呼ぶ），教育職員免許法が定める科目群の単位を学生に履修させることにより，国立・公立・私立のいずれの大学も制度上等しく教員養成に携わることが

可能であることを意味する。戦前の日本では，基本的に，師範学校や高等師範学校といった教員養成を目的とする専門の学校で教員養成を行ってきた。戦後は，教員養成を目的とした大学や学部だけではなく，一般大学あるいは各専門学部の卒業生にも教員免許状取得の道が開かれた。文部科学省が公表した「令和2年度（令和元年度実施）公立学校教員採用選考試験の実施状況」の結果によると，公立の小学校，中学校，高等学校，特別支援学校の教諭，養護教諭及び栄養教諭の学歴別採用者の割合は，教員養成系大学・学部卒が25.7%であるのに対して，一般大学・学部卒が63.6%を占めている。

　このように，教員免許の取得は大学における養成課程を経る場合がほとんどである。文部科学省「平成30年度教員免許状授与件数等調査結果」によると，普通免許状の総授与件数204,050件のうち，大学等での直接養成によるものは185,413件を占めている。しかし，教員資格認定試験に合格することで教員免許状を得ることも可能である。教員資格認定試験は「広く一般社会に人材を求め，教員の確保を図るため，大学等における通常の教員養成のコースを歩んできたか否かを問わず，教員として必要な資質，能力を有すると認められた者に教員への道を開くために」開催されている。認定試験に合格し都道府県の教育委員会に申請することで，幼稚園および小学校については二種免許状が，特別支援学校については自立活動教諭一種免許状（実施年度によって障害種別が異なる）が授与される。先の調査によると，教員資格認定試験による免許状授与件数は全学校種で217件である。

（3）免許状主義の例外（免許制度の弾力化）

　1つは，特別非常勤講師制度である。これは，地域の人材や多様な専門分野の社会人を学校現場に迎え入れることにより，学校教育の多様化への対応やその活性化を図るため，教員免許を有しない非常勤講師に教科の領域の一部を担任させることができるとする制度で，1988（昭和63）年に創設された。任用に当たっては，任用しようとする者から授与権者（都道府県教委）への届出が必要（届出制）であるほか，教育職員免許法第3条の2が定めるように，担当できる教科等には制限がある。

　もう1つは，免許外教科担任制度である。これは，中学校や高等学校にお

いて，相当の免許状を所有する者を教科担任として採用することができない場合に，１年に限って校内の他の教科の普通免許状を有する教諭等に免許外の教科を担任させることを認める制度である。

２．教員免許状の種類

　日本には大きく分けて３つの教員免許状が存在する。普通免許状，特別免許状，臨時免許状である。これらは，基礎要件や免許状の効力を発揮する範囲等の面で違いが見られる。

　普通免許状は，学校種別（義務教育学校，中等教育学校及び幼保連携型認定こども園を除く）の教諭，養護教諭，栄養教諭の免許状である。取得した学位を基礎資格として，専修免許状（修士の学位），一種免許状（学士の学位（四年制大学の卒業）），二種免許状（短期大学士の学位）に分けられる。ただし，高等学校教諭の二種免許状は存在しない。これらの免許状はすべての都道府県で効力を発揮する。有効期限は10年で，効力を維持するためには教員免許状更新講習を受講しなければならない。

　特別免許状は，学校種別（幼稚園，義務教育学校，中等教育学校及び幼保連携型認定こども園を除く）の教諭の免許状である。優れた知識や技能を有する社会人の登用を目的に，1988（昭和63）年に創設された。効力を発揮する範囲は授与した都道府県に限られ，また担当できる教科等にも限りがある（教育職員免許法第４条第６項）。有効期限は10年で，更新が必要である。

　臨時免許状は，学校種別（義務教育学校，中等教育学校及び幼保連携型認定こども園を除く）の助教諭の免許状及び養護助教諭の免許状である。当該科目について普通免許状を有する者を採用することができない場合に，都道府県教委が臨時的に授与するという性格の免許状である。そのため，効力は授与した都道府県に限られ，有効期限も３年と短い。

　また，一定の勤務経験と大学等における所定の単位の修得を条件に，上位の免許状に変更する（二種免許状を一種免許状に，一種免許状を専修免許状に），いわゆる「上進」が可能である。また，都道府県教育委員会が開催する教育職員免許法認定講習や公開講座，通信教育等を通じて単位を修得する

ことで，他の種類の免許状を取得することも可能である。

3．教員免許更新制の導入

　教員免許更新制は，2007（平成19）年の教育職員免許法改正を経て，2009（平成21）年に導入された制度である。その目的は，「その時々で求められる教員として必要な資質能力が保持されるよう，定期的に最新の知識技能を身に付けることで，教員が自信と誇りを持って教壇に立ち，社会の尊敬と信頼を得ることを目指す」とされている。先に説明したように，現在の普通免許状には10年間の有効期限が付されている。有効期限を更新するためには，期限の2年2カ月前から2カ月前までの2年間で，大学等において開設される「教員免許状更新講習」を計30時間以上受講し，履修証明書を教育委員会に提出する必要がある。手続きが完了しない場合，免許状は「失効」となり，受講・修了確認が取れるまで，教壇に立つことができない。

4．教員免許制度めぐる課題

　教員免許状には，学校教育が真に子どもたちの教育を受ける権利を保障する「手形」としての社会的役割が期待される。それこそが免許状主義の要諦といえる。しかし，免許状保有者の採用が難しいなどの理由で，「免許制度の形骸化」と呼ぶべき事態も生じ始めている。上述の免許外教科担任制度の他に，特別支援学校に勤務するにあたって，その免許を所持していなくても勤務できるとする特例措置も存在する（教育職員免許法附則第15条）。これらには共通して，そもそもの免許状所持者が不足しているという量的課題が存在する。では，専門外の人員による量的確保はそのまま，子どもたちの学びの保障・充実といった質的課題の解決につながるのだろうか。学校教育の質保証に向けた免許制度の在り方が問われている。

参考文献・URL

文部科学省『教員の免許，採用，人事，研修等』https://www.mext.go.jp/a_menu/01_h.htm（2020年6月30日閲覧）。　　　　　　　　　（照屋翔大）

Q3 教職課程で学ぶ意義と内容について説明しなさい

1. 教員として「最小限必要な資質能力」の形成

　教員になるためには，教育職員免許法に定められているとおり，大学等において教員免許状を取得しなければならない。教職課程とは，教員免許状取得に必要な単位が定められた大学等の課程のことを指す。

　教職課程で学ぶ意義は，教員として「最小限必要な資質能力」の形成にある。教員は「教える」という行為を通して子どもの将来を担う重要な存在である。ゆえに，教職課程において，教科等の専門知識は当然ながら，教科指導，生徒指導等を採用直後から大きな支障が生じることなく実践できる力，すなわち「教員となる際に必要な最低限の基礎的・基盤的な学修」を行い，実践的指導力の基礎を形成しなければならない。

　また，教員は教職生活の全般を通して自らの資質能力を形成し向上させ続ける「学び続ける教師」であることが求められる。それゆえ，教職課程はその基礎形成の時期として重要である。

2. 教職課程コアカリキュラム

　教職課程で学ぶ内容は，国・政権の影響を受けながら変化してきている。従来は「教科に関する科目」と「教職に関する科目」等の科目区分があったが，2015年度から，アクティブ・ラーニングの視点に立った授業改善やICTを用いた指導法など，新たな教育課題等に対応できるよう，教科の専門的内容と指導法を一体的に学ぶことを可能とする「教科及び教職に関する科目」に大括り化された。

　さらに2019年度から，大学等のすべての教職課程で共通的に修得すべき資質能力を示す「教職課程コアカリキュラム」が導入された。これは学校現場で必要とされる知識や技能を養成課程で獲得できるよう，実践性を重視し，教員に必要な資質能力をより確実に身につけさせることをねらったもの

である。教職課程の各事項について，全体目標，全体目標を内容のまとまり毎に分化させた一般目標，学生が一般目標に到達するための個々の規準を示す到達目標が規定されている。

表8-3-1　教職課程コアカリキュラムの目標の例（各教科の指導法の場合）

全体目標	教科における教育目標等について理解し，学習指導要領の内容と背景となる学問とを関連させて理解を深めるとともに，授業設計を行う方法を身に付ける。
一般目標	具体的な授業場面を想定した授業設計を行う方法を身に付ける。
到達目標	学習指導案の構成を理解し，具体的な授業を想定した授業計画と学習指導案を作成できる。
	模擬授業の実施とその振り返りを通して，授業改善の視点を身に付けている。

3．教職課程の内容

　教職課程の中心である「教科及び教職に関する科目」は，「1　教科及び教科の指導法に関する科目」「2　教育の基礎的理解に関する科目」「3　道徳，総合的な学習の時間等の指導法及び生徒指導，教育相談等に関する科目」「4　教育実践に関する科目」「5　大学が独自に設定する科目」という5つから構成されている。

　教職課程の履修者は，これらの教科及び教職に関する科目を次のような展開で学んでいく。まず最初に，教育の基礎的理解を深めるため，教科に関する専門科目と並行して，教育の理念や歴史，社会，制度，そして教職の意義を内容とする科目を学ぶ。次に，教科の教え方，子どもの心理や発達に関する知識，生徒指導・教育方法の理論等を学び，その後，教育実習に臨む。

　教育実習は「4　教育実践に関する科目」の科目であり，小・中学校は約4週間，高等学校は2週間，実際に学校の中に入り，子どもを教える体験をする中で初めて具体的な教育技術を習得する。それと同時に，大学での学び（理論）と学校での実践の往還をどのように進めていくのか，あらゆる問題に対して自分がどう働きかければいいのかを考え，工夫し省察しながら教育

実践をすることを学ぶ。教育実習はそうして大学の講義だけでは分からない教育の難しさや，不確実性と隣り合わせにある教員としての職務を実際に体験しながら理解するために行うのである。

最後に，科目「教職実践演習」において教職課程の学びを総括する。「教職実践演習」は，学部卒業段階で教員として必要な資質能力を確実に身につけて学校現場に送り出すことをねらいとして，教職課程の履修を通して最終的にその資質能力が形成されたことを確認するための科目である。この科目では，4つの事項（使命感や責任感，教育的愛情等に関する事項，社会性や対人関係能力に関する事項，幼児児童生徒理解や学級経営等に関する事項，教科等の指導力に関する事項）を含めることが求められている。

なお，省令である教育職員免許法施行規則（第六十六条の六）において，いわゆる教養科目である「日本国憲法」「体育」「外国語コミュニケーション」「情報機器の操作」を学ぶことも必修となっている。「日本国憲法」は社会の成り立ちの枠組みを根本的に示す内容であり，「体育」は心身の健康という点から重要である。

また，小・中学校の免許状を取得する場合は，社会福祉施設や特別支援学校での「介護等体験」が法律で義務付けられている（小学校及び中学校の教諭の普通免許状授与に係る教育職員免許法の特例等に関する法律）。その目的は，個人の尊厳と社会連帯の理念を深く認識することにあり，体験を通して人間や地域社会，福祉に対する理解を深めるという点で重要となる。

以上の免許状取得に必要な単位は，あくまでも定められた「最低」修得単位数である。ゆえに，教職課程で学ぶことは教員として最低限身につけておくべき知識・技術であると認識しておく必要がある。

教職課程で学び始める初期の段階では，これまで自分が児童生徒として教育を受けてきた経験が，教員や学校に対する見方・考え方に与える影響が大きい。それゆえ教職課程の履修者は，教職課程の学びを通して，「教える」「学ぶ」といった根本的なことを問い直しながら，教育を受ける立場から教育に責任をもつ教員としての立場へと，自分の教職に対する視点を転換させていくことが重要である。

168

4．近年の教職課程の動向及び課題

　近年，Society 5.0時代の到来やAI，ICTの拡大といった社会構造の変化を伴う「新しい時代」に突入している。その中でキーワードとなっているのが「個別最適化」であり，ICTを積極的に取り入れていくことで，「誰一人として取り残すことのない，公正に個別最適化された学び」の保障を目指すことである。この考え方の拡大により，教育はこれまで以上に「個」を尊重した教育への転換が図られており，教員には「新しい時代」に対応できることが求められている。この変化は，Society 5.0時代にふさわしい教員養成の牽引役を担う「フラッグシップ大学」の構想にも関連している。

　こうした考え方や施策は眼前の教育課題やニーズに応えるという点で重要である。しかしその一方で，教員はそうした外から求められることに「対応」することが目的化してきており，新しい時代の中での教員の成長やその次の時代の創出に目が向けられていないのではないかという懸念がある。

参考文献

曽余田浩史編著（2014）『教師教育講座　第1巻　教職概論』協同出版。

久恒拓也（2019）「Ⅱ教師を養成するシステム —— 教師になるための学び」曽余田浩史・岡東壽隆編著『改訂版　新・ティーチング・プロフェッション —— 次世代の学校教育をつくる教師を目指す人のために』明治図書出版。

文部科学省　https://www.mext.go.jp/content/1421815_000001.pdf（2020年7月30日閲覧）。

教職課程コアカリキュラムの在り方に関する検討会　https://www.mext.go.jp/component/b_menu/shingi/toushin/__icsFiles/afieldfile/2017/11/27/1398442_1_3.pdf（2020年7月30日閲覧）。

教員養成のフラッグシップ大学検討WG　https://www.mext.go.jp/component/a_menu/other/detail/__icsFiles/afieldfile/2019/06/24/1418387_01.pdf（2020年7月30日閲覧）。

（長沼正義）

Q4 公立学校の教員採用試験の目的と仕組みについて説明しなさい

1. 公立学校の教員採用試験の目的

　公立学校教員の採用は，その任命権者である都道府県・指定都市等（以下，県市）の教育委員会の教育長が，教員免許状を有するものの中から，当該県市教育委員会が求める教員像に照らし合わせて，より教員にふさわしい人材を確保することである。当該県市の教員としてふさわしい資質能力を有しているか否かを，多面的・総合的に判断する客観的資料を得るために実施されるのが，「教員採用候補者選考試験」，いわゆる教員採用試験である。

　採用にあたっては，各県市教育長の「選考」に基づいて採用候補者名簿が作成される。その後，任命権者である県市教育委員会は任命行為を行う（地方教育行政の組織及び運営に関する法律第34条）。そのため，教員採用試験は，制度上あくまで採用候補者を選考するものであり，試験に合格すれば採用されるという性質ではない。実際に採用候補者が教員として採用されるに至るには，任命権者である県市教育委員会の任命行為を経る必要がある。

　つまり，公立学校の教員採用試験の目的は，各県市の教育長が，教員免許状を有した不特定多数の受験者の中から当該教育委員会が任命する教員としてふさわしい資質能力を有した教員採用候補者を確保するために，多面的・総合的に判断する客観的資料を得て，採用候補者名簿を作成することにある。

2. 公立学校の教員採用試験の仕組み

（1）「選考」としての性質

　公立学校の教員は，地方公務員の身分を有するため，基本的には公務員法制の適用を受ける。ただし，採用は一般の公務員と異なる仕組みで行われている。一般の公務員が地方公務員法第17条第2項に基づき，「競争試験」を

原則に採用試験が実施されるのに対し，公立学校教員のそれは，教育公務員特例法第11条に基づき，「選考」によるものとされている。「競争試験」が特定の職に就くものを不特定多数の受験者から「選抜」する性質を持つのに対して，「選考」は特定の者が特定の職に就く「適格性」を有するか否かを確かめる性質である。

　教員採用試験が，「選考」で実施されるのは，地方公務員法第17条第2項で「選考」が「競争試験以外の能力の実証に基づく試験」と説明されるように，受験者の教員免許状所有が前提とされ，「適格性」の判断が重視されるためである。すなわち，一定の資格要件を備えた者のみが教員採用試験を受験するため，資格要件を備えた者の中でよりふさわしい人材を確保するという論理で，「選考」が用いられる。また，子どもの人格形成にかかわるという教員職務の特殊性や教員に求められる幅広い資質能力を考慮し，単なる競争試験ではなく，資質能力を多面的・総合的に判断する「選考」がふさわしいとの考えが背景にある。

（2）選考試験の内容と方法

　それでは，「選考」はどのような試験の内容と方法で行われるのか。文部科学省は毎年，教員採用試験の実施状況を調査している。「令和2年度（令和元年度実施）公立学校教員採用選考試験の実施方法について」を参照すると，選考試験の内容と方法は以下の現況にある。

　まず，選考試験の内容は，受験者の資質能力，適格性を多面的に評価するため，教養・専門などの筆記試験だけではなく，面接，実技，作文・小論文，模擬授業等を組み合わせて実施されている。試験区分は第1〜3次まである。第1次は，全68県市のうち，4県市が6月，64県市が7月に行った。第2次は，7月に1県市，8月に60県市，9月に6県市で実施されており，第3次試験を実施しているのは，3県市のみである。すなわち，7月の第1次と8月の第2次で選考試験を了する県市がほとんどである。

　また，特定の資格や経歴等を持つ者を対象とした特別の選考が多くの県市で行われている。特別の選考は，英語にかかわる選考が62（58）県市で，スポーツにかかわる選考が46（同）県市で，民間企業等経験者を対象とし

た選考が50（同）県市で，教職経験者を対象とした選考が64（62）県市で実施されている（カッコ内は前年度数値）。そして，障害者を対象とした特別選考は全68県市で実施されている。さらに，教職大学院を含む大学院在学者や進学者に対し，67県市が採用候補者名簿登載期間の延長や次年度以降の一部試験免除・特別の選考などの特例措置を講じている。ほかにも，受験年齢について「制限なし」と回答した県市が前年度の33県市から41県市に増加し，年齢制限緩和が進んでいる。以上の通り，多様な受験者を受け入れる体制整備が加速している。

（3）「人物評価重視」の選考試験

選考試験の内容と方法は，多くの改善が重ねられ，現在のいわゆる「人物評価重視」の選考試験となっている。「人物評価重視」の選考試験となった契機として，1996（平成8）年に文部省（現　文部科学省）が各県市教育委員会教育長に向け通知した「教員採用等の改善について」がある。

この通知ではまず，学校教育の質的変化に対応可能な多様な人材を確保するために，「人物評価重視」の選考方法へ改善する方向性を示した。そして，改善にあたっては，「知識の量の多い者や記憶力の良い者のみが合格しやすいものとならないよう配慮し，教育者としての使命感，豊かな体験に裏打ちされた指導力など受験者の資質能力を多面的に評価する」ために，選考方法の多様化や選考尺度の多元化が積極的に図られる必要性を提起した。

選考方法の多様化について，この通知では，「民間企業経験者や教職経験者について，その社会経験を適切に評価する選考方法を検討すること」とし，筆記試験の比重の置き方，教育実習の評価，大学等からの推薦，受験年齢制限の緩和等に配慮するよう求めた。また，選考尺度の多元化を図るため，以下3つの視点での試験の改善を求めた。第一に，知識の量や過度に高度な専門的知識を問う内容に偏らず，広く資質能力を見極められる良問を作成するよう求めた。第二に，面接試験の機会複数化，十分な面接時間の確保，特定課題への意見発表，集団討論の実施を提起した。第三に，実技試験においては，教科専門の能力評価，模擬授業や指導案作成の実施を求めた。

3．公立学校教員採用試験をめぐる検討課題

　近年の教員採用試験をめぐっては，倍率の低下や養成・研修段階との接続といった検討課題がある。

　大量退職・採用時代の現在，採用試験の倍率が低下している。2018（平成30）年の学校種全体の採用倍率は，4.2倍で，前年度の4.9倍から減少した。より詳細に見ると，採用者総数は，前年度と比して1,966人増加している一方で，受験者総数は前年度と比して12,202人減少している。受験者母数の低下は，より質の高い教員を確保する選考としての機能を弱体化しかねない。

　また，教員育成指標の策定により，教員の養成・採用・研修の一体化がこれまで以上に求められる中，採用試験の内容と，養成カリキュラムや現職研修をいかに接続するかが課題となる。なかでも，養成教育と採用試験の接続は，採用試験の内容に養成段階での教育内容が規定され，大学の自主性と独自性をゆるがしかねないため，慎重に行われる必要がある。

参考文献・URL

北神正行（2020）「教員養成と教員採用」小島弘道・北神正行・水本徳明・平井貴美代・安藤知子著『教師の条件［改訂新版］ —— 授業と学校をつくる力』学文社，pp.45-74。

文部科学省「公立学校教員採用選考」https://www.mext.go.jp/a_menu/shotou/senkou/1243155.htm（2020年8月4日閲覧）。

文部科学省「令和2年度（令和元年度実施）公立学校教員採用選考試験の実施方法について」https://www.mext.go.jp/a_menu/shotou/senkou/1416039_00002.html（2020年8月4日閲覧）。

佐藤幹男（2017）「教員の採用と研修」日本教師教育学会編『教師教育研究ハンドブック』学文社，pp.50-53。

（髙野貴大）

Q5 「教員養成の高度化」について説明しなさい

1.「教員養成の高度化」の現状

　教員養成の高度化とは，端的には，教員養成を大学院レベルに引き上げることを意味する。世界に目を向けると，教員養成の高度化を求める改革は1980年代以降に展開してきたが，日本においては大学（学士教育）段階での養成が中心といってよい。文部科学省による「平成30年度教員免許状授与件数等調査結果」を参照すると，同年度中に授与された専修免許状（幼稚園，小学校，中学校，高等学校，特別支援学校，養護教諭，栄養教諭）の総計は，12,896件である。四年制大学卒業を基礎資格とする一種免許状の授与件数143,984件や短期大学卒業程度を基礎資格とする二種免許状の授与件数47,710件と比較すると，圧倒的に件数が少ないことが分かる。

　2018年にOECD（経済協力開発機構）が実施した「国際教員指導環境調査（TALIS）」の報告によれば，日本の中学校教員の最終学歴は86.1%が大学卒業，10.6%が修士課程修了という割合である。それに対して，本調査に参加した48カ国の平均は，大学卒業レベルが50.9%，修士課程修了レベルが40.7%となっており，日本と諸外国の間には大きな隔たりがある。

2.教員養成の高度化に向けた制度改革

　教員養成の高度化の実現に向けた制度展開には，大きく3つの「節」が存在する。第1が1988（昭和63）年の教育職員免許法改正による「専修免許状」の創設，第2が1998年の同法改正による「教科に関する科目」と「教職に関する科目」のバランスを大きく変える科目単位数の変更，第3が2008年以降の「教職大学院」の創設と拡大である。

　重要なことは，この間の改革を通して，教員養成の高度化に関わる議論と制度改革が，単に大学院修了程度の学歴を求めるだけでなく，教員を高度専門職業人とみなし専門職としての職務遂行に必要な専門性の強化を図る専門

職化の議論に帰結する流れにつながっていったという点である。具体的には，2012（平成24）年の中央教育審議会答申「教職生活の全体を通じた教員の資質能力の総合的な向上方策について」のなかで，高度専門職業人としての教員養成機能を教職大学院に持たせること，国立の教員養成系修士課程を原則として教職大学院に移行することが提言されている。

　加えて，専門職化は，学術的に高度な専門性ではなく，高度な実践性（実践的指導力）を核にしているという点もまた重要である。例えば，1998年の教育職員免許法改正により，「教科に関する科目」の必要単位数が引き下げられた一方で「教職に関する科目」の必要単位数を大幅に引き上げたことや，現在進められている既存の修士課程を教職大学院に一本化しようという改革は，まさに，学術性よりも実践性を重視する傾向を示している。教員養成の高度化という政策課題は，教員養成の専門職化や実践重視という論理を含み込みながら複雑に展開していると捉える必要がある。

3．教職大学院の創設・拡大

　教職大学院は，高度専門職業人の養成を目的に，教員養成に特化した専門職大学院（他分野には，法科大学院やMBAに類する経営学修士コース等がある。修了者には，各分野に応じて「○○修士（専門職）」という学位が与えられる）として，2007（平成19）年に制度化，翌年，国立・私立全19大学院でスタートした。その必要性について2006（平成18）年の中央教育審議会答申「今後の教員養成・免許制度の在り方について」は，近年の社会の大きな変動の中，様々な専門的職種や領域において大学院段階で養成される，より高度な専門的職業能力を備えた人材が求められており，教員養成の分野についても，研究者養成と高度専門職業人養成の機能が不分明だった大学院の諸機能を整理し専門職大学院制度を活用した教員養成教育の改善・充実を図ると説明している。

　教職大学院の目的は，「専ら幼稚園，小学校，中学校，義務教育学校，高等学校，中等教育学校，特別支援学校及び就学前の子どもに関する教育，保育等の総合的な提供の推進に関する法律（平成十八年法律第七十七号）第二

条第七項に規定する幼保連携型認定こども園（以下「小学校等」という）の高度の専門的な能力及び優れた資質を有する教員の養成のための教育を行うこと」（専門職大学院設置基準第26条第1項）にある。具体的には，①学部段階での資質能力を修得した者の中から，さらにより実践的な指導力・展開力を備え，新しい学校づくりの有力な一員となり得る新人教員の養成，②現職教員を対象に，地域や学校における指導的役割を果たし得る教員等として不可欠な確かな指導理論と優れた実践力・応用力を備えたスクールリーダー（中核的中堅教員）の養成を目指している。

　教職大学院が既存の教員養成系修士課程と大きく異なる点は，そのカリキュラム編成にある。第1は，既存の教員養成系修士課程がその修了要件として，30単位以上の科目履修・修得と修士論文の作成を求めるのに対して，教職大学院では45単位以上の科目履修・単位修得を求めるのみで，修士論文は課されない。ただし，修了に必要となる単位数の内，10単位以上は学校等での実習によるものである必要がある。第2は，共通科目5領域と呼ばれる全国の教職大学院が共通して開設する授業科目の領域が設定されている。5領域とは，①教育課程の編成・実施に関する領域，②教科等の実践的な指導方法に関する領域，③生徒指導，教育相談に関する領域，④学級経営，学校経営に関する領域，⑤学校教育と教員の在り方に関する領域である。第3は，事例研究，授業観察・分析，フィールドワーク等を積極的に導入した指導方法により，理論と実践の融合を図る教育を行うことになっている。

　この他にも，教員組織として，専門分野に関して高度な指導能力のある専任教員を一定程度置くとともに，必要専任教員数の4割以上を高度な実務能力を備えた「実務家教員」とすることが義務付けられている。既存の修士課程が研究者を中心にしていることと比較すると，実践性を重視する専門職大学院としての特徴がよく表れているといえるだろう。

4．教員養成の高度化をめぐる課題

　以上のように，現在の日本では，教職大学院制度の拡充を通じて，その養成段階の高度化と教員の力量（専門性）の高度化の同時達成を目指した改革

が展開されている。なお，2018（平成30）年には，全国の都道府県に教職大学院が設置（教員養成機能を島根大学と統合している鳥取県は除く）され，2020年度には，国立と私立を合わせて全54教職大学院，入学定員の総数は2,250人にまで量的な拡充を遂げた。教員養成系修士課程として設置されている大学院が今後，教職大学院に移行することを踏まえると，この人数はさらに増えることも予想される。また，教職大学院修了者の教員就職率はこの間ずっと90％以上を維持しており，教員養成の高度化と専門職化の進展に一定の成果をもたらしていると評価することはできそうである。

　だが，確かに制度的な拡充は図られたが，日本全国の学校数という側面から見れば，現在の入学定員数は決して十分とはいえない。その中にあって，多くの教職大学院は入学定員を満たせていないという問題にも直面している。その解決に向けては，学部新卒生あるいは現職教員が積極的に進学したいと思えるような魅力や修了後の給与やキャリア形成におけるインセンティブづくりも重要となろう。そのように考えると，教員養成の高度化という課題は，免許制度の在り方や教員採用の在り方と一体をなす課題として，連動的に理解する必要がある。

　複雑化・多様化する教育課題に対応できる高度な実践性が重要であることについて疑いはない。しかし，実践性を過度に追求することが，真に教員の専門的力量を高めるのかについては，冷静な判断が必要であろう。教育には，実践性とともに高度な知性が不可欠である。すぐに役に立つということは無いのかもしれないが，学術的な思考や追究は，教員に求められる高度な専門性の一側面であることは間違いない。「理論と実践の融合」の真意を熟慮し行動することが，より一層求められている。

参考文献・URL

町田健一（2017）「高度化」日本教師教育学会編『教師教育研究ハンドブック』学文社，pp.338-341。

文部科学省『教職大学院』https://www.mext.go.jp/a_menu/koutou/kyoushoku/kyoushoku.htm（2020年6月30日閲覧）。

（照屋翔大）

第9章

教職の役割

Q1 教師の本務である「教える」ということとは何か，説明しなさい

1.「教える」ことの専門家としての教師

　教師は子どもたちを「教える」ことの専門家である。教師は，授業をはじめとする教育の場において教えることが役割であり，子どもたちに学力などの力をつけることに責任を負っている。そのために，「教える」ことの専門家として，その力量を絶えず高めていかなければならない。

　「教える」とは，教師から子どもたちへと一方向的に知識を伝達することだと考えがちである。しかし，それは，教え込み主義や詰め込み主義につながるとしばしば批判されてきた。これに対し，子どもたちの主体的な学習をもっと大切にしようと，「教える」ということを軽視する傾向が見られる。

　こうした状況について，「教える」ということはどういうことかに徹底してこだわり，戦後のわが国の教育界に大きな影響を与えた公立中学校の国語教師である大村はま（1906～2005）は，教師が子どもの自主性に気をとられ，教えることを手控えてしまうことを危惧していた。大村は，教師が指示をするだけでなく子どもが考えるのはいいのだが，子どもが深く考えることができるためのヒントを出さないのでは，教師は何も教えていないという。教師による教え込みや詰め込みでもなく，子どもの自主性に任せきりにするのでもない，教師が子どもの思考や発想を誘い耕すために働きかけること

が，大村の考える「教える」ということであった。

2.「教える」ことの捉え方の展開

「教える」ということが，特定の教師の名人芸ではなく，誰にも可能な「技術」として確立されなければならないという考えが登場したのは，近代以降である。「教える」ことがどのように捉えられてきたか，その歴史的な展開は以下のとおりである。

（1）外から知識を与える「技術」

近代の学校教育において，すべての人があらゆる知識を学ぶ際，それにふさわしい技術が開発されないうちは，間違いや失敗が多く，教師にとって大きな苦労が伴っていた。そこで，「教える」ということを，誰もがわずかな労力で普遍的に的確に行えるようにしなければならないという考えから「技術」として捉えたのが，コメニウス（J. A. Comenius，1592 ～ 1670）である。主著『大教授学』において，貧富や男女の差別なくすべての人が学問のあらゆる分野を統合した普遍的知識の体系を学ぶ必要性を説いた。コメニウスは，「教える」という「技術」を，活版印刷になぞらえて「教刷術」として提唱した。「教刷術」において子どもは「用紙」であり，教師（の肉声）は「インク」，教科書や教具の準備等は「活字」である。つまり，コメニウスは「教える」ことを，教師が外から普遍的な知識を与える「技術」であると考えた。

（2）子どもの自然の力が発達するのを見守り呼び起こす

「教える」ことを教師が外から与える「技術」として捉えるのとは対照的に，子どもの内にある自然な本性を尊重することによる発達にゆだねる「消極教育」を主張したのは，ルソー（J. J. Rousseau，1712 ～ 1778）である。ルソーは，子どもを大人のミニチュアと捉え，子ども期を大人への準備段階と考えるそれまでの子ども観を批判し，子どもは固有の人権を持つ存在であり，子ども期が人間の成長にとって独自的な価値を持つと提起した。その子ども期の教育においては，悪に満ちている現存の社会からの一切の人為的な働きかけを否定し，本来善である子どもの内からの自然性を尊重し，あえて

何も与えない教育を論じている。つまり，ルソーは「教える」ということを，子どもの内からの自然の力（思考する力や表現する力，意思）が発達するのを発達段階に即して注意深く見守り，呼び起こすことだと考えた。

（3）「技術」による働きかけで子どもの自然の力の発達を援助・促進する

「教える」とは，教師が外から知識を与える「技術」か，それとも子どもの内からの自然の力が発達するのを見守り呼び起こすことか。相反するようにみえるこれらの捉え方に共通しているのは，教師が外から与えることと，子どもの内からの力が発達することを，どちらかが強まればどちらかが弱まるという二律背反で捉えていることである。これに対してペスタロッチ（J. H. Pestalozzi, 1746 ～ 1827）は，どんな子どもであっても内からの自然の力があるという点ではルソーを継承するが，ただ自然に従うだけでは子どもの力を発達させることにはならないと考える。たとえば草花のことを子どもが学ぶときに，野原に連れていって自由に草花に触れさせるだけでは不十分で，何かの本質を理解するためにはそれを分析，整理，系統化するという人為的技術の介入が必要である。つまり，ペスタロッチは「教える」ということを，「技術」によって子どもの自然な本性に働きかけて子どもの内にある力の発達を援助・促進することだと考えた。

（4）子どもに教えるべきものを媒介していく

ペスタロッチ研究を原点とする吉本（1994）は，「教える」ことを技術によって子どもの内にある力を発達させることだと考える点でペスタロッチを継承しつつ，教師の役割を，「援助」することではなく，「媒介」することだと捉える。媒介者である教師が，教材や教具等とともに発問を媒介として子どもに呼びかけ，その呼びかけに応じてこそ子どもは自ら主体的に学ぶことができる。吉本は，教師による外からの要求を子どもの内からの要求へと転化していく指導を「媒介的指導」と呼ぶ。教師には教科内容という教えなければならないものがあるが，授業をすればそれが自動的に子どもたちに伝わるわけではない。教師は，教材解釈と教材づくりを行い，授業での説明や発問，評価活動等の働きかけを媒介として呼びかけることで，教科内容を子どもたちの「学びたいもの」にしていく必要がある。そして，子どもたちが自

分の考えを相互にからみあわせることができる学習集団を組織し，そのなかで子どもたちが思考力や表現力を鍛えて自分の考えをより高い次元へと発展させていけるように指導をするのである。

3.「教える」ということをめぐる近年の課題

　情報社会（Society 4.0）に続く新たな社会（Sosiety 5.0）実現に向けたキーワードのひとつに，「学びの個別最適化」がある。子ども一人ひとりに最適な学習機会を提供し，主体的に学ぶことを目指すものであり，教師の役割は，「教える」だけでなく，「ファシリテーター」として子どもの学びを援助・促進することが期待されている。媒介的指導の立場から「学びの個別最適化」を見ると，「教える」ことは，教師が外から与えることだと見なされ，子どもの内からの力が発達することと二律背反で捉えられているきらいがある。また，子どもたちが主体的に学ぶために，教師による外からの要求を子どもの内からの要求へと転化する，学習集団を組織化するといった教師の働きかけがあまり考慮に入れられていない点が課題として挙げられる。

参考文献

大村はま・苅谷剛彦・苅谷夏子（2003）『教えることの復権』筑摩書房。

田嶋一・中野新之祐・福田須美子・狩野浩二（2011）『やさしい教育原理』有斐閣。

深澤悦子（2014）「教えるということ ―― 教師の『指導』とは何か」曽余田浩史編著『教師教育講座　第1巻　教職概論』協同出版，pp.53-68。

吉本均（1986）『授業をつくる教授学キーワード』明治図書出版。

吉本均（1994）『教室の人間学 ――「教える」ことの知と技術』明治図書出版。

（村上真実）

Q2 我が国における教職観の歴史的変遷について説明しなさい

　教職観とは，教師という職業に対する見方・考え方である。我が国の教職観は，歴史的に辿ると，聖職者的教職観から，労働者的教職観，専門職的教職観へと展開している。さらに，21世紀となり，産業社会から知識基盤社会（知識社会）への社会の転換に伴い，専門職的教職観が「自律した専門職」モデルから「学び合う専門職」モデルへと転換している。

1．聖職者的教職観

　我が国において教師という職業が誕生し，教員養成機関である師範学校が創設されたのは，1872（明治5）年の「学制」の公布により，学校教育が整備されてからである。戦前から戦中にかけて支配的であった教職観は，教職を人間の精神の成長・発達をはかる職業であり，単純な機械的・技術的なものではなく人格的なものと捉える聖職者的教職観であった。ここでいう聖職とは，教職を天（神）になりかわっての神聖な職業と捉えることを意味する。

　初代文部大臣である森有礼は，聖職者的教職観に基づき，理想の教師を，「己の言行を以て生徒の儀範となる」ような「教育の僧侶」だと捉えた。そして森は，師範学校において「順良」「親愛」「威重」の三気質を中心に据え，知識学科よりも人物養成に力を入れた（唐澤，1988）。

2．労働者的教職観

　第二次世界大戦前・戦中の教師の生活は，経済的に厳しい状況であった。しかしながら，聖職者的教職観においては，教師は給与や報酬について積極的な関心を寄せることを慎むべきであると考えられていた。

　こうした状況を克服するため，戦後の1946（昭和21）年に，日本教職員組合（以下，日教組）が結成された。日教組は，「教師の倫理綱領」（1951年7月）の中で，教師は「学校で働く労働者である」と主張した。そして，

「私たちはこれまで，清貧にあまんずる教育者の名のもとに，最低限の生活を守ることすら口をはばかってきましたが，正しい教育を行うためには，生活が保障されていなくてはなりません」と述べ，「教師は生活権を守る」と宣言した。

　こうした動きによって，戦後，教師は教育という仕事にたずさわる賃金労働者であり，労働に対する正当な報酬を要求する権利を有すると捉える労働者的教職観が強調されるようになった。

3．専門職的教職観

（1）専門職的教職観への注目

　戦後，日教組を中心に労働者的教職観が強調されたが，その一方で，教員養成に関係する大学においては，教師の質が問題とされるようになった。たとえば，文部大臣を務めた教育社会学者の永井道雄（1923 ～ 2000）は「教師にでもなろうか」「教師にしかなれない」という「デモ・シカ教師」の存在を指摘し，戦後の教員養成において「よい教師を育てるにはどうすればよいか」という課題を投げかけた（永井，1957）。

　こうした中，教師の仕事は他と区別される一定の専門的な知識・技術を前提にして成立すると捉える専門職的教職観が注目されるようになった。専門職的教職観は，1966（昭和41）年のILO・ユネスコの「教員の地位に関する勧告」を契機として活発に議論されるようになる。この勧告は，「教師の仕事は専門職とみなされるべきである。この職業は厳しい，継続的な研究を経て獲得され，維持される専門的知識および特別な技術を教員に要求する公共的業務の一種である。また，責任をもたされた生徒の教育および福祉に対して，個人的および共同の責任感を要求するものである」と述べている。

　この勧告以降，教育政策において，専門職としての教師がめざされるようになった。すなわち，専門職的教職観の立場から，教師の社会的・経済的地位の向上が求められていったのである。

（2）「自律した専門職」モデル

　この時期に目指された専門職的教職観は，仕事の柔軟性と自由裁量の尊重

を強調する「自律した専門職」モデル（ハーグリーブス，2015）に基づいていた。このモデルは，教室で子どもたちにどう教えるかについては，究極的には教師個人の自律的で「専門的な」判断に委ねられていると考えた。

教師の自律性を保証するためには絶えず専門的知識・技術を高める研修が不可欠である。この「自律した専門職」モデルは，教師の研修を学校現場から離れたところで学校外のエキスパートによって実施されるものであり，個人的に追求するものと考えていた。そのため，学校の同僚教師たちと新しい実践に挑戦する機会や同僚教師と学び合う機会をあまり考慮していなかった。

4．専門職的教職観への信頼の揺らぎ

教職の専門職化が目指された1960年代には，学校や教師は社会の発展と個人の成長・幸福に寄与する存在として社会的に信頼され，大きな期待が寄せられていた。

しかしながら，高度経済成長期が終わった1980年代以降，学校では校内暴力，いじめ，不登校，学級崩壊などが生じ，大きな社会問題となる。そうした状況において，「なぜ学校へ行かなければならないのか」「個人と社会にとって学校や教師の存在意義はあるのか」と，学校や教師という存在自体への批判のまなざしが社会的にも学術的にも向けられた。

たとえばイリッチ（Ivan Illich：1926～2002）の脱学校論は，学校という制度（資格を有した教える専門職）によるサービスへの依存が，学ぶという子どもの能力を奪い，不能にすることにつながると指摘した。

5．「学び合う専門職」モデル

21世紀となり，我が国の社会は産業社会から，新しい知識・情報・技術が社会のあらゆる領域での活動の基盤として飛躍的に重要性を増す知識基盤社会（知識社会）へと転換している。この社会において目指す専門職的教職観は，「学び合う専門職」モデル（ハーグリーブス，2015）に基づいている。

「学び合う専門職」モデルでは，知識基盤社会（知識社会）における教えるということを，アクティブ・ラーニングのように，これまでよりも技術的

に複雑で多岐にわたるものだと捉える。また，ケアリングを基調とした思いやりのある関係を子どもたち・保護者・地域住民と結ぶために，教師にはより優れた誠実さと人間的な成長が必要であると捉える。そのため教師は，教職生涯にわたって，専門職としての学びを追求することが求められる。この点について我が国では，教師自身が探究力を持ち学び続ける存在であるという「学び続ける教員像」の確立が目指されている。

　さらに「学び合う専門職」モデルは，専門職としての学びについて，教師一人ひとりが個人的に追求するのではなく，「専門職の学び合うコミュニティ（Professional Learning Community）」としての学校において追求するものだと捉える。すなわち，学校外の研究機関や行政によって規定された教育指導の知識・技術を獲得して学校現場に転移するのではなく，予測不可能で不確実な学校現場の文脈の中で，そのコミュニティメンバーとともに新しい知識を創造・探究・共有するのである。

　「専門職の学び合うコミュニティ」としての学校では，教師たちが協働的に活動すること，その協働的な活動が教えと学びの改善に焦点化されていること等を重視する。そして，教師には教えと学びの改善に向けて互いに敬意を払いながらも，ときに活発な反対意見を交わすことを可能にする「成熟した規範」を培うことが求められる。

参考文献

アンディ・ハーグリーブス（木村優ほか監訳）(2015)『知識社会の学校と教師——不安定な時代における教育』金子書房。

市川昭午編（1986）『教師＝専門職論の再検討（教師教育の再検討1)』教育開発研究所。

唐澤富太郎（1988）『教師の歴史——教師の生活と倫理』ぎょうせい。

永井道雄（1957）『教師——この現実　教師の生態論』三一書房。

横須賀薫（1976）「3種の教師論」中内敏夫・堀尾輝久・吉田章宏編集代表『現代教育学の基礎知識（2)』有斐閣，pp.476-477。

（山本　遼）

Q3 知識基盤社会において学校・教師に求められる役割とは何か，説明しなさい

1．産業社会において学校・教師に求められた役割

　いつの社会においても，学校と教師には，子どもの成長と社会の発展に貢献するという役割が求められる。しかしながら，どのような社会であるかによって，その役割のあり方は変わる。そこで，まず，知識基盤社会以前の社会において学校・教師に求められた役割とは何かを確認したい。

　第二次世界大戦後の我が国では，学校・教師は戦後の社会を復興し発展させる存在として大きな期待が向けられた。学校・教師に求められたのは，民主主義的な社会の担い手を育成する役割であった。

　その後，高度経済成長期に入ると，学校・教師には，産業社会を支える人材を育成するという役割が求められるようになる。産業社会とは，多くの人々がモノの生産業務に従事する社会である。学校は，その役割を果たすために，社会的に有用な知識を伝達する機関だと考えられた。その知識は「答え」として子どもたちに与えられるもの，教師は「答え」を持ち教える者，子どもたちはその「答え」を獲得する存在と見なされる。そのため，学校では，知識伝達型の授業が中心であった。

2．知識基盤社会において学校・教師に求められる役割

　21世紀となり，先進諸国では，産業社会から，新しい知識・情報・技術が社会のあらゆる領域での活動の基盤として飛躍的に重要性を増す知識基盤社会（知識社会）へと社会の在り方が転換している。この社会は変化が激しく予測不可能で，何が「答え」かがわからない社会である。こうした社会の転換に伴い，学校・教師に求められる役割も変わる。

　この点について，アメリカの教育社会学者ハーグリーブス（Andy Hargreaves）は，教職を知識基盤社会の核となる専門職であると位置付ける。

そして，知識基盤社会における学校・教師の姿を，図9-3-1のように，知識基盤社会に備える「触媒者」，それを乗り越える「対抗者」，それに脅かされる「犠牲者」というトライアングルによって形づくられると描いている（ハーグリーブス，2015）。

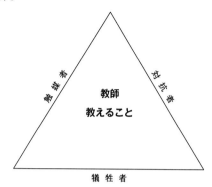

図9-3-1　知識社会のトライアングル
（出典：アンディ・ハーグリーブス，2015，p.30）

（1）知識基盤社会に備える「触媒者」としての役割

　知識基盤社会は，人々の創造性や独創性によって刺激され活性化される社会である。この社会は学びの社会でもあり，人々の学びを最大化することによって，独創性や創造性の能力を刺激し高めて情報や知識を前進させながら，成長と繁栄を生み出す社会である。ゆえに，学校・教師には，知識基盤社会がもたらす成長や機会や繁栄をつなぐ「触媒者」として，新たな知識・アイデアや技術を生み出す創造性，独創性，持続的な改善の能力を子どもたちに育成する役割が求められる。また，教師たち自身もそれらの能力を高めることが求められる。

　学校・教師が「触媒者」としての役割を果たすためには，知識を単純に暗記したり繰り返したりする学びではなく，知識を創造したり，知識をなじみのない問題に適用したりする学びが重要となる。そのため，教師の「教えること」については，「高次元で思考するスキル」や「自己の思考について思考するメタ認知」，「学びと理解に関する構成主義的アプローチ」，「脳科学に

基づく学び」,「協働学習による教授方略」,「数多の知性と様々な『思考習慣』」,「幅広い評価手法の活用」,「子どもたちが自由に情報へアクセスすることを可能にするコンピュータやその他の情報テクノロジーの活用」(ハーグリーブス,2015:訳を一部改訳)等が重視される。

(2) 知識基盤社会を乗り越える「対抗者」としての役割

知識基盤社会は,新たな成長と繁栄を促進する一方で,人々に利潤や利益を絶え間なく追求させるため,加熱する消費主義,貧富の差の拡大,地域コミュニティの消滅といった脅威をもたらす。

ゆえに学校・教師には,知識基盤社会が人々の安全性,包摂,公的な生活にもたらす脅威を乗り越える「対抗者」としての役割も求められる。すなわち,子どもたちに対して,社会関係資本を培い,他者への思いやりや地球市民としての自覚(民族やジェンダーの相違に寛容であること,多文化から学ぼうとする意思や本物の好奇心にあふれていること,社会的に排除された集団に対して責任を負うこと)を育てる役割が求められる。そのために,教師たちは,ケアリングを基調とした思いやりのある関係を子どもたち,保護者,地域住民と結んでいく。

(3) 知識基盤社会の「犠牲者」としての学校・教師

以上のように,知識基盤社会において学校・教師は「触媒者」と「対抗者」としての役割を果たすことが求められる。

しかしながら,小さな国家を求める知識基盤社会は,競争がサービスの質と水準を高める最善の手段だと考える市場原理主義と標準化政策に従って,公教育のコスト削減や規模縮小,カリキュラムや学習内容,教育方法,試験などの標準化を進める。さらに,標準化されたパフォーマンスを重視するマイクロマネジメント(不要なほどの細かい経営管理)を推進する。これは教職の脱専門職化に向かう道である。その中で教師たちは,「触媒者」や「対抗者」としての役割を果たすことができず,学び考える時間の喪失,やる気の喪失,多忙感,ストレスやバーンアウト,教職の魅力の消失といった「犠牲者」となる。

3. 「専門職の学び合うコミュニティ」としての学校

それでは学校・教師が，「犠牲者」となっていく脱専門職化への道を乗り越えて，「触媒者」と「対抗者」としての役割を果たしうる道はどのようなものか。ハーグリーブスによれば，「専門職の学び合うコミュニティ（Professional Learning Community）」としての学校を構築していくことが，知識基盤社会における学校・教師の目指すべき未来のシナリオである。

「専門職の学び合うコミュニティ」としての学校とは，教師一人ひとりが個別に既存の知識を獲得して実践に適用するのではなく，コミュニティメンバー同士が協働して学び合い新たな知識を創造することにより，教えと学び，ケアリングの改善を絶えず進める学校である。「専門職の学び合うコミュニティ」としての学校では，教えと学び，ケアリングの改善のために，教師の経験や直感のみに頼るのではなく，データやエビデンスを活用することを重視する。また，互いに敬意をはらいながらも，メンバー間の意見の相違や対立を改善の基礎と捉え，時に活発な反対意見を交わすことも重視する。このように，教師は「成熟した専門職」であることが求められる。

参考文献

アンディ・ハーグリーブス（2012）「教職の専門性と教員研修の四類型」ヒュー・ローダーほか編（苅谷剛彦ほか編訳）『グローバル化・社会変動と教育2　文化と不平等の教育社会学』東京大学出版会，pp.191-218。

アンディ・ハーグリーブス（木村優ほか監訳）（2015）『知識社会の学校と教師　不安定な時代における教育』金子書房。

木村元（2015）『学校の戦後史』岩波書店。

ピーター・センゲ他（リヒテルズ直子訳）（2014）『学習する学校　子ども・教員・親・地域で未来の学びを創造する』英治出版。

藤田英典（2015）「教師・教職の現在と教師研究の課題」『日本教師教育学会年報』24巻，pp.8-19。

（山本　遼）

Q4　教師の実践的指導力について説明しなさい

1.「実践的指導力」とは

　「実践的指導力」とは，明確な定義は存在しないが，学校現場において教科指導や生徒指導等の職務や諸課題に対応し解決を図ることができる，教員として最低限必要な資質能力を指す。

　「実践的指導力」は近年の教師教育改革の中心概念である。「実践的指導力」の育成をめざした教師教育改革は，学校現場が直面する諸課題に対応できない「大学における教員養成」のあり方を批判しながら，「『現場主義』への傾斜」と「『実践的指導力』を明示化する規準・基準の設定」という2つの方向性を持って展開している。この2つの方向性は，教員養成を担当する大学の質保証の問題として，相互に強く関連して進展している（油布，2013）。

2.「実践的指導力」の育成をめざす教師教育政策の展開

（1）教育課題に対応するための実践的指導力

　「実践的指導力」という言葉が初めて用いられたのは，1983年の教育職員養成審議会「教員の養成及び免許制度の改善について」の答申においてである。1970年代後半からの非行，いじめ，校内暴力などの教育荒廃問題への対応と克服のために，「実践的指導力や使命感を身につけさせることを主眼として」，各免許状や免許基準の引き上げ，免許状の種類（特修・標準・初級）の改善や教育実習の実施方法の改善が提言された。

　1986年の臨時教育審議会第二次答申では，大学等での養成段階において「幅広い人間性，教科・教職に必要とされる基礎的・理論的内容と採用後必要とされる実践的指導力の基礎の習得に重点を置き，採用後の研修においては，それらの上に立ってさらに実践的指導力」と使命感を養うとともに，幅広い知見を得させるために採用後1年間の初任者研修制度を導入する方向性が示された。同答申の内容は教育職員養成審議会答申「教員の資質能力の向

上方策等について」（1987年）において，教員は「教育者としての使命感，人間の成長・発達についての深い理解，（中略）これらを基盤とした実践的指導力が必要である。このような教員としての資質能力は，養成・採用・現職研修の各段階を通じて形成されていくものであ」るとして，教員免許状の種類の改善，免許基準の改善，初任者研修制度の創設を含めた現職研修の改善が提起された。1988年に初任者研修制度が法制化され，教育職員免許法も改正されて，教職課程の最低履修単位数が引き上げられた。

（2）時代の変化に対応するための実践的指導力

　1996年の中央教育審議会答申「21世紀を展望した我が国の教育の在り方について」では，「生きる力」を鍵概念として，子どもたちが自ら学び・考える教育への転換をめざすことを提言した。その実現に向けて，教師の資質能力の向上，とくに教科指導，生徒指導，学級経営等の実践的指導力の育成が重視された。それを受けて，1997年の教育職員養成審議会答申「新たな時代に向けた教員養成の改善方策について」では，「いつの時代も教員に求められる資質能力」（教育者としての使命感，人間の成長・発達についての深い理解，幼児・児童・生徒に対する教育的愛情，教科等に関する専門的知識，広く豊かな教養）と「今後特に教員に求められる資質能力」（地球的視野に立って行動するための資質能力，変化の時代を生きる社会人に求められる資質能力，教員の職務から必然的に求められる資質能力）が提示された。「実践的指導力」は，「いつの時代も教員に求められる資質能力」であり，その5つの資質能力に基づくものとして位置づけられた。

（3）「教職実践演習」「教職大学院」「免許更新制」の導入

　中央教育審議会答申「今後の教員養成・免許状の在り方について」（2006年）では，大学の教員養成（教職課程）の課題として，学生に身に付けさせるべき最小限必要な資質能力についての理解が十分ではないこと，そして，次の理由によって実践的指導力の育成が十分でないことが指摘された。

　　・大学の教員の研究領域の専門性に偏した授業が多く，学校現場が抱える課題に必ずしも十分対応していない。
　　・指導方法が講義中心で，演習や実験，実習等が十分ではない。

・教職経験者が授業に当たっている例が少ない。

　これらの課題を克服し，社会状況や学校教育が抱える課題，子どもの変化等に対応して，教員として最低限必要な資質能力を確実に保証するために，「教職実践演習」の新設・必修化，教職大学院の創設，免許更新講習制の導入という3つの方策が提案され，2008年に制度的に導入された。

　教職実践演習は，教職課程の履修を通して「使命感や責任感，教育的愛情等を持って，教科指導，生徒指導等を実践できる資質能力」を最終的に形成し確認するための科目である。授業方法では，ロールプレーイング，実技指導，学校や教育委員会等との協力による実務実習や事例研究，フィールドワーク，模擬授業等を積極的に取り入れることが求められている。

　また，教員養成に特化した専門職大学院である教職大学院は，実践的指導力を備えた新人教員の養成，現職教員を対象にしたスクールリーダー（中核的・指導的な役割を担う中堅教員）の養成を目的とする。新人教員もスクールリーダーも，学校現場で「即戦力」となるような力をつけることが重視されている。そのために，教職大学院は次の特徴を有している（平，2015）。

　　　・研究中心ではなく，事例研究や現地調査（フィールドワーク）等の実践的な教育方法を積極的に導入し，理論と実践の往還をめざした教育を行うこと
　　　・実践的な教育を行うという観点から，研究者教員だけでなく，実務家教員を4割以上配備すること
　　　・修了要件として，研究指導や修士論文を課さず，代わりに10単位以上（400時間以上）の実習を課すこと
　　　・教育委員会等のデマンドサイドとの連携の重視

（4）教員育成指標と教職コアカリキュラムの導入

　中央教育審議会答申「これからの学校教育を担う教員の資質能力の向上について」（2015年）では，「実践的指導力」を明示化する規準・基準の設定の方向性が強く打ち出された。その1つが「教員育成指標」である。この指標は，教職キャリア全体を俯瞰しつつ，教員がキャリアステージに応じて身に付けるべき資質や能力の明確化のため，各都道府県等の教育委員会が大学等

と協働して策定するよう義務づけられた。さらに，この答申を受けて，2019年度から，全国すべての大学の教職課程で共通的に修得すべき資質能力を示す「教職課程コアカリキュラム」が導入された。コアカリキュラムは，教職課程の各事項について，学生が修得する資質能力を「全体目標」「一般目標」「到達目標」として表している。これは学校現場で必要とされる知識や技能を養成段階で獲得できるよう，実践的指導力の育成を重視し，教員に必要な資質能力を確実に身に付けさせることをねらったものである。

3．今後の「実践的指導力」をめぐる課題

　以上の教師教育改革において，学校現場で現在生じている諸課題に対応できる力，学校現場ですぐに役立つ知識・技術を「実践的指導力」とみなし，学校現場での経験を過度に重視する「現場主義への傾斜」が生まれている。このことは，教師の教育実践における理論的側面の軽視を招いている。

　教師は，教育に関する様々な知識や理論に基づいて実践すると同時に，自らの実践を振り返り，その中から理論を（再）構築し，それを生かして次の実践に臨むことで成長する。つまり，理論と実践は往還的な関係にあり，理論を意識しない実践はその場限りのはい回る経験主義となり，変化や成長が見込まれない。ゆえに，教師の実践的指導力について，教師が自らの実践を振り返り省察する力，また，それによって得られた知識や理論を再び実践に還元していく力をいかに育成していくかに焦点を当てていく必要がある。

参考文献

平千枝（2015）「発展・拡充時代の教職大学院に期待されること　教員養成改革の動向を踏まえて」『SYNAPSE Vol.46』ジアース教育新社。

別惣淳二（2014）「第3章　これからの教師に求められる資質・能力」曽余田浩史編著『教師教育講座　第1巻　教職概論』協同出版。

油布佐和子（2013）「教師教育改革の課題：『実践的指導力』養成の予想される帰結と大学の役割（〈特集〉教師教育改革）」『教育学研究』80（4），pp.478-490。　　　　　　　　　　　　　　　（長沼正義）

Q5 これからの教師に求められる資質能力とは何か, 説明しなさい

1. いつの時代にも求められる資質能力

これからの教師に求められる資質能力には,「いつの時代にも求められる資質能力」と「これからの時代に求められる資質能力」がある。

教師に求められる資質能力を2つに分けたのは, 教育職員養成審議会「新たな時代に向けた教員養成の改善方策について (第一次答申)」(1997年7月) である。この答申は, 国際化・情報化の進展, 科学技術の発達, 少子・高齢化の進行, 環境問題の深刻化といった社会の変化の中で, 子どもたちに自ら学び考える力などの「生きる力」を育む教育を行うために,「いつの時代にも求められる資質能力」に加えて,「今後特に求められる資質能力」を提示した。

まず,「いつの時代にも求められる資質能力」として, 次の6つが挙げられている。

① 教育者としての使命感
② 人間の成長・発達についての深い理解
③ 幼児・児童・生徒に対する教育的愛情
④ 教科等に関する専門的知識
⑤ 広く豊かな教養
⑥ これらを基盤とした実践的指導力

これらの資質能力は, 教師として不易のものであり, これからの時代の教師にも引き続き求められるものである。

2. 今後特に求められる資質能力

次に同答申では,「今後特に求められる資質能力」として, 次の3つが挙げられている。

① 地球的視野に立って行動するための資質能力 (地球, 国家, 人間等に

関する適切な理解；豊かな人間性；国際社会で必要とされる基本的資質
能力）

② 変化の時代を生きる社会人に求められる資質能力（課題解決能力等に
関わるもの；人間関係に関わるもの；社会の変化に適応するための知識
及び技術）

③ 教員の職務から必然的に求められる資質能力（幼児・児童・生徒や教育
の在り方に関する適切な理解；教職に対する愛着，誇り，一体感；教科
指導，生徒指導等のための知識・技能及び態度）

これらの資質能力について，一人ひとりの教師が最低限必要な知識・技能
等を備えることは不可欠である。しかしながら，すべての教師がこれらの多
様な資質能力を一律・高度に身に付けることは現実的ではない。それゆえ，
本答申は，「得意分野を持つ個性豊かな教員」の必要性を強調している。そ
して，「多様な資質能力を持つ個性豊かな人材によって構成される教員集団
が連携・協働することにより，学校という組織全体として充実した教育活動
を展開すべき」という考え方に立つ。

3．変化の激しい時代に求められる資質能力

その後，約20年を経た今日，我が国の社会は，知識と情報が重要な価値
を持つ知識基盤社会の到来，情報通信技術の急速な発展，社会・経済のグ
ローバル化や少子高齢化の進展など，急激かつ大規模な変化に直面してい
る。こうした変化の激しい時代に求められる教師の資質能力は，その教師像
や役割などを踏まえると，以下の4つにまとめることができるだろう。

（1）「学びの専門家」としての資質能力

変化の激しい時代・社会において子どもたちにどのような資質・能力を育成
すべきか。「解き方があらかじめ定まった問題を効率的に解ける力」だけで
は不十分であり，現実の社会との関わりの中で「蓄積された知識を礎としな
がら，膨大な情報から何が重要かを主体的に判断し，自ら問いを立ててその
解決を目指し，他者と協働しながら新たな価値を生み出していく」資質・能
力が求められる（教育課程企画特別部会，2015）。

こうした資質・能力を子どもたちに育むためには，各教科等の指導に関する専門知識を備えた「教えの専門家」としての資質能力に加えて，「学びの専門家」としての資質能力が教師に求められる。具体的には，「教科等を超えたカリキュラム・マネジメント（教育目標を実現するため，教育課程を編成・実施・評価・改善していく営み）のために必要な力」，「主体的・対話的で深い学び（アクティブ・ラーニング）の視点から学習・指導方法を改善していくために必要な力」，学びの成果として「どのような力が身に付いたか」に関する「学習評価の改善に必要な力」などである（中央教育審議会，2015a）。

また近年，我が国の目指すべき未来社会として提言されたSociety 5.0に対応するための教師の資質能力が議論されている。Society 5.0とは，AI（人口知能）やビッグデータ，IoT（モノのインターネット接続）等の先端技術が高度化してあらゆる産業や社会生活に取り入れられた社会である。こうした社会において，教師には，「STEAM教育や，児童生徒がICTを道具として活用することを前提とした問題発見・解決的な学習活動等についての高い指導力」，「子供たち一人一人に合った個別最適化された学びの在り方を構想する力」（教員養成部会，2020）等が求められている。

（2）生徒指導や特別支援教育などの教育課題に対応できる資質能力

急激な少子高齢化やグローバル化などの社会の変化に伴い，核家族化やひとり親家庭の増加，価値観やライフスタイルの多様化，貧富の差の拡大，地域社会等のつながりの希薄化や地域住民の支え合いによるセーフティネット機能の低下など，家庭や地域社会が大きく変容している。それに伴い，生徒指導や特別支援教育に関する課題が複雑化・多様化している。また，我が国の子どもの貧困状況は先進国の中でも厳しく，学校における対応が必要である（中央教育審議会，2015b）。それゆえ，これからの教師には，「いじめ・不登校などの生徒指導上の課題」，「貧困・児童虐待などの課題を抱えた家庭への対応」，「発達障害を含む特別な支援を必要とする児童生徒への対応」（中央教育審議会，2015a）等の教育課題に対応できる力が求められる。

（3）「学び続ける教師」としての資質能力

教職生活全体を通じて実践的指導力を高めるとともに，社会の急速な進展

の中で知識・技能の絶えざる刷新が必要であるため，教師自身が探究力を持ち学び続ける存在であるという「学び続ける教員像」の確立が目指されている。そのため，これからの教師には，「自律的に学ぶ姿勢を持ち，時代の変化や自らのキャリアステージに応じて求められる資質能力を生涯にわたって高めていくことのできる力」，「情報を適切に収集し，選択し，活用する能力」，「知識を有機的に結びつけ構造化する力」（中央教育審議会，2015a）など，「学び続ける教師」としての資質能力が求められる。

（4）チームとして組織的・協働的に教育課題を解決できる資質能力

　学校の抱える教育課題は複雑で多様であり，個々の教師が個別に対応することは困難である。そのため，これからの教師には，「『チーム学校』の考えのもと，多様な専門性を持つ人材と効果的に連携・分担し，組織的・協働的に諸課題の解決に取り組む力」（中央教育審議会，2015a）が求められる。つまり，協働的な課題解決やマネジメントといった学校づくりのチームの一員としての資質能力が求められる。

参考文献

牛渡淳（2016）「これからの時代の教師に求められる資質能力」『教育展望』62（2），pp.4-10。

中央教育審議会（2015年12月a）『これからの学校教育を担う教員の資質能力の向上について〜学び合い，高め合う教員育成コミュニティの構築に向けて〜（答申）』。

中央教育審議会（2015年12月b）『チームとしての学校の在り方と今後の改善方策について（答申）』。

中央教育審議会初等中等教育分科会教育課程部会教育課程企画特別部会（2015年8月）『論点整理』。

中央教育審議会初等中等教育分科会教員養成部会（2020年1月）『Society 5.0時代に対応した教員養成を先導する教員養成フラッグシップ大学の在り方について（最終報告）』。

（山本　遼）

第**10**章

教員の職務内容

‖Q1 教諭の職務内容について説明しなさい

1.「教諭」とは

（1）「教員」という用語

「教育」あるいは「教える」という営みは，学校だけでなく，習い事や学習塾などでも行われる。そこで教えることに携わる人々は「先生」と呼ばれるが，世の中には「教師」や「教員」そして「教諭」という用語もある。「教師」という場合，学校の先生を指すことがほとんどだが，「家庭教師」という言葉があるように，必ずしも学校に限定されるわけではない。だが「教員」は，学校に関する法令（議会によって定められた法律や行政上の命令）の用語として明記されている。たとえば学校教育法第1条では「学校」が幼稚園，小学校，中学校，義務教育学校，高等学校，中等教育学校，特別支援学校，大学及び高等専門学校と定められ，第7条で学校には「校長及び相当数の教員」を置かなければならないとされている。

（2）職層・職名としての「教諭」

教育職員免許法では「教員」という用語が「教育職員」の略称として用いられているが，さらに同法第二条には主幹教諭，指導教諭，教諭，助教諭，養護教諭，養護助教諭，栄養教諭，主幹保育教諭，指導保育教諭，保育教諭，助保育教諭及び講師など，その具体的な職名が示されている。学校には校長，副校長，教頭，主幹教諭，教諭，その他の職が存在するが，「教諭」

は教員の職層・職階における 1 つの職名を表す語である。また，学校教育法第37条第11項には「児童生徒の教育をつかさどる」ことが教諭の職務として定められている。

2．教諭の職務内容

教諭の職務の中心が授業であることは多くの人に理解されているが，教諭は授業だけを行うわけではない。①教科等の学習指導はもちろん，②生徒指導，③学級経営，④生徒会・児童会活動の指導，⑤学校行事の指導，⑥キャリア教育と進路指導，⑦部活動の指導，⑧校務分掌，⑨保護者・地域連携など，幅広い職務を担っている。これらのうち，①～⑦は子どもと直接的に関わる職務である。⑧と⑨は子どもと直接関わらないものの，教育をつかさどる職務に付随する重要な業務である。

（1）職務の中心となる学習指導

①教科等の授業を中心とする学習指導は，教諭にとって最も重要な職務であり，授業のための指導計画作成や教材研究・授業研究，学習評価などから成り立っている。授業において何をどのように教えるかは，一から自由に決められるわけではない。教科等の目標と内容，時間数は，子どもの一般的な発達過程はもとより，時代や社会状況の変化を踏まえて改訂される学習指導要領と関係法令によって定められている。これらに基づきながらも，各学校や児童生徒の特性に応じて，よりよい授業を実現することが教諭の職務の中心である。授業の質は児童生徒の学習成果を直接左右するため，他の教員と協力した継続的な授業改善が欠かせない。

（2）授業以外の指導に関する職務

学校では，学校生活全体を通じて子どもの個性伸長や社会的資質の向上が目指される。授業以外の様々な経験が子どもの学びになる点では，学習指導のみならず②生徒指導も職務の重要な柱となる。たとえば，学級における給食や清掃の時間も，教諭にとっては決して休憩ではなく指導を伴う職務である。これらは③学級経営と深く関わっており，④生徒会・児童会活動，⑤学校行事と共に，学習指導要領における「特別活動」を構成している。また社

会の形成・維持・発展を担う国民の育成を担う学校教育において，子どもたちの主体的な将来設計に関わる⑥キャリア教育と進路指導についてもその重要性が高まっている。進路はより広い意味での子どもの生き方やキャリアと密接に関わっており，教諭は進路選択の方法に関する指導や相談も行う。

（3）課外活動としての部活動

主に中学校・高等学校で行われる⑦部活動の指導は，必ずしもすべての教員と子どもたちが対象ではないが，実態として多くの教諭が関わっている。同好の生徒がスポーツ・文化活動に励む意義は広く認められており，近年では，教育課程との関連や学校外との連携が目指されている。一方，学習指導要領や関係法令において，その目標や内容が示されているわけではなく，職務としての明確な位置づけがなされていない点が問題となっている。

（4）学校運営に関わる職務

子どもと直接関わる職務に比して，⑧校務分掌および⑨保護者・地域との連携は，児童生徒の目には触れにくい所で行われている。

校長と複数の教員が働く学校は，協働しながら共通の目的を達成する組織として，役割分担をしながら運営されている。たとえば，子どもたちの指導に関係するものとして教務部や生徒指導部，進路指導部などの校務分掌がある。よりよい教育活動を実現するために，学校全体や教科部会ごとに行われる学習指導に関する研究や研修を行う分掌もある。

また，学校における教育活動は，子どもたちが育つ家庭や地域と無関係に行われるわけではない。学習指導と生徒指導を中心とする教諭の職務全般が，常に地域の実情や特色に応じて進められる必要がある。そのため，保護者・地域との関係づくりや情報共有も欠かすことのできない教諭の職務である。

3．教諭の職務をめぐる課題

（1）チームの一員としての職務遂行

学習指導と生徒指導を柱とする教諭の職務は，時代や社会の状況によって大きく変化する。近年では，特別の教科である「道徳」や小学校における外国語活動および外国語の導入が進められたが，これらへの対応は教諭が個々

別々に進めればよいわけではなく，学校が一丸となって進めていかなければ
ならない。今後の学習指導や生徒指導に関わる変化を見据えると，教諭が
チームや組織の一員として職務にたずさわることが必須であり，学級間，学
年間，教科間で連携・協働して教育課題に対応していくことが必要になって
いる。

（2）職務の範囲の無限定性と曖昧さ

教諭の職務は「教育をつかさどる」と法的に定められているものの，その
内容を示す規定は存在しない。そのため，学習指導と生徒指導を中心にしな
がらも，学校の教育に関わる膨大な活動が無限定に教諭の職務になり得てし
まう。このことによって，教員の多忙化が引き起こされ，職務全体の質の低
下や身体的・精神的・時間的な負担が増大していることが問題視されている。
特に，前述した部活動などは職務としての曖昧さが問題となっており，学校
現場でも争点になっている。

教諭の職務の曖昧さと多忙の問題が生じる中で，「チームとしての学校」
を実現するため，保護者・地域住民による学校づくりへの参加や教員以外の
専門性をもった人材の参画が進んでいる。上述したように，無限定性や曖昧
さは教諭の職務の特質であると同時に，児童生徒の生活全体を視野に入れた
教育・指導の基盤になっている側面もある。そのことを踏まえたうえで，今
後どのように教諭の職務を捉え直し，整理していくかが大きな課題になって
いる。

参考文献

秋田喜代美，キャサリン・ルイス（2008）『授業の研究 教師の学習 —— レッ
　　　スンスタディへのいざない』明石書店。

小島弘道・北神正行・水本徳明・平井貴美代・安藤知子（2016）『改訂版　教
　　　師の条件 —— 授業と学校をつくる力』学文社。

佐藤博志・朝倉雅史・内山絵美子・阿部雅子（2019）『ホワイト部活動のすす
　　　め —— 部活動改革で学校を変える』教育開発研究所。

（朝倉雅史）

Q2　校務分掌とは何か，説明しなさい

1．校務とは何か

　まず，学校の管理・運営に関する基本的な権限関係について整理しておく。日本における学校の管理・運営の権限は，「学校の設置者は，その設置する学校を管理し，法令に特別の定のある場合を除いては，その学校の経費を負担する。」（学校教育法第5条）という規定に基づき，教育基本法第6条第1項に定める学校の設置者（国，地方公共団体，法律に定める学校法人）に委ねられている。これを設置者管理の原則という。公立学校を例にとると，その管理権限は教育委員会にある。しかしながら，教育委員会が各学校における日常的な業務の一切について関与することは現実的でない。そのため，各教育委員会は教育委員会規則（学校管理規則）を制定し，学校における日常的な管理・運営に関わる事務を，必要かつ法的に可能な範囲において，各校長に委任している。学校教育法第37条第4項が「校長は，校務をつかさどり，所属職員を監督する。」と定めるように，校長は学校運営に関する一切の事務事項，つまり「校務」を担当・管理する職務に従事している。

　「校務」の内容やその範囲については様々な解釈が存在するが，おおよそ次のような事項が含まれると考えてよい。①教育課程に基づく学習指導など教育活動に関するもの，②学校の施設・設備や教材教具の管理に関するもの，③児童生徒に関するもの，④教職員の人事に関するもの，⑤文書作成処理や人事管理事務，会計事務など学校の内部事務に関するもの，⑥教育委員会などの行政機関やPTA，社会教育団体など外部の関係機関との連絡・調整に関するもの，である。これらは，時に"雑務"としてイメージされがちだが，現実には，学校の教育活動を支える必要な業務なのである。

2．校務分掌の考え方

　膨大な広がりを持つ校務について，各学校では校長による職務命令の下，

所属する教職員が分担しながらその処理にあたっている。このように，個々
の教職員に校務を分担させることを「校務分掌」という。校務をつかさどる
ことは校長の職務であるため，各教職員に分担させる校務の決定と分掌され
た校務に関する最終的な責任は，校長が持つ。また，校務分掌は職務命令と
して行われるため，教職員はその命令に従う義務が発生する（法令等および
上司の職務上の命令に従う義務。地方公務員法第32条）。なお，学級担任や
教科担当，部活動顧問等も校務分掌に含まれる。

　さて，校務分掌は「小学校においては，調和のとれた学校運営が行われる
ためにふさわしい校務分掌の仕組みを整えるものとする」（学校教育法施行
規則第43条）と法的に規定されている。「校務分掌の仕組みを整える」とは，
「学校において全教職員の校務を分担する組織を有機的に編成し，その組織
が有機的に作用するように整備すること」（1976（昭和51）年1月13日　文部
次官通達）を意味する。ここから校務分掌は，単に膨大な業務を多くの教職
員が関わることで処理するというだけでなく，教職員一人ひとりの専門性や
個性を適切に組み合わせながら，学校を創造的かつ組織的に動かす学校運営
の知恵あるいは組織マネジメントの手段と位置づけることが重要である。

　各種の統計調査が明らかにしてきたように，現在の学校は従前に増して対
応しなければならない仕事を多く抱えており，すでに個人の力量だけで処理
することには限界がきている。各学校の現状と対応すべき教育課題にあわせ
た校務分掌の仕組みの重要性はますます高まっている。

3．校務分掌の体制

　各学校では，校内の分掌体制を示した，いわゆる「校務分掌組織図」が作
成される。その内容構成については，当然ながら学校ごとの違いが存在する
が，学校運営において重要な役割を果たすという理由から，どの学校にも共
通に置かれている分掌組織がある。各種の主任・主事の下に置かれた「○○
部」（例えば，教務主任の下に置く教務部，学年主任の下に置く学年会など）
や，全教職員が参加する職員会議，学校管理職と教務主任や学年主任らを構
成員にする運営委員会や企画会，さらに各種の委員会などである。

校内の分掌組織を動かしていく上で特に中心的な役割を担っているのが，いわゆる「省令主任」である。省令主任とは，学校教育法施行規則において規定された主任等を指す。主任の制度化は1975（昭和50）年の同規則改正によって実現された。小学校の場合は教務主任・学年主任・保健主事を，中学校の場合は，上記に加えて，生徒指導主事と進路指導主事を置くものと定められている。また必要に応じて，同法が規定する以外の主任等を置くことが可能で，一般的に，研究主任や研修主任，教科主任などが置かれている。

　主任に期待される役割は，「それぞれの職務に係る事項について教職員間の連絡調整及び関係教職員に対する指導・助言にあたるもの」（前出の事務次官通達）であり，管理的な役割ではない。実際，彼らの職階は教諭であり，月額給料を定めた俸給表（給料表）の級は変わらず手当が支払われる。教諭をもって充てる職という意味から，「充て主任」や「充て職」と呼ぶ。

　2007（平成19）年の学校教育法の一部改正に伴い，副校長・主幹教諭・指導教諭という，「新たな職」あるいは「新しい職」と呼ばれる，これまでにない職階が設けられた。その意図は，「校長のリーダーシップの下，組織的・機能的な学校運営が行われるよう，学校の組織運営体制や指導体制の充実を図るため」（「学校教育法等の一部を改正する法律について（通知）」2007年7月31日）である。しかし，主幹教諭や指導教諭に期待される役割の中には，これまで主任等が実務の中で担ってきた業務内容と重複する部分も見られる。主幹教諭や指導教諭が配置された学校では，彼らと従来の主任等との役割の区別がなかなか意識されず，配置と運用の両面で十分に制度意図が浸透しているとは言えない状況にあることも報告されている。主幹教諭が各種主任の役割を兼ねることは可能だが，それでは業務負担の偏りが生じてしまい，むしろ円滑な学校運営やミドルリーダーとしてのリーダーシップの発揮に課題が生じる懸念もある。各職員の力量や期待される役割とともに，職員間の業務負担の量と質に配慮した校務分掌体制の構築が重要である。

4.「働き方改革」時代の校務分掌の在り方

　文部科学省が実施した「教員勤務実態調査（平成28年度）」やOECD（経

済協力開発機構）による「国際教員指導環境調査（TALIS）」の結果等を通じて，学校における働き方改革の推進は喫緊の政策課題となっている。かかる結果を受け，中央教育審議会は2019（平成31）年1月に「新しい時代の教育に向けた持続可能な学校指導・運営体制の構築のための学校における働き方改革に関する総合的な方策について（答申）」を公表した。同答申では，勤務時間管理の徹底や学校や教師が担う業務の明確化・適正化などとともに，学校の組織運営体制の在り方について言及している。その要点は，主幹教諭や指導教諭等のミドルリーダーがリーダーシップを発揮できる組織運営，ミドルリーダーが若手を支援・指導できる環境整備，事務職員による学校事務の適正化等である。これらはまさに，校内において教職員間でどのように仕事を分担するかという，校務分掌の見直しに関わる提言に他ならない。

　折しも，2017（平成29）年の学校教育法の一部改正により，事務職員の職務規定が「事務をつかさどる」（以前は，「事務に従事する」）に改められている。また，「チーム学校」という方針の下，スクールカウンセラーやスクールソーシャルワーカーといった他専門職も含めた学校組織づくりも目指されている。教員だけでなく，学校における教育活動を支える多くの専門職の知と技を最大限に発揮できるような，校務分掌の在り方が問われている。

参考文献

大野裕己（2013）「学校管理と教育法」篠原清昭編著『教育のための法学 ── 子ども・親の権利を守る教育法』ミネルヴァ書房，pp.60-78。

曽余田浩史（2011）「教師の仕事（三）校務分掌と組織マネジメント」曽余田浩史・岡東壽隆編著『補訂版　新・ティーチング・プロフェッション ── 教師を目指す人のための教職入門』明治図書出版，pp.95-108。

中央教育審議会（2019）『新しい時代の教育に向けた持続可能な学校指導・運営体制の構築のための学校における働き方改革に関する総合的な方策について（答申）』。

（照屋翔大）

Q3 我が国の教員の勤務実態とその課題について説明しなさい

1. 教員の勤務実態

(1) 国際調査による教員の勤務実態

2014（平成26）年，OECD（経済協力開発機構）による第2回国際教員指導環境調査（TALIS2013：Teaching and Learning International Survey）では，日本の教員の仕事時間の合計は1週当たり53.9時間であり，参加国平均38.3時間と比べて著しく長いことが明らかとなった。その内訳を見ると，教員の本務といえる「授業」そのものにかける時間は17.7時間であり，参加国平均19.3時間よりも下回っていた。「授業の計画・準備」の時間は8.7時間であり，参加国平均7.1時間である。これらを合わせて考えると，授業やその準備にかけている時間は，日本も参加国平均も合計26.4時間であり，これらについては他国と比べてもあまり変わりがないことがわかる。

では，仕事時間の合計の違いはどこにあるのか。それは，特に「課外活動（スポーツ・文化）」（日本7.7時間，参加国平均2.1時間）と「一般的事務業務」（日本5.5時間，参加国平均2.9時間）において顕著であった。つまり，これらが教員の仕事時間の合計を押し上げている主要因であり，他にも「同僚との共同作業や話し合い」や「学校運営業務への参画」において日本は参加国平均を上回る結果となっていた。

このように我が国の教員の勤務実態については，こうした国際的な比較調査によってその特徴と課題が明らかとなったのであり，そのインパクトは非常に大きなものであったといえる。そしてこれらの結果はその後の「チーム学校」や「学校の働き方改革」の議論に大きな影響を与えたのである。

(2) 教員の勤務時間

こうした教員の長時間勤務の問題は，実はかなり昔から問題視されてきたものでもある。しかし，特に近年では「働き方改革」による解決すべき課題

として，社会・経済のあらゆる領域・業界における共通の課題として取り上げられていることに着目する必要がある。さらに教員をめぐっては，特にいわゆる「ブラック部活」といった表現で話題とされているように，長時間勤務の原因となっている部活動の在り方の見直しが重要といえる。いずれにしても，直接的には超過する勤務時間を改善することが喫緊の課題である。

　一般に，1日の労働時間は大まかに8時間と認識されている。だが，正確には，例えば公立学校教員の1日当たりの正規の勤務時間は，通常，7時間45分であり，その場合，それとは別に休憩時間が45分である。よって，例えば始業時刻を8時15分とした場合，終業時刻は16時45分となり，そのなかで45分の休憩時間，つまり例えば12時15分から13時として確保することが必要である。また公立学校教員であれば，あらかじめ教員の業務の特殊性を想定した教職調整手当が加算されている制度があり，時間外勤務，つまり残業があってもその時間を計って手当が支払われることはない。土曜日や日曜日に出勤して部活動の指導を行った場合など，部活動手当が支払われる場合もあるが，これらは全体としての勤務時間の長短とは関係がないのが一般的である。

　文部科学省による教員勤務実態調査（2016〔平成28〕年度，速報値）によれば，2016年度調査の数値で小学校・教諭11時間15分，中学校・教諭11時間32分となっており，2006（平成18）年度調査では，それぞれ，10時間32分，11時間となっている。つまり，そもそもの正規の勤務時間を大きく上回るだけでなく，実態としての勤務時間は近年でもむしろ増加しており，よって教員の負担状況はさらに深刻化しているといえるのである。

　こうした勤務時間から見た負担の増加の状況は，校長，副校長・教頭，講師，養護教諭のいずれの職についても同様の増加傾向が指摘できる。なかでも，もっとも負担増が懸念される副校長・教頭については，2016年度調査の数値で小学校12時間12分，中学校12時間6分となっている。端的にいえば，教員の勤務実態は，2006年度より，2016年度の方がさらに状況は悪化していることが調査によって明らかとなったのである。

２．長時間勤務の改善課題

（１）教員の勤務時間と業務内容の関係

　なぜ学校の教員の勤務時間は長いのか。端的には教員の抱えている仕事が多いことがその理由といえる。学校・教員が保護者への対応を丁寧に行ってきたり，地域の期待に応えてきたりした結果でもある。だが，先の国際調査の結果や昨今の働き方改革のニュース報道もあり，こうした教員の多忙化の状況は，今日，かなり一般にも知られるところとなってきた。だが，ではなぜ長時間勤務をすぐに改善することができないのか。確かに教員自身の意識を改め，改善の課題もあるが，それ以上に今日，児童生徒をめぐって教育課題そのものが増加していることが指摘できる。

　前出の教員勤務実態調査における「教諭の１日当たりの学内勤務時間の内訳（平日）（時間：分）」によれば，教諭の平日の勤務時間について，業務内容別に2016年度と2006年度を比較すると，調査を行った21の業務項目において，どれかの業務が目立って突出して増加しているというよりは，多くの業務が同水準ないし少しずつ増加することによって，総時間数を押し上げていることがわかる。むしろ，例えば「学校行事」は小学校で３分減，中学校で26分減，「会議・打合わせ」は小学校で７分減，中学校で４分減となっており，すぐに講じられる手立てについてはかなり取り組んでいる面もある。それにもかかわらず，教員の業務はトータルで増加している。

　より細かく見れば，以下の点を指摘できる。特に小学校では「授業」（＋27分），「学年・学級経営」（＋10分），中学校では「授業」（＋15分），「授業準備」（＋15分），「成績処理」（＋13分），「学年・学級経営」（＋11分）の時間が増加している。このなかで「授業」や「授業準備」に関する負担は，新学習指導要領が示され，新たな課題への取り組みのため時間が増加したか，あるいはこの間，若手教員の割合が増加したことで授業の準備時間が増加したか，これらは推測の域ではあるがある程度，指摘が可能と思われる。だが，いずれにしても教員の本業たる授業や指導に求められる業務負担が質・量ともに重く，そして増加していることが考えられる。

（2）業務改善の推進

　こうして詳細を追っていくと，教員の勤務時間が長いからといって，決められた勤務時間で区切って終業時間とし，単純に教員の勤務時間を短くすることができるというわけではないことがわかる。また，前出調査の数値は，「学内」における勤務時間を示したものであり，教員はいわゆる「持ち帰り仕事」も少なくない。教員自身も長時間勤務について問題意識を有している者は多いといえる。しかし，Society 5.0や AI という新しい潮流も合わせて，社会一般からの，そして何よりも目の前の子どもたち，そしてその保護者や地域からの教育への期待は年々いっそう高まっている。このジレンマに苦しんでいるといえる。

　1つの解決の方向性は「チーム学校」の考え方のもと，ICT なども活用しながら学校における業務の在り方を見直し，同時に必要とされる職員・専門スタッフの配置を進めていくことである。2015（平成27）年12月に出された中央教育審議会「チームとしての学校の在り方と今後の改善方策について（答申）」では同年7月に出された「学校現場における業務改善のためのガイドライン」を活用することや，学校が適正な勤務時間管理に努め，校務の改善を進めることができるように教育委員会が支援することが求められることを指摘している。またスクールカウンセラーやスクールソーシャルワーカー，部活動指導員などの職員の配置も進められている。さらに「運動部活動の在り方に関する総合的なガイドライン」（2018〔平成30〕年3月）も示されている。いずれにしても教員の長時間勤務の改善は，学校の教職員全員がこれを意識し，取り組む必要のある課題といえる。

参考文献

内田良（2017）『ブラック部活動――子どもと先生の苦しみに向き合う』東洋館出版社。

新保元康（2019）『学校現場で今すぐできる「働き方改革」 目からウロコの ICT 活用術』明治図書出版。

（加藤崇英）

Q4 「教育公務員」の職務と責任の特殊性について 説明しなさい

1. 教育公務員に対する特例と職務の特殊性

　学校教員の中でも，公立学校に勤める教員は,「教育公務員」として職務をつかさどる。公務員という身分について地位や報酬の安定をイメージする人は少なくないが，教育公務員もまた公務員としての身分を有する。公務員とは，日本国憲法第15条において「すべて公務員は，全体の奉仕者であつて，一部の奉仕者ではない」と定められた公の性質をもつ職である。ただし，教育公務員の職務内容や勤務や待遇は，一般公務員のそれとは異なる点が多い。

（1）地方公務員としての公立学校教員

　教育基本法第6条において，国，地方公共団体及び法律に定める法人のみが学校の設置を認められており，学校設置者の違いによって勤務する教員の身分も異なる。すなわち国立学校であれば国立大学法人職員，私立学校であれば学校法人職員，そして公立学校の教員であれば地方公務員となる。つまり公立学校に勤務する教員は，なお地方公務員法によって規定された「地方公務員」としての身分を有している。地方公務員法第30条は「すべて職員は，全体の奉仕者として公共の利益のために勤務し，且つ，職務の遂行に当つては，全力を挙げてこれに専念しなければならない」と定めている。

（2）教育公務員にのみ適用される特殊な法律

　公立学校の教員は，地方公務員法の適用を受けるだけでなく，教育公務員特例法の適用を受ける。教育公務員特例法では「この法律は，教育を通じて国民全体に奉仕する教育公務員の職務とその責任の特殊性に基づき，教育公務員の任免，人事評価，給与，分限，懲戒，服務及び研修等について規定する」（第1条）と定められている。これら2つの法律は一般法と特別法の関係になっており，後者が前者よりも優先される基本原則がある。教育公務員

としての教員に対する特例は，その他の各種法令においても存在する。

（3）創造性と自律性に基づく職務と責任の特殊性

　このような特例が存在する理由や根拠が，教育公務員としての職務と責任の特殊性である。

　教育の対象となる子どもたちの個性や能力，適性は非常に多様である。教員は，その子どもたちの多様性を成長・発達の可能性として受けとめ，自立・自律した人間として，そして次世代を担う市民・国民として育成することを使命とする。ただし，その使命実現のための唯一最善の方法が存在するわけではない。ゆえに教員は，教育すべき内容に関する体系的な理解と専門的な知識・技術をもとに，目の前の子どもたちにとって最もふさわしい指導を自ら創り出さなければならない。そのために高度で自律的な判断と責任が要求されることから，教員には職務上の自由と裁量が不可欠である。また，専門的で高度な職務を遂行する資質能力を向上させるために，教員は自ら絶えず研修（研究と修養）に励まなければならない。

　このように，教員に求められる創造性と自律性が，教員の職務と責任の特殊性を裏付けているのである。

2．勤務態様の特殊性とその処遇

　教育公務員の職務の特殊性は，職務の内容や方法だけでなく，その職務に従事する際の勤務のあり様にも表れる。このことが，教員の勤務態様の特殊性とその処遇に関する法令によって定められており，実際の働き方や勤務時間や給与の在り方を左右するとともに，いくつかの問題を生じさせている。

（1）勤務時間管理の難しさに関わる措置

　教員の職務は，高度かつ複雑であると同時に，その範囲も不明確な点に特殊性がある。そのため，誰が，何を，どのように，いつ行うかを明確に定めることが難しく，一般的な職務のような勤務時間管理はなじまない。このことに関連して定められている法律が「公立の義務教育諸学校等の教育職員の給与等に関する特別措置法」（給特法）である。同法第3条では「教職調整額」という特別な措置によって，給料月額の4％が全教員に一律に支給されると

ともに，時間外勤務手当及び休日勤務手当が支給されないことが規定されている。たとえば学校外の教育活動や自主的な研修活動を踏まえると，勤務時間内外を区別して労働時間を測定することはできない。そこで，超過勤務時間相当分として調整額を算定して支給する措置が講じられているのである。

（2）超過勤務に関わる問題

上述の給特法により，原則として教員が時間外勤務を行うことはなく，所定の勤務時間を超えて職務を命じる場合は，以下の4項目に限定されることが政令によって定められている。すなわち，(1) 生徒の実習，(2) 学校行事，(3) 教職員会議，(4) 非常災害の場合，児童又は生徒の指導に関し緊急の措置を必要とする場合その他やむを得ない場合に必要な業務である。これらは，いわゆる「超勤4項目」と呼ばれ，教員の職務のうち臨時又は緊急のやむを得ない必要があるときに限るものとされている。

しかし，実際の教員の働き方は，部活動や自己研修など，超勤4項目以外の職務が多くを占めている。さらに，給特法における4％の教職調整額は教育公務員の職務を特徴付ける一方で，実際の労働時間に見合っているのか，また，教職調整額が社会問題化する教員の多忙化を助長しているのではないかという点が，教員の働き方に関する問題として指摘されている。

3．採用と研修の特殊性

教育公務員は，一般公務員とは異なる職務を担うため，採用と研修においても特殊性がある。これらはいずれも，一般公務員に比して教育公務員の責任の大きさを表すものとなっている。

（1）教育公務員の採用

地方公務員法によって定められた一般公務員の採用は，特定の基準に基づく競争によって一定数の採用者を選抜する「競争試験」によることが原則になっている。これに対して教育公務員の場合は，その採用及び昇任が「選考」によって行われることが教育公務員特例法に明記されている。「選考」とは，学力，経験，人物，身体等を一定の基準に基づいて審査し，職務遂行能力の有無を判定する方法である。教員の採用がこのように実施されるの

は，免許制度がとられており，制度上，高等教育機関における教員養成課程を経て一定の資質能力や専門的な知識・技能を身に付けていることが前提となっているからである。そのため競争的な試験によって能力を測るよりも，面接や人物像を総合的に判定する方法が重視される傾向にある。

（2）長期の条件付採用と初任者研修

一般的に公務員の採用は全て条件付となっており，一定期間勤務した後，その間の職務を良好な成績で遂行することで正式に採用される。この条件付採用期間が一般公務員は原則6カ月であるのに対して，教育公務員は1年とされており，さらに条件付採用期間に初任者研修を実施することが義務付けられている。先輩やベテランの教員が「指導教員」となり，初任者は教科や科目を担当しながら研修に参加する。教員は免許状制度に基づく長期の養成期間を経ることによって，一定の資質能力や専門性が身に付いていることが前提とされているにもかかわらず，一般公務員よりも長い条件付採用期間が設けられ研修が実施される点には，教育公務員の職務の特殊性と共に採用する側とされる側双方にとっての責任の大きさが表されている。

（3）研修機会の確保に関する特殊性

一般公務員と教育公務員との間には研修の位置付けにも違いがある。まず，地方公務員法では，職員の勤務能率の発揮および増進のために，その機会が与えられなければならないとされ，一般公務員のための研修機会確保が定められている。これに対して教育公務員特例法第21条では，「その職責を遂行するために絶えず研究と修養に努めなければならない」「教育公務員の任命権者は，教育公務員の研修について，それに要する施設，研修を奨励するための方途その他研修に関する計画を樹立し，その実施に努めなければならない」とされている。このように，教育公務員は自ら資質能力を向上させるため，より自主的・自律的に研修に努めなければならないことが強調されている。この点からも，その特殊性が見て取れる。

参考文献

小島弘道・北神正行・水本徳明・平井貴美代・安藤知子（2016）『改訂版　教師の条件——授業と学校をつくる力』学文社。　　　　　　（朝倉雅史）

Q5　教員の服務について説明しなさい

1．教員の服務の根本基準と服務監督

　服務とは，教員が職務及び職務外で遵守すべき義務のことである。

　日本国憲法第15条第2項には「すべて公務員は，全体の奉仕者であつて，一部の奉仕者ではない」と規定されている。これを根拠として地方公務員法第30条には服務の根本基準が規定されており，全体の奉仕者として公共の利益のために勤務し，全力をあげて職務に専念すべきとされている。

　ただし，教員は教育を通して国民全体に奉仕する「教育公務員」としての職務とその責任の特殊性を有している。よって，地方公務員法の他に教育公務員特例法においても服務義務が規定されている。

　教員の服務監督者は原則的に任命権者である。ただし，県費負担教職員の場合，都道府県教育委員会が任命権者であるが，市町村教育委員会が服務監督者となる（地方教育行政の組織及び運営に関する法律（以下，地教行法）第43条第1項）。その際，都道府県教育委員会は，市町村教育委員会の服務の監督又は都道府県が制定する条例の実施などにつき技術的な基準を設けることができる（地教行法第43条第4項）。

　教員の服務義務は，職務上の義務と身分上の義務に分けられる。職務上の義務は，職務を遂行するに当たって守るべき義務である。身分上の義務は，職務の内外を問わず，公務員という身分を有するに当たって守るべき義務であり，勤務時間外，休職中，停職中であろうと遵守する必要がある。

2．職務上の義務

（1）服務の宣誓義務

　地方公務員法第31条には，「職員は，条例の定めるところにより，服務の宣誓をしなければならない」と規定されている。宣誓の内容や手続き等は地方公共団体の条例で定められている。この服務の宣誓は公務員になることで

生じる服務義務に従うことを住民に対して宣誓するものである。

（2）法令等及び上司の職務上の命令に従う義務

　教員は法令等及び上司の職務上の命令に従わなければならない（地方公務員法第32条）。県費負担教職員の服務監督者は市町村教育委員会であるため，法令や当該市町村の条例・規則，市町村教育委員会が定める教育委員会規則・規程に従わなければならない。また，市町村教育委員会や職務上の上司の命令にも従う必要がある（地教行法第43条2項）。

　ただし，任免，分限，懲戒に関しては，任命権者である都道府県が制定する条例に従わなければならない。なお，教員にとっての職務上の上司とは，校長や教頭または副校長である。

　上司からの職務命令に関わって問題となるのが国旗掲揚・国歌斉唱である。学校行事において国歌斉唱を命じる校長の職務命令に従わなかったために教員が分限処分を受けるという事案が度々発生している。これは思想・良心の自由（日本国憲法第19条）と公務員の職務命令に関わる問題として注目されてきた。判例の動向としては，校長による国旗掲揚・国歌斉唱の職務命令は適法であるという判決が出ている。

（3）職務に専念する義務

　地方公務員法第35条には教員の職務専念義務が規定されている。これには職責を遂行するために注意力のすべてを用いることが規定されている。

　ただし，法律や条例により職務専念義務が免除される場合がある。例えば，分限処分による休職や懲戒処分による停職，育児休業等である。また，本属長の承認を受けて勤務場所を離れて行う研修や大学院修学休業も該当する。

　職務専念義務の免除を承認する権利を有しているのは任命権者である。県費負担教職員については，市町村教育委員会が免除承認権を有している。

3．身分上の義務

（1）信用失墜行為の禁止

地方公務員は，その職の信用を傷つけたり，職全体の不名誉となるような

行為が禁止されている。同じ公務員であっても，教育公務員は教育を通じて国民全体に奉仕する職務とその責任の特殊性に基づき，一般の公務員以上に高い行動規範が求められる。

「信用失墜行為」は，地方公務員法第29条に懲戒処分の事由として規定されている「全体の奉仕者たるにふさわしくない非行」と同様の概念であり，懲戒処分の対象となる。例えば，飲酒運転，わいせつ行為，個人情報の漏洩等があげられる。何が信用失墜行為に該当するかは，社会通念に基づいて個々の事案ごとに判断することになる。

（2）秘密を守る義務（守秘義務）

地方公務員は職務上知り得た秘密を漏らすことを禁止されており，退職後も同様である（地方公務員法第34条第1項）。職務上知り得た秘密とは，具体的には学校において備えなければならない表簿（学校教育法施行規則第28条）への記載事項等が該当する。また，教員は，家庭訪問や子どもとの会話等から家庭のプライベートな事情や子どもの個人的情報に触れる機会が必然的に多くなる。そのため，職務上の秘密に対するより慎重な姿勢が求められる。法令による証人，鑑定人等になり，職務上の秘密に属する事項を発表する場合には，任命権者の許可を受ける必要がある。秘密を漏洩した場合，懲戒処分や刑事罰の対象となる可能性がある。

（3）政治的行為の制限

教員の政治的行為の制限については，国家公務員と同等の制限が設けられており，一般の地方公務員よりも厳しい規定が適用されている（教育公務員特例法第18条）。また，公職選挙法には，公務員の地位利用による選挙運動（第136条の2）及び教育者の地位利用による選挙運動（第137条）に関する特別の定めが設けられており，教員の地位を利用した選挙運動が禁止されている。教員の職務は，未成熟な子どもに対して強い影響力を持つため，一定の政治的活動が制限されているのである。

（4）争議行為等の禁止

日本国憲法第28条に「勤労者の団結する権利及び団体交渉その他の団体行動をする権利は，これを保障する」と規定されている通り，地方公務員も

団結権，団体交渉権，争議権（労働基本権）の保障を受ける。しかし，全体の奉仕者として実質的には地方公共団体の住民に対して公務提供義務を負うという特殊な地位を有していること，職務の内容が公共的性質を持つものであること等から，争議行為が禁止されている（地方公務員法第37条）。県費負担教職員の場合は，任命権者が都道府県教育委員会のため，都道府県と市町村の機関の活動能率を低下させる怠業的行為が禁止されている。

（5）兼職・兼業の制限

地方公務員は原則的に兼職・兼業は許されていない（地方公務員法第38条）。しかし，教育公務員特例法第17条第1項に規定されている通り，教育に関する他の職との兼業や教育に関する他の事業・事務への従事を任命権者（県費負担教職員の場合は，市町村教育委員会）が認める場合，兼職・兼業が許されている。その際には，人事委員会が定める許可の基準によることを必要としない（教育公務員特例法17条第3項）。教員は一般公務員と異なり，教育に関する兼職・兼業について，規制が緩和されているのである。その理由は，兼務によって教員としての職務遂行に有意義な経験を積む可能性があること，長期休業期間中等，本務に支障をきたさず兼務に必要な時間を確保できることがあげられる。

参考文献・URL

窪田眞二・小川友次（2019）『学校の法律がこれ一冊でわかる —— 教育法規便覧2019年版』学陽書房。

窪田眞二編（2018）『すぐわかる！教育法規　第2次改訂版』学陽書房。

坂田仰・河内祥子・黒川雅子・山田知代（2016）『新訂第2版　図解・表解 —— 教育法規』教育開発研究所。

文部科学省『平成30年度公立学校教職員の人事行政状況調査について』https://www.mext.go.jp/a_menu/shotou/jinji/1411820_00001.htm（2020年6月24日閲覧）。

（吉田尚史）

第11章
チーム学校

Q1　教員の同僚性とは何か，説明しなさい

1．学校改善における「同僚性」の重要性

（1）同僚性とは

同僚性とは，授業実践に創意的に挑戦し批評し学び合う専門家としての教師の連帯である（佐藤，2012）。

専門職に従事する者の行動原理は，高度な専門的知識・技術をもち，その専門性に基づいて自律的な意思決定をして行動するというものである。しかし，教職の場合，この行動原理は，「学級王国」という言葉に象徴されるように，各々の教師が学級や教室に閉じこもり相互不干渉となる「個人主義的な教師文化」に陥りやすい。この「個人主義的な教師文化」から脱却して，自律的な専門家としての教師が互いに学び合って成長する「協働的な教師文化」を構築することが学校改善において重要であるという研究成果の中で，「同僚性」という概念が注目されてきた。

（2）「同僚性」と「連続的な改善」の規範

「同僚性（collegiality）」の概念は，アメリカの教育学者リトル（J. W. Little）によって提示された。リトルは，学校改善に成功を収めた学校と，成功を収めなかった学校とを比較した結果，前者の学校では，次の4種類の支援的な実践を通じて，教師の専門性の開発（教師としての知識・技能や資質を向上する活動）が行われていることを明らかにした。

① 授業についての会話：教授実践について，頻繁に継続的に，具体的かつ的確な会話に取り組んでいた。それは，憂さ晴らしや情報交換の会話ではなく，授業の目的や教材，授業実践の分析や解釈についての会話であった。

② 教室観察：お互いに授業を観察し合い，授業に対する意義深い批評やフィードバックを受け入れていた。表面的で，不定期で，一時的な観察ではなく，真剣で，頻繁で，定期的な観察であった。

③ 計画と準備の共有：共同でカリキュラムを設計・計画し，一緒に教材の研究や準備をしていた。同僚が連携して仕事を進める中で，教師が個人で授業の計画と準備を進める時間は少なくなっていた。

④ 共同での研修の実施：お互いに授業の実践を教え合って，指導改善の業務に参加していた。援助的指導者（メンター）の実践の複製ではなく，専門的な実践の吟味や洗練が大切にされていた。

　以上のような特徴を総括して，最も適応能力があり成功を収める学校には，「同僚性の規範」（学校内での活動の共有の期待）と「連続的な改善の規範」（継続的な分析・評価・実験の期待）がみられる，というのがリトルの研究の結論であった。

（3）「同僚性」と「同調性」の違い

　「同僚性」と混同されやすい概念として，「同調性（congeniality）」がある。「同調性」とは，友好的で，心地よく，共感的ではあるが，より優れた職務の遂行や質の高い教育を追求することのない教師集団の関係を表す概念である。「同調性」が高い教師集団は，雑談や世間話のできる仲の良い関係を形成しているが，授業実践や学校の目的と関連する話題には触れない暗黙の規範を持っている。

　これに対して，「同僚性」が高い教師集団は，自分たちの教育実践をめぐって対立や葛藤をもたらす厳しい批評を受け入れ，教育実践に内在する根本的な価値や信念の連続的な修正と深化を続ける関係を構築している。専門家としての教師の成長や学校の改善のためには，「同調性」では不十分であり，「同僚性」の構築を通じた協働的な教師文化の醸成を目指す必要がある。

2．「同僚性」のもたらす恩恵

1980年代以降の教育研究の成果を参考にすると，「同僚性」がもたらす恩恵は，①教師の士気や自己効力感の向上，②教師としての専門性の開発（力量形成），③学校全体としての特色ある教育実践の創造，に整理することができる。

①教師の士気や自己効力感の向上

教師が授業や生徒指導上の悩みやストレスを抱えて自信を失い，孤立無援の状態に陥ると，仕事における満足を感じられず，離職する可能性が高まる。教師の仕事が同僚たちから支援されると，精神的な安定が高まり，士気や自己効力感の向上へとつながり，特に新任教師にとっては離職率の減少（リアリティショックの緩和）へつながる。このように，同僚性は教師たちが仕事において抱える困難や課題を乗り切るための支えとなる。

②教師としての専門性の開発（力量形成）

教師にとって成長の契機となるのは，学校内での優れた先輩や指導者との出会いである。とりわけ，学校という職場において，教師が互いに授業を公開し，相互に批評し合う研究会（授業研究）を通じて，教育の専門家としての力量を高め合うことができる。この意味において，教師としての専門的な成長は，個人的な取り組みの努力の結果だけでなく，教師集団の同僚的な関係の中でもたらされる。

③学校全体としての特色ある教育実践の創造

個々の教師が孤立した状態で，標準的な教育課程を教えるだけでは，学校全体として質の高い教育実践は生まれない。授業の改善と創造が，教科の壁や学年の垣根を越えて，教師集団の集合的な活動として継続的に推進されると，学校全体としての「特色ある教育実践の創造」につながる。

3．「チームとしての学校」における「同僚性」の構築

「同僚性」は，近年のわが国の教育改革において目指されている「チームとしての学校」像の基軸となる重要な考え方の1つになっている。

　中央教育審議会答申『チームとしての学校の在り方と今後の改善方策について』（平成27年12月）では，「教科や学年を超えた学校全体での取り組み」や「学校における協働文化の創造」の重要性が指摘されている。こうした学校全体での取り組みの実現や協働文化の創造において，「同僚性」の構築は不可欠である。

　ただし，ここで求められているのは，多職種による連携・協働であるため，従来の教師集団を前提とした「同僚性」の構築を目指すだけでは不十分である。これからの学校づくりにおいては，教師以外の多様な「専門スタッフ」（例：スクールカウンセラー，スクール・ソーシャルワーカーなど）との連携・協働の中で，どのように「同僚性」を構築するかが課題となる。

参考文献

Judith Little（1982），"Norms of Collegiality and Experimentation: Workplace Conditions of School Success", *American Educational Research Journal*, 19（3），pp.325-340.

Judith Little（1987），'Teachers as Colleagues'. in V. Richardson-Koehler（Eds.），*Educators' Handbook: A Research Perspective*, New York: Longman, pp.491-518.

Thomas Sergiovanni（2004），*Strengthening the Heartbeat: Leading and Learning Together in Schools*, Jossey-Bass.

織田泰幸（2012）「『専門職の学習共同体』としての学校に関する基礎的研究（1）――リトル（Judith W. Little）の同僚性の研究に着目して」中国四国教育学会編『教育学研究紀要』第58巻，pp.380-385。

佐藤学（2012）『学校改革の哲学』東京大学出版会。

（織田泰幸）

Q2　我が国の学校における教職員組織の構造について，その特徴を説明しなさい

1．教職員の基本的な構成

（1）学校教職員の職種

　学校には，校長，教頭，教諭，養護教諭及び事務職員を置かなければならない（学校教育法37条1項）。これらの教職員については，通常（極小規模校を除いて），必ず配置しなくてはならないので「必置職」と呼ばれることもある。さらに副校長，主幹教諭，指導教諭，栄養教諭その他必要な職員を置くことができる（同法同条2項）。これらの教職員のなかでもっとも人数が多いのは，一般的な教員として理解される教諭である。「校長は校務をつかさどり，所属職員を監督する」（同法同条4項）。すなわち学校における業務の全体を掌握し，学校運営に関して責任を有している。教頭は，校長を補佐し，校務を整理するが，授業を行うこともある。

　主幹教諭も，指導教諭も，教諭として授業を行うが，前者は校務の一部を整理し，また後者は，他の教職員に対して教育指導の改善について指導及び助言を行う。養護教諭は保健室の管理とともに学校における子どもの健康の保持と増進の役割を中心的に担い，健康診断の実施の補助や保健教育への協力などを行う。栄養教諭は栄養や食に関する指導とそのための連携・調整及び管理の役割を担う。事務職員は教職員の給与と旅費，学校の予算管理等に関する業務を担っている。

　その他にも，講師，助教諭や養護助教諭が学校教育法で明示されている。学校医，学校歯科医及び学校薬剤師は，通常，非常勤である。また，学校司書，学校給食栄養管理者や給食調理員，学校の設備備品等に関わる学校用務員，高等学校や特別支援学校における技術職員，実習助手，寄宿舎指導員などがある。

（2）教諭をもって充てる職

　教諭をもって充てる職は，「主任職」や「充て主任」と呼ばれ，例えば教

諭であれば，本来の仕事に加えて任せられる職である。

　教務主任は教育計画の立案その他の教務に関する事項について連絡調整及び指導，助言を行う。また学年主任は学年の教育活動に関して連絡調整や指導，助言を行う。そして保健主事は小学校における保健に関する事項の管理を行う。なお，司書教諭は原則，必置であるが，小規模校はその限りではない。中学校や高等学校で置くものとされている職としては，進路指導主事があり，職業選択や進路指導についての連絡調整及び指導，助言を行う。また生徒指導主事は，生徒指導に関して連絡調整及び指導，助言を行う。なお，学校では必要に応じて主任等を置くことができる（学校教育法施行規則47条）が，例えば，多くの学校に置かれている研究主任はこれにあたる。また事務職員をもって充てる職としての事務長及び事務主任もある。

2．校務分掌と業務分担

　学校は児童生徒の数にしたがって学級の数が決まる。そしてこの学級の数を基本的な算定根拠として配置される教職員の数が決まる。なお，児童生徒数に応じて数が決まるものもある。いずれにしても，学級数と児童生徒数に応じて，基本として配置される教職員数が決まる。

　学校は子どもの教育活動を中心とするが，これを計画し，準備し，支援するために様々な業務がある。一般的には，大きくは教育課程や教育・指導活動を担う教務領域と学校運営のための事務領域に分かれる。学校で取り組んでいる研究や校内研修に関する研究・研修領域を教務領域に含める学校もあれば，これらとは分けて組織している学校もある。また「不登校対策委員会」や「特別支援教育委員会」などのように，学校全体で対策を講じる必要がある課題については委員会やプロジェクト的な組織として置かれることも少なくない。先述した「主任職」や「充て主任」の考え方から明らかなように，学校における様々な業務は，こうして基本として配置される教職員が様々な職を充てられたり，兼任したりすることで分担する。学校におけるこうした分担を一般には「校務分掌」という。なお，「校務分掌組織」といったり，「学校運営組織」といったりするなど，地域や経緯によって分担や組

織の名称は異なることがある。

　冒頭において述べたように学校には必ず置かなくてはいけない職（必置職）があり，逆にいえば，学校の規模が小さければ最低限，学校が有している教職員の配置によって様々な業務を分担し，組織を構成しなくてはならない。学校は確かに児童生徒の数によって総量としての仕事量の多少があるといえるが，分掌の種類ないし業務の種類という意味では規模によるそれらの違いはあまりないといえる。非常に小さな規模（極小規模校）は，１人の教員が様々な種類の校務を担う必要が出てくる。逆に非常に大きな規模（過大規模校）は教員一人ひとりの校務の分担は少なくなるが，児童生徒数も多いため，様々な課題が生じることになる。

　なお，こうした学校における校務分掌については，その備える会議や分掌について，教育委員会規則によって制度として規定されている側面もあり，必ずしも学校がすべてを独自に設定できるものではない。しかし，そうした制度を前提に校長の裁量によって組織構成や職員配置を行うことができる。

３．教職員組織の構造的な特徴

（１）なべぶた型組織

　これまで述べてきたように，我が国の学校，とりわけ公立学校は，制度的に配置された，限られた教職員によって様々な業務を分担することで運営されてきたといえる。その組織の特徴は，長らく「なべぶた型組織」という言葉で表現されてきた。「なべぶた」とは，漢字の部首「亠」（なべぶた・けいさん・けいさんかんむり）のかたちを由来とする。歴史的な経緯でいえば，もともと教頭職も法制化される以前は，慣習的に置かれてきた職であったことから，学校の組織は，もっとも責任を有する校長を上部として他の教員は横一線の立場を平等とする構造であった。これは構造的な特徴だけでなく，皆同じく学級や教科を担任するという平等性とも符合する一種の文化ともいえた。「なべぶた型組織」では，教職員は和気あいあいと仲良く良好な人間関係を維持しやすい反面，指揮命令系統が明確ではないために，何らかの目的を達成するための計画的で効率的な組織運営には不向きな側面も有している。

（2）学校の組織運営体制の見直し

2000年代以降，「学校の自主性・自律性」と「特色ある学校」づくりが目指されるなかで，学校は目標達成とともに計画的で効率的な組織運営を求められることとなった。

まず，校長のリーダーシップとその権限を明確化した。2000年には職員会議は校長が主宰するものとなり，法的な位置づけも明確化された。これによって学校組織のトップと他の教職員の会議運営における関係性を明確にした。次に，2007年，副校長，主幹教諭，指導教諭という，いわゆる「新しい職」が学校教育法の改正によって制度として規定された。これらの職を置くことで，いわゆる組織の「中間」「ミドル」の機能を明確化した。つまり組織の指揮命令系統や責任及び権限の所在をより明確化するものとなった。

目標達成やそのための計画的で効率的な組織運営を意図し，かつそのために指揮命令系統や責任及び権限の所在を明確化するこれらの組織改革は，別の言い方でいえば，学校に「官僚制組織」（ないし「ピラミッド型組織」）としての特徴を付与するものといえる。だが，これらの改革は学校を完全な「官僚制組織」にするものではない。軍隊や警察組織のような徹底したものでもなければ，企業のような利益を最優先にするものでもない。教職員の専門性と，これを根拠とし，また起点とする自主性・自律性を基盤としながらも，学校が児童生徒・保護者・地域の要望や期待に応えるべく，目的を達成し，組織を改善していくための機能を有するための改革といえる。いうなれば，学校は「なべぶた型組織」に「官僚制組織」（ないし「ピラミッド型組織」）の特徴を持ち込みながらも，それぞれのメリットを活かし，デメリットを廃する運用が求められるといえる。当然，そうした組織の舵取りは校長のリーダーシップ次第であるとも指摘できる。

参考文献

吉田武男監修・浜田博文編著（2019）『MINERVAはじめて学ぶ教職9　学校経営』ミネルヴァ書房。

（加藤崇英）

Q3 チームとしての学校について説明しなさい

1.「チームとしての学校」とは

「チームとしての学校」（以下，「チーム学校」）とは，2015（平成27）年12月に出された中央教育審議会答申「チームとしての学校の在り方と今後の改善方策について」（以下，「チーム学校」答申）によって示された，これからの新たな学校の在り方に関する提言である。その目的は，文字通り「チーム」として教職員が協力して教育活動を展開することにある。

「チーム学校」答申では，教員が学校や子供たちの実態を踏まえ，学習指導や生徒指導等に取り組むことができるよう，指導体制の充実を指摘している。つまり，教員がこれまで抱え込んできた業務への支援が必要といえる。そうした業務のなかでも生徒指導や生徒相談の領域は，多様な子どもの実態から年々，困難性が増していると指摘される。その対応には時間もかかるし，家庭訪問を要する場合などもある。答申では，こうした側面について，「心理や福祉等の専門スタッフ」の支援が必要であること，そしてそういった専門スタッフもいわば「チーム学校」の一員であり，共に協力して子どもを支えることの重要性を指摘したのである。

つまり，教職員の職務内容および権限と責任を明確化し，役割や業務を校務分掌組織にしっかり位置づけることが必要といえる。そのうえですべての教職員がそれぞれの立場・役割をはっきり認識したうえで自らの専門性を活かして業務を担い，「チーム学校」の組織を構築していくことが必要といえる。

このように「チーム学校」が求められる背景には，多様な業務を抱える今日の教員の多忙化問題があるといえる。よって，教員が授業や児童生徒に対する指導を中心とした本来の業務に集中できるように，様々な，教員以外の職員や専門スタッフを配置することによって，教員をサポートしたり，教員と協力したりする体制を構築することが「チーム学校」による学校組織の改善の方向性といえる。

2.「チーム学校」による組織体制の構築

（1）「チーム学校」の組織とその範囲

「チーム学校」は，校長のリーダーシップの下，組織として責任ある教育を提供することが求められるといえる。その意味で，まず「チーム学校」は，学校内の教職員の組織図ともいうべき，校務分掌において職務内容や権限等を明確に位置づけられる。「チーム学校」の範囲は，校長の指揮監督の下，責任を持って教育活動に関わる者によって構成されると考えてよいが，学校は，地域や外部との関係を見ても，関係のある範囲はとても広い。そこでは地域住民やボランティアの関わりも出てくるといえる。そのような関係は学校と地域が連携・協力する関係といえるし，「チーム学校」では「地域連携を担当する職員」を位置づけていくことも課題といえる。

いずれにしても，「チーム学校」では，まず教員の業務を，本来的な業務に集中できるように見直していくことが課題といえる。そして教員に加え，職員・専門スタッフ，地域人材等が連携・分担する業務を位置づける。さらに教員以外の職員が連携・分担することが効果的な業務は彼らに移していくという考え方である。

（2）教員を支援する職員・専門スタッフ

「チーム学校」答申では，こうした職員・専門スタッフとしては，以下のものを挙げている。第一に，従来から配置される養護教諭や栄養教諭，学校栄養職員による指導の充実や教員とのいっそうの協働である。第二に，教員以外の専門スタッフの参画であるが，これについては①心理や福祉の専門性であるスクールカウンセラーやスクールソーシャルワーカー，②授業等において教員を支援するICT支援員，学校司書，英語指導を行う外部人材や外国語指導助手（ALT）等の活用，補習等の学校における教育活動を充実させるためのサポートスタッフ，③部活動を支援する部活動指導員，④特別支援教育や医療的ケアを専門とする専門スタッフ（医療的ケアを行う看護師等，特別支援教育支援員，言語聴覚士（ST），作業療法士（OT），理学療法士（PT）等の外部専門家，就職支援コーディネーターなど）が挙げられる。そして第

227

三に，地域連携を担当する教職員である。

3.「チーム学校」による「協働の文化」の構築

（1）業務改善の課題

すでに述べたように，「チーム学校」答申の議論の背景には，教員の多忙化問題があった。2014（平成26）年，OECD（経済協力開発機構）による第2回国際教員指導環境調査（TALIS：Teaching and Learning International Survey）では，日本の教員の残業時間は他国と比べて長いことが明らかとなった。特に「課外活動（スポーツ・文化)」と「一般的事務業務」における仕事時間の長さが顕著であり，総じて，授業や子どもに対する直接的な指導以外の業務の負担が明らかである。「チーム学校」によって多様な職員・専門スタッフを配置させていきながら，同時に教員の抱えている業務を改善していくことも「チーム学校」の課題である。

「チーム学校」答申では，その方策として「学校現場における業務改善のためのガイドライン」（平成27年7月2日　文部科学省）を活用することや校長が学校の実態に応じた業務改善を進めることができるように教育委員会の支援が求められることを指摘している。学校における業務改善の課題としては，校務分掌（業務・役割の分担）の見直し，会議運営の改善など，各業務にわたっての改善が必要といえる。

（2）教員の取り組むべき課題と考え方

学校の全体や組織として行う業務改善は，校長等の管理職がリードして行うものといえる。他方，教員の側も自身の業務を「チーム学校」との係わりで考えていくことも必要といえる。ここでは2点を指摘したい。

第一に，学級経営に関しての課題や考え方である。いわゆる「学級崩壊」問題が明らかになったように，今日，学級には様々な児童生徒がおり，1人の教員では対応が困難な場合も見られる。つまり学級経営は，基本として学級担任が取り組むものであるが，1つの学級を学年・学校が支えるマネジメントは今日では必須といえる。いじめ問題への対応や，特別の支援が必要な児童生徒への対応なども含みながら，学級に横たわる問題は時として複雑で

すらある。教員の側も日頃から連携を図り、「チーム学校」としての相互的かつ支援的な関係の構築に努めることが必要といえる。教員自身の仕事のしやすさや安心感から見ても、そして心理的な負担の軽減の意味でも「チーム学校」は必要である。

　第二に、保護者との関係である。今日、保護者からの要望や相談あるいはクレームの対応について教員の負担感が高まっている。内容によっては早期に管理職が係わる必要がある場合も少なくない。そして「チーム学校」の考え方からすれば、スクールカウンセラーやスクールソーシャルワーカーの助けを得ることも考えられる。

　このように教員が自らのもっとも身近で重要な場所ともいえる学級の子どもとその保護者との関係を見ても、教員1人が問題を抱え込まないように協力・支援の関係を構築することも「チーム学校」の考え方に含まれているといえる。

　以上のように、「チーム学校」を機能させるためには、組織体制や業務分担を整えたうえで、そこで働く教職員の共通理解が必要であるといえる。重要な点は、教員、職員、専門スタッフの各自が、それぞれの専門性に立脚しながら、共に協力して子どもを支えていくという、まさに「チーム」としての子どもを支える考え方を共有することである。つまり「チーム学校」は、体制の構築と職員の配置というだけでなく、このような意味において新たな「協働の文化」として構築される必要があるといえる。

参考文献

加藤崇英（2016）『「チーム学校」まるわかりガイドブック』教育開発研究所。

中央教育審議会（2015）『チームとしての学校の在り方と今後の改善方策について（答申）』。

（加藤崇英）

Q4 学校に必要とされる「マネジメント」とは何か，説明しなさい

1．マネジメントとは

　学校は，教育目的の達成のために，人的要素（教職員など）や物的要素（校舎・教科書・教具など）を備え，児童生徒を対象に一定の教育課程によって計画的・組織的に教育活動を行う組織である。マネジメントとは，諸資源（人，物，金，時間，労力，情報など）を生かしながら，それらを組織し協働を通して，組織の目的を達成し成果を生み出していく営みである。目的達成のために，学校の内外環境の状況（強み・弱み・機会・脅威など）を把握し，学校が何のために・どこに向かうのか（ミッション，ビジョン，目標）を明確にしながら，Plan（計画）− Do（実践）− Check（評価）− Action（改善）というサイクルを展開する。その基本精神は，たとえどんな環境に置かれていても，自らの意思をもって，昨日よりも今日，今日よりも明日と，子どもたちや学校の現状をよりよいものに変えることである。

　マネジメントの反対概念は「成り行き（drift）」である。仕事を決まりきったもの・与えられたものとみなして「例年どおり」とする前例踏襲主義，「そうは言っても現実はこうだからしかたがない」という現状維持的な思考，先を見通していない単年度行事遂行主義，外部からの要求や問題に対症療法的に対応する受け身的姿勢などである。成り行きは，「教員一人ひとりが頑張れば学校はよくなる」という発想の根強い「個業型組織」に陥っている学校に顕著である。個々の教員が個別に教育活動に取り組む学校では，学校としての自らの意思や方向性が見えず，「入学した子どもたちに力をつけて卒業させる」という組織の成果に対する責任感も弱い。児童生徒の教育を六年間ないし三年間にわたって託されているのは，各々の教員個人ではなく，学校という「組織」である。組織としての学校は，自らの意思を持って教育を行う主体であり，教育成果の責任を負う主体である。

2．学校に「マネジメント」が求められる背景

　学校という組織は，公教育を担う教育機関であり，公共的性格をもつ。その性格を維持するために，学校（公立学校）は設置者の管理の下にある。しかし，法令に従いながら教育行政の指揮監督するところをただ忠実に執行して，学校を運営すればよいというわけではない。各学校は自らの意思（主体性）をもって，その学校や地域の実態に即して，教育行政によって与えられた人的・物的・組織的条件を基盤としつつ，その条件をいかに生かすかが重要である（吉本，1984）。各学校は「わが校は児童生徒にこんな力をつける，こういう人を育てる」という学校教育目標や「こんな学校をめざす」という学校ビジョンによって自らの意思を示し，組織的・協働的に教育を行い，教育成果の責任を果たす。マネジメントは，学校としての意思を形成し，教育責任を果たすために必要である。

　2000 年以降，学校がもつべき自らの意思と責任（アカウンタビリティ）は，地方分権化と規制緩和という社会の構造改革を背景とした「学校の自律性の確立」政策の下，社会的に強く求められるようになる。中央教育審議会答申「今後の地方教育行政の在り方について」(1998) を契機に，学校の自律性の確立に向けて，学校の裁量権限の拡大，学校の説明責任（アカウンタビリティ）の明確化（学力調査，学校評価，情報公開など），校長のリーダーシップの下に組織的・機動的な学校経営を行うための体制と責任の明確化（職員会議の位置付け，新たな職の設置など），保護者・地域住民による学校運営への参画・協働の拡大（学校評議員，学校運営協議会など）が促進されている。

　さらに近年，子どもたちをめぐる課題が複雑化・多様化し，個々の教員の力量や努力だけでは，また学校の努力だけでは対応できない状況にある。ゆえに，「チームとしての学校」として，また，「地域とともにある学校」として，協働的に問題解決するマネジメントの力が求められている。

3．顧客・学ぶ側の視点に立つ

　マネジメントの出発点として，「誰のために，何のためにわが校は存在す

るのか？」「子どもたちの人生にとって，この地域や社会にとって，わが校の存在価値は何か？」と，学校のミッション（使命や目的）を問う必要がある。組織は，内側のメンバーの都合や幸せだけを大切にすればよい仲間集団と異なり，外側の人々のために存在するからである（ドラッカー，1991）。企業は顧客の欲求を充たすために存在し，学校という組織は児童生徒・保護者や地域・社会の必要性を充たすために存在する。ゆえに，専門家・教える側の視点ではなく，顧客・学ぶ側の視点に立ってマネジメントを行う必要がある。

　成果についても，学ぶ側の視点に立って考える必要がある。これまで，教える側（学校・教師）が「これを教えた，こんな取り組みを行った」（アウトプット）ということで満足し，学ぶ側が「これだけ力をつけた，育った」という成果（アウトカム）を問わないことが多かった。だが，これでは教える側の自己満足にすぎないかもしれない。学校を社会的に責任あるものにするためには，アウトカムを問う必要がある。

　ただし，学校という組織は目的や成果自体が曖昧である。ゆえに，「成果をあげたか」を問う前に，「わが校のミッションは何か，何を達成しようとしているのか」を問い，「我々の成果は何か」を定義し合意を得るところから始めなければならない。

4．協働

　マネジメントは，協働を通して成果を生み出していく営みである。協働が成り立つ条件は，①共通の目的，②貢献意欲，③コミュニケーションの3要素である。協働のあり方は組織観によって異なる。

　「個業型組織」では，教職員は余計な波風を立てずに共同歩調し合う。これは学校としての意思や目的が共有されておらず，協働が成り立っているとは言えない。

　学校を諸部品（要素）を組み立てた「機械」とみなす「機械的組織」は，組織目標（学業達成度）の達成のために合理的な構造と手続きをいかにデザインするかに関心を持つ。管理職→ミドル層→一般教員層という組織形態を

とって職務内容や職務範囲を明確に規定し，管理職が具体的かつ到達可能な目標と計画を考えて，教職員にトップダウンの指示・伝達のコミュニケーションを行う。教職員は与えられた目標の達成のために定められた方法で仕事を実行する。教職員は「やらされ感」を抱きながらも，外的報酬に支えられた貢献意欲で動く。この前提には，人は本来的に怠惰であり，アメとムチで外からコントロールしないと動かないという人間観がある。

「協働的組織」は，いかにして教職員の仕事をやり甲斐のあるものにするかに関心を持つ。管理職だけでなく教職員も経営参画して，オープンなコミュニケーションを通じて，学校の意思や目的の形成に関与しながら，自分たちで挑戦的な仕事をともに考える。仕事を通じて仕事のやりがい（内的報酬）を得ることが，組織の共通の目的への貢献意欲を高める。この前提には，人は本来的に責任・貢献・成果を欲する存在であり，自分の頭で考えて仕事をすることを通して成長するという人間観がある。

「学習する組織」は，協働的に実践を進める中で生まれる葛藤・矛盾・目的の未達成に向き合い，「何のために」「何が大切か」と実践の意味や価値を問い返す省察的なコミュニケーションを通して，自分たちの枠組み（学校内外環境の捉え方や学校の意思・目的）を修正・再構築することを重視する。学校の意思や目的は固定的なものではなく，常に作り続けている途中であり，日々の実践・事実の中でその意味や価値を問いかけ探究すべきものである。こうした協働のあり方は手間暇がかかり多少の波風が立つかもしれないが，この波風が教員集団の学習や成長の機会だとみなされる。

参考文献

佐古秀一・曽余田浩史・武井敦史（2011）『学校づくりの組織論』学文社。

曽余田浩史（2015）「これからの学校の在り方」広島大学附属小学校学校　　　教育研究会『学校教育』No. 1171，pp.14-21。

ドラッカー, P.（1991）『非営利組織の経営』ダイヤモンド社。

吉本二郎（1984）『学校の経営行為と責任』ぎょうせい。

（曽余田浩史）

Q5 「地域とともにある学校」について説明しなさい

1. 「地域とともにある学校」とは

　「地域とともにある学校」とは，「地域に開かれた学校」から一歩踏み出し，学校と地域がパートナーとして，地域でどのような子どもたちを育てるか，何を実現していくのか等の目標やビジョンを共有し，その実現に向けて協働して子どもたちを育んでいく学校づくりである（中央教育審議会 2015）。

　「地域とともにある学校」は，子どもたちが未来社会を創る担い手となるために必要となる資質・能力の育成をめざす「社会に開かれた教育課程」の実現を柱とする教育改革とともに，人口急減・超高齢化という課題に対して持続可能な地域社会の創生をめざす「地方創生」の動きを背景とする。この学校づくりは，「地域の学校」「地域で育てる子ども」という考えのもと，学校だけでなく，家庭や地域社会も子どもの教育の当事者として，子どもたちの豊かな学びと育ちを支える。そして，子どもたちの育ちを軸にしながら，地域社会の様々な人びと・機関・団体がつながり学び合うことで，「互助・共助」の視点を持って「自らの力で地域や学校を創っていく」という当事者意識を醸成していき，「学校を核とした地域づくり」を推進する。

　「地域とともにある学校」の運営には，「熟議（熟慮と議論）」「協働」「マネジメント」という 3 つの機能を備えることが不可欠である。学校と地域が当事者意識を持ち，目標やビジョンを共有するために「熟議」を重ね，共有した目標に向かって共に「協働」していく。これらを実現するために，校長のリーダーシップのもと，チームとして力を発揮できるよう，「マネジメント」が重要となる。

2. 「地域に開かれた学校」から「地域とともにある学校」への展開

　学校と地域との連携・協働に関する取り組みは，高度成長期が終わる1970年代前半に提唱された，社会教育の分野における「学社連携」に遡ることが

できる。高度経済成長による都市化や工業化等の急激な社会構造の変化は，青少年を取り巻く教育環境にも大きな変化（自然との接触，屋外での身体的活動，学校内外の幅広い交友関係などの喪失）をもたらした。そこで，青少年の豊かな人間形成を図るために，学校教育のみに依存しがちな教育の考え方を問い直し，学校教育と社会教育がそれぞれ独自の教育機能を発揮しながら，相互に足りない部分を補完する「学社連携」が提唱・推進された。具体的には，学校教育における社会教育施設（公民館，博物館，少年自然の家など）の利用，地域社会（社会教育）への学校施設の開放などである。

　その後，1984 年 8 月から 3 年間，内閣総理大臣の諮問機関として臨時教育審議会が内閣府に設置された。この審議会では，個性重視の原則を掲げて，学校教育の自己完結的な考え方から脱却し，生涯学習体系への移行，「学校施設を社会教育に開放する」「学校運営に地域社会の意見を生かす」などを柱とする「開かれた学校」が提唱された。

　学校と地域との連携・協働の必要性が広く認識される契機となったのは，2002 年 4 月から実施された完全学校週 5 日制と，それと併せて実施された学習指導要領の改訂である。「総合的な学習の時間」が創設され，各教科等の学習で得た知識を様々な体験活動の中で実感を持って理解することや，学び方やものの考え方を身に付けさせる等，生涯学習の基礎ともなる「生きる力」の育成がめざされた。この「生きる力」の観点から学校と地域との連携・協働が重視されるようになった。

　さらに 2000 年以降，地方分権化と規制緩和の流れを受けた「学校の自律性」確立に向けた施策が展開された。各学校が積極的に保護者・地域に情報を公開して説明責任（アカウンタビリティ）を果たし，地域住民の意向を反映した学校運営を図るという観点から，学校と地域との連携・協働が推進された。その具体的方策は，学校評議員制度，学校評価，学校運営協議会制度などの導入である。地域住民は，公費で運営される公立学校をモニタリングする主体として，学校運営に参画することが期待された。

　2006 年には教育基本法が改正され，第 13 条に「学校，家庭及び地域住民等の連携協力」の規定が新設された。これを具体化する方策として，学校支

援地域本部や放課後子ども教室が推進された。学校支援地域本部は，学校の教育活動を支援する仕組みであり，保護者・地域住民等が学校支援ボランティアとして様々な学校支援活動を実施する。学校支援活動は，ゲストティーチャー，学習アシスタントなどの学習支援，部活動支援，環境整備，登下校の見守り，学校行事の支援等，多岐にわたる。

　以上のように，「地域に開かれた学校」の取り組みは，施設や教育活動や運営において学校を地域に開いていったが，次のような課題が指摘されている（中央教育審議会，2015）。

　・地域が学校を支援するという一方向的な関係にとどまり，地域の教育力の向上や地域の振興・創生につながっていない。
　・参画する地域住民や保護者等が一部の限られた人にとどまり，活動内容についても限定的な内容になってしまっている。
　・放課後の支援活動，学校支援活動，学校と連携した公民館活動等の活動が，それぞれ個別に行われており，互いの活動の目標や，関係者等の情報の共有等について連携が十分でなく，調整ができていない。

「地域に開かれた学校」から一歩踏み出すためには，従来の学校支援地域本部や放課後子ども教室等の活動をベースにしながら，①地域が学校を「支援」するモデルから学校と地域がともに「協働」するモデルへの転換，②個別の活動から「総合化・ネットワーク化」された体制づくりが必要である。

3.「地域とともにある学校」実現に向けての課題

　「地域とともにある学校」を実現する仕組みとして，コミュニティ・スクール，地域学校協働活動，社会に開かれた教育課程が重要である。

（1）コミュニティ・スクール（学校運営協議会制度）

　コミュニティ・スクール（学校運営協議会制度）は，学校に学校運営協議会を設置し，教育委員会から任命された保護者や地域住民などが協議会の委員として，一定の権限を持って学校運営に参画する仕組みである。主な役割は，①校長が作成する学校運営を承認する，②学校運営に関する意見を教育委員会又は校長に述べる，③教職員の任用に関して，教育委員会に意見を述

べることである。学校運営協議会は，単に学校運営の承認や学校のモニタリングをするにとどまらず，熟議と協働によって学校づくりと地域づくりを推進することが期待される。

（2）地域学校協働活動

地域学校協働活動とは，地域の人びとや保護者，NPO，民間企業，大学，諸団体・機関が学校と連携・協働して，地域全体で子どもたちの成長を支える活動である。地域学校協働活動が行われる際には，地域の各団体・機関をつなぎ合わせ，学校と地域の連携・協働の橋渡しを行う地域学校協働本部を中心に展開される。各機関をつないで組織的に学校を支援するとともに，これらのつながりを通した新たな地域づくりが期待される。

（3）社会に開かれた教育課程

「社会に開かれた教育課程」は，①よりよい学校教育がよりよい社会を形成するという目標を教育課程を通して社会と共有し，②これからの社会を創り出す子どもたちに求められる資質・能力を教育課程の中で明確にして育み，③地域の様々な資源を生かし，社会教育とも連携を図ることで目標を実現させようとするものである。教育課程を介すことで，学校と地域のつながりを強化することができる。社会に開かれた教育課程を実現するためには，教科横断的な視点を持ち，地域の諸資源を生かして教育活動の質の向上を図っていくカリキュラム・マネジメントが重要となる。

参考文献

国立教育政策研究所社会教育実践研究センター（2017）『地域学校協働活動推進のための地域コーディネーターと地域連携担当教職員の育成研修ハンドブック』。

佐藤晴雄（2019）『コミュニティ・スクール〈増補改訂版〉「地域とともにある学校づくり」の実現のために』エイデル研究所。

中央教育審議会（2015）『新しい時代の教育や地方創生の実現に向けた学校と地域の連携・協働の在り方と今後の推進方策について（答申）』。

（大空秀文）

第12章

学び続ける教員

Q1　教師はなぜ学び続ける必要があるのか，説明しなさい

1．継続的な学びを必要とする「専門職」としての教師

　我が国では，教育基本法第9条，教育公務員特例法第21条において，教師は職務を遂行するために「絶えず研究と修養」に努めることが法的に定められている。学び続けることは教師にとって不可欠なことだと位置づけられている。

　しかし，法的に定められているから，教師は学び続ける必要があるというわけではない。絶えず学び続けることは，専門職（プロフェッション）としての教師の不可欠な要件である。リーバーマンの『専門職としての教育（Education as a Profession）』（1956）やユネスコ・ILOの「教員の地位に関する勧告」（1966）のなかで，教師は専門性と自律性（autonomy）を有した専門職とみなされるべきであり，継続的な学びによって自らの専門的知識や技術を維持・向上させることの必要性が強調されている。

2．「学び続ける教員」像の確立

　さらに近年の教師教育の政策では，「学び続ける教員」像の確立が謳われている（中央教育審議会「教職生活の全体を通じた教員の資質能力の総合的な向上方策について（答申）」（2012），「これからの学校教育を担う教員の資

質能力の向上について〜学び合い，高め合う教員育成コミュニティの構築に向けて〜（答申）」(2015))。

　新たな知識や技術の活用により社会の進歩や変化の激しい知識基盤社会において，学校教育を担う教師は，学校が抱える多様な課題に対応し，アクティブ・ラーニングなどの新たな学びを展開できる実践的な指導力を身につける必要がある。そのため，「教職生活全体を通じて，実践的指導力等を高めるとともに，社会の急速な進展の中で，知識・技能の絶えざる刷新が必要であることから，教員が探究力を持ち，学び続ける存在であることが不可欠である（「学び続ける教員像」の確立)」(中央教育審議会答申，2012)。

　「学び続ける教員像」のもと，「教員になる前の教育は大学，教員になった後の研修は教育委員会」という役割分担から脱却し，教育委員会と大学との連携・協働による教職生活全体を通じた一体的な改革が目指されている。

3．学び続ける理由〜変化に対応する〜

　教師の学びをめぐる議論を振り返ってみると，教師が絶えず学び続けなければならない理由は，大きく2つに分けることができるだろう。

　その1つ目は，教師に求められるものが変化していくゆえに，その変化に対応するために，教師は絶えず学び続けるというものである。より詳細に見てみると，次のように整理することができる（曽余田・岡東，2019)。

　第1に，大学における養成段階は「教員となる際に必要な最低限の基礎的・基盤的な学修」であり，それのみで教師の職務を遂行していくことは困難だからである。新任教師は，わずかな教育実習の経験だけで学校という職場に参入し，生徒指導，校務分掌，保護者への対応など，授業以外の多様な事柄にも対応することになる。そうしたなかで，新任教師は養成段階に抱いた理想と現実とのギャップに苦しむことも少なくない。それゆえ，実践的指導力を身につけるための学びが課題となっている。

　第2に，教育の内容や方法は，科学技術の発達，学問・文化の発展，社会的ニーズの変化に伴って変わるものだからである。アクティブ・ラーニングの視点からの授業改善，ICTの活用，社会に開かれた教育課程の実現，

STEAM教育，カリキュラム・マネジメント，小学校における外国語教育の早期化・教科化など，現代の社会変化の激しさに呼応して，次々と新しい教育課題が生み出されてきている。

　第3は，子どもたちをめぐって顕在化するさまざまな教育問題に対応するためである。LD（学習障害）やADHA（注意欠陥／多動性障害），規範意識や社会性や自尊意識などの課題，いじめ，暴力行為，不登校，子どもの貧困，帰国・外国人児童生徒の増加など，多様化・複雑化・困難化した問題状況が出現している。その背景には，子どもたちの教育環境である家庭や地域の教育力の低下などもある。こうした状況は，問題への対処の仕方のみならず，教師の役割や責任そのものの問い直しを迫るものである。

　第4は，初任者・若手・中堅・ベテラン・管理職という教職キャリアに応じて，教師の行動の場が拡大し，職務の内容・責任も深化・拡大するからである。教師の視野や活動範囲は，自分の学級や教科にとどまらず，学年，学校全体へと拡大する。そして，授業や生徒指導などの教育指導の力量形成だけでなく，学年団・教科団や学校全体のマネジメント力やリーダーシップといったチームの一員（組織人）としての力量形成も必要となる。

4．学び続ける理由〜教師が「教師」になる〜

　しかし，教師が絶えず学び続けなければならない理由は，必ずしも変化に対応するためだけではない。教師としての自分を構築していくために，つまり，教師が「教師」になるために，生涯を通して自らを省察し学び続けるのである。生涯学習論の概念を借りれば，社会の変化に追いつくために，より多くの新たな知識・技能を獲得していく学びを「learning to have（所有するための学び）」と呼ぶ。これに対し，生涯にわたる学習を通して，よりいっそう自分自身になる学びを「learning to be（人間として生きるための学び）」と呼ぶ。教師が「教師」になる学びはlearning to beに相当するだろう。

　教師が「教師」になる学びを追求した教育実践家に，斎藤喜博がいる。斉藤は，教育という仕事の本質について，教育は自分を変革することによって相手をも変革させ，相手が変革することによって自分も変革するという本質

を持った仕事だと捉えた。

　斎藤は教師が「教師」になる基礎訓練として7点指摘する。1つ目は，自分の実践から学ぶこと，2つ目は，他人の経験を繰り返して体験してみること，3つ目は，自分の実践から学び，他の模写をするだけでなく，先人に直接手を取って教わること，4つ目は，難物だといわれる子どもから学ぶこと，5つ目は，教師が絶えず学び進むこと，6つ目は，教師と子どもが共に学ぶこと，7つ目は，事実につき，事実をつくり出す仕事をすることである。

　斎藤は，教師になるための基礎訓練の一番の基本は，教師はまず自分で実践し，自らの実践から学ぶことだとする。まずは自らが実践を行い，実践したことを自分と子どもの見方の違い，実践を踏まえた後の教材解釈，さらに他の実践記録や教育理論から勉強する。そうすることで，教師は誰かの考えや先行実践だけを頼りにするのではなく，自分の実践をもとに自分の解釈を創り出していくことができる。

　そして斎藤は，教師が絶えず学び進み，教師自身が新しくなっていかない限り，子どもは学ぶことへのあこがれを持つことはなく，新しい世界へと入っていく喜びを持たなくなるという。子どもは，絶えず学び続ける教師を見ることで，学び続けていこうとする生き方をする人になることができる。また，教師が，子どもと共に学ぼうとする姿勢や子どもと共に追求しようとする姿勢を持ち，事実につき事実をつくり出すことによって，教師は自身を新しくし，子どもの可能性を引き出すことができるのである。

参考文献

エドガー・フォール（国立教育研究所内フォール報告検討委員会訳）（1975）『未来の学習』第一法規。

岸本幸次郎・久高喜行編（1986）『教師の力量形成』ぎょうせい。

斎藤喜博（1969）『教育学のすすめ』筑摩書房。

曽余田浩史・岡東壽隆編著（2019）『改訂版　新・ティーチング・プロフェッション』明治図書出版。

（大空秀文）

Q2　教員の研修の法的位置づけについて説明しな
　さい

1．教員の職責遂行のために不可欠な要件としての研修

　専門職としての教員にとって研修は，職責遂行のための不可欠な要件である。そのことは法的にも明確に位置づけられている。まず，教育に関する根本法たる性格を持つ教育基本法に次のように定められている。

　　第9条　法律に定める学校の教員は，自己の崇高な使命を深く自覚し，絶えず研究と修養に励み，その職責の遂行に努めなければならない。

　　2　前項の教員については，その使命と職責の重要性にかんがみ，その身分は尊重され，待遇の適正が期せられるとともに，養成と研修の充実が図られなければならない。

「研究と修養」は研修を意味する。「研究」とは，教材研究をはじめ，自らの実践への課題意識をもって教育改善のために課題を追究していくことである。「修養」とは，教育が児童生徒との人格的なふれあいであり，教師としての人格や人間性を磨くことである。

　教育公務員である教員の研修の法的位置づけは，一般の地方公務員と比べると，さらに明瞭となる。地方公務員の研修については，「職員には，その勤務能率の発揮及び増進のために，研修を受ける機会が与えられなければならない」（地方公務員法第39条第1項）と規定されている。その研修の性格は勤務能率を高めるために役立つという手段的なものである。そして，職員は，任命権者に研修機会を与えられる客体としての規定のみである。

　これに対し，教員の研修は教育公務員特例法に次のように規定されている。

　　第21条　教育公務員は，その職責を遂行するために，絶えず研究と修養に努めなければならない。

　　2　教育公務員の任命権者は，教育公務員の研修について，それに要する施設，研修を奨励するための方途その他研修に関する計画を樹立し，

その実施に努めなければならない。

　この規定は，任命権者である教育委員会に研修に必要な諸条件を整えることを義務づけるだけでなく，教員自身に研修を行う努力義務を課している。教員は，研修の機会を与えられる客体としてだけではなく，自律的に研修を行うべき存在として位置づけられている。

２．研修の機会

　教育公務員特例法第22条は，下記のように，教員の研修の機会について定めている。特に第２項と第３項は一般公務員にはみられない特例である。

　　第22条　教育公務員には，研修を受ける機会が与えられなければならない。

　　２　教員は，授業に支障のない限り，本属長の承認を受けて，勤務場所を離れて研修を行うことができる。

　　３　教育公務員は，任命権者の定めるところにより，現職のままで，長期にわたる研修を受けることができる。

　こうした教員の研修は，服務上の取扱いから区分すると，次の３つに分類される。

①職務命令による研修（職務研修）

　教育委員会や校長が命じる初任者研修，中堅教諭等資質向上研修，教職経験者研修など，職務そのものとして行う研修である。

②職務専念義務の免除による研修（職専免研修）

　公務員は地方公務員法第35条によって「その勤務時間及び職務上の注意力のすべてをその職責遂行のために用い，当該地方公共団体がなすべき責を有する職務にのみ従事しなければならない。」と職務専念義務が定められている。しかし，教員は，職務に有益な研修であると所属長たる校長が承認した場合，職務専念義務を免除されて，勤務場所を離れて研修を行うことができる。

③勤務時間外に行う自発的な研修（自主研修）

　教員が自己研鑽（けんさん）のために，勤務時間外において自発的に行う研修である。

教育研究団体等への参加，大学の公開講座の受講などがある。

　これらの教員の研修の法的解釈に関して，研修は教員の権利であるか義務であるか，職務命令による研修の適否（職務命令による研修を教員は拒否できるのか），職務専念義務の免除による研修の認否（教員から研修の申し出がある場合，校長は必ず承認しなければならないのか）等をめぐって論争が繰り返されてきた。しかし，教員の研修は，権利か義務かの二者択一ではなく，職務の公共性に由来する研修の義務性と，職務の自律性に起因する権利性とが同時に求められていると捉えるべきである（岸本・久高，1986）。教員は，自律的な研修を基本とするが，職務遂行に必要な職務研修を拒否することはできない。また，職専免研修は，授業や校務に支障がなく，かつ，職務に有益である場合にのみ承認されるものである。

　なお，教員は，現職のままで，つまり教員としての身分を保有し給与を支給されながら，長期研修に従事することができる。長期研修には，大学院等派遣研修，教育センター等への派遣研修，民間企業や社会福祉施設等学校以外の施設へ教員を派遣する社会体験研修などがある。任命権者は，長期研修者の資格要件，研修期間，経費の補助等について適宜定める。

3．教員のキャリアステージに応じた体系的な研修

　任命権者である教育委員会は，教員のキャリアステージに応じた学びや成長を支えるために，研修を体系的に整備し，その計画的な実施に努める必要がある。研修を計画・実施する際の基軸として，任命権者は，教員等の職責・経験・適性に応じて向上を図るべき資質・能力に関する指標である「教員育成指標」を策定し（教育公務員特例法第22条の3），その指標を踏まえて体系的な教員研修計画を定める（同上第22条の4）。任命権者は，指標の策定に関する議論等を行うために，教員養成を行う大学等とで構成する協議会を組織する（同上第22条の5）。

　キャリアステージに応じた体系的な研修のうち，初任者研修と中堅教諭等資質向上研修は，法定研修（法律で定められている研修）である。

　初任者研修は，新規採用された教員に対して，採用後1年間，実践的指導

力と教育者としての使命感を養うとともに幅広い知見を得させることを目的
として，指導・助言を行う指導教員を配置して実施される実践的な研修である（同上第23条）。

中堅教諭等資質向上研修は，ある程度の経験を有した中堅教諭を対象にして，学校運営の円滑かつ効果的な実施において中核的な役割を果たすことが期待されるミドルリーダーとしての職務を遂行する上で必要とされる資質の向上を図るための研修である（同上第24条）。

４．指導改善研修

指導改善研修は，任命権者が，児童生徒等への指導が不適切であると認定された教諭等に対して，その能力・適正等に応じて指導の改善を図るために行う研修である。「指導が不適切である」の例は，教科に関する専門的知識・技術等が不足しているため，また，指導方法が不適切であるため，学習指導を適切に行うことができない場合，児童生徒等の心を理解する能力や意欲に欠け，学級経営や生徒指導を適切に行うことができない場合等である。

指導が不適切な教員への対応として，任命権者は，教育委員会規則で定めるところにより，教育学，医学，心理学等の専門家や保護者などの意見を聴いて「指導が不適切である」ことの認定を行う。認定した教員に対しては，その能力・適正等に応じた指導改善研修を行う。研修期間は一年以内（延長しても二年を超えない範囲内）である。研修終了時に，指導の改善の程度に関する認定を行い，適切な指導が行える程度まで改善した場合は現場復帰，なお指導が不適切であると認定された場合は再研修，分限免職や転任などの措置を講ずるものとなっている（同上第25条の２及び３）。

参考文献
岸本幸次郎・久高善行（1986）『教師の力量形成』ぎょうせい。
窪田眞二・小川友次（2020）『学校の法律がこれ１冊でわかる――教育法規便覧　令和２年版』学陽書房。

（曽余田浩史）

Q3　教員の研修の機会・場について説明しなさい

1．3つの研修の機会・場のネットワーク化

　教員は，自らの使命と職責を遂行するために，絶えず「研究と修養」，すなわち研修に努めなければならない。そのために，任命権者である教育委員会は，研修を計画し，教員が研修を受ける機会を与えなければならない。

　教員の研修は，教職生涯にわたって（いつでも），あらゆる機会において（どこでも）学習するという生涯学習の理念にもとづいて，キャリアステージに応じた研修のシステム化（いつでも）と研修の機会・場のネットワーク化（どこでも）という2つの軸によって体系化される。教員の研修機会・場は，「どこでも」の軸に当たり，OJT（On the Job Training：校内における研修），Off-JT（Off the Job Training：校外における研修），自己研修（Self Development）の3つに大別される（図12-3-1）。これら3つの研修の機会・場は，それぞれ個別的ではなく，有機的・相互補完的に関連し合っていることが重要である。

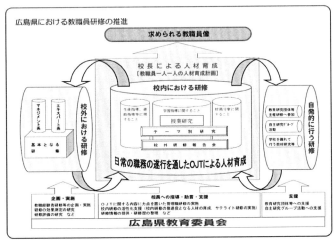

図12-3-1　広島県における教職員研修の推進
（出典：広島県教育委員会〔2020〕『令和2年度　広島県教育資料』）

２．OJT（On the Job Training）：校内における研修

　OJT は，学校内で日常の職務を遂行しながら，教員として必要な資質能力を高めるとともに，学校全体の教育力を向上させる取り組みである。広義には，先輩教員からのアドバイスや同僚との職員室での談話，組織風土を通して得られる無意図的なものも含まれる。「教員は学校で育つ」と言われるように，同僚の教員とともに支え合いながら日々の職務を通して力を身につける OJT は，教員の研修の機会・場の中核に位置づくものである。

　近年の学校現場では，教員の大量退職，大量採用の影響等により，教員の年齢構成や経験年数の均衡が崩れ，かつてのように先輩教員から若手教員への知識・技能の伝承がうまく図れないことが大きな課題となっている。それゆえ，OJT の一層の充実・活性化が求められている。

　OJT の中で，意図的・計画的・組織的に行われるのが「校内研修」である。校内研修は，学校や子どもたちの実態等を踏まえつつ，教職員の資質能力の向上と学校の教育目標達成や課題解決を図るために，学校全体で組織的に取り組む研修活動である。この研修の特色は次の点にある（岸本・久高，1986）。

- ・日常の教育実践から現実に即した研修課題が設定され，それを直接に究明することができる（日常性，直接性）
- ・組織体としての研修であり，相互理解と協力関係を促進する（協働性）
- ・教育実践を通じて，あるいはそれと並行して行われるという意味で，成果が直接子どもに還元できる（具体性，実践性，即効性）
- ・研修をめぐる時間的・空間的条件が比較的整いやすい（簡易性）

　校内研修の内容は，学習指導や校務分掌や危機管理に関することなど多岐にわたる。そのなかで中心となるのは，学校の実態にもとづき，研究課題を設定して行う授業研究である。指導案の検討→研究授業→授業後の協議会というサイクルを積み上げることを通して，同僚と協働して授業改善・研究を進める。わが国で伝統的に行われている授業研究は「レッスン・スタディ

（Lesson Study）」と呼ばれ，国際的評価も高い。

3．Off-JT（Off the Job Training）：校外における研修

Off-JTは，校外における研修で，職場を離れて教育センターや大学院など
で行う研修である。その目的は，日常の職務実践では得られない知識や情報
の習得，職業人としての視野の拡大などである。個々の学校を越えて，同じ
ような立場や役割をもつ教職員同士との学び合いの場ともなる。

（1）行政機関による研修

教育センター等の行政機関による研修は，教員の任命権者として，研修の
充実を図り，教員の資質向上を図ることを目的とする。その研修には，法定
研修（初任者研修，中堅教諭等資質向上研修），職務経験に応じた研修（5
年経験者研修など），職能に応じた研修（生徒指導主任研修，新任教務主任
研修，教頭・校長研修など），専門的な知識・技能に関する研修（教科指導，
生徒指導など）等がある。

近年，新しい時代に求められる資質能力を育成するために，研修そのもの
の在り方や手法が見直されている。例えば，講義形式の研修からより主体
的・協働的な学びの要素を含んだ，いわばアクティブ・ラーニング型研修への
転換をはかることの重要性が指摘されている（中央教育審議会答申，2015）。

（2）大学院派遣研修

任命権者である都道府県等教育委員会が，高い専門性を身につけた指導的
な役割を担うことのできる教員を育成するために，教職大学院をはじめとす
る大学院へ現職教員を派遣する研修で，1～2年間にわたる継続的な研修で
ある。大学院派遣研修の中核的な役割を果たす教職大学院は，「理論と実践
の往還」を理念とし，実践的指導力を備えた新人教員の育成と，中核的・指
導的な役割を果たす中堅教員（スクールリーダー）の養成を目的とする。

大学院での研修は，教員にとって，次のような学びの機会になりうる。
　　・自らの実践や経験を客観的に振り返り，理論や知識と結びつける
　　・自ら考えて課題を発見し解決する主体的な探究の姿勢を身につける
　　・学校現場に戻った後に研究成果を教育実践や学校づくりに生かす

・様々な価値観や考え方をもつ他校・他校種の教員たちとの人的ネット
　ワークを築く

4．自己研修（**Self Development**）

　自己研修は，個々の教師が自らの課題意識や必要性によって自発的に行う
研修である。例えば，教育研究団体等への参加や自主研究グループ活動，学
校を離れて行う教材研究，大学の公開講座の受講などである。自己研修は研
修の基底をなし，その充実は，OJT，Off-JTへの相乗効果を生み出す。

　自己研修は，狭義には，職務に関する能力を自主的に獲得するためのもの
として捉えられるが，ボランティア活動や健康づくりといった生涯学習につ
ながる広い意味を含んでいる。教員として何を学ぶのかだけではなく，地域
で生活する1人の市民として，または家族の一員として，他にもそれぞれの
人生の中で様々な経験をして学び続ける中で，自らの強みをどのように際立
たせ，何を究め，修めていくのか。日々の自己研修を積み重ねることが重要
である。

参考文献

浅野良一編（2009）『学校におけるOJTの効果的な進め方』教育開発研究
　　　所。

岡東壽隆・林孝・曽余田浩史編著（2019）『学校経営重要用語300の基礎知
　　　識』明治図書出版。

岸本幸次郎・久高喜行編（1986）『教師の力量形成』ぎょうせい。

曽余田浩史・岡東壽隆編著（2019）『補訂版　新・ティーチング・プロフェッ
　　　ション』明治図書出版。

中央教育審議会（2015）『これからの学校教育を担う教員の資質能力の向
　　　上について〜学び合い，高め合う教員育成コミュニティの構築に
　　　向けて〜（答申）』。

（田中直哉）

Q4　教員のキャリアステージに応じた教員の研修のあり方について説明しなさい

1．キャリアステージに応じた研修のシステム化

　教員の研修は，教職生涯にわたって（いつでも），あらゆる機会において（どこでも）学習するという生涯学習の理念にもとづいて，研修の機会・場のネットワーク化（どこでも）という軸とともに，キャリアステージに応じた研修のシステム化（いつでも）という軸によって体系化される。

　キャリアステージに応じた研修の前提には，「教員一人一人の資質能力は決して固定的なものではなく，教職経験を積むことにより変化し，成長が可能なものであり，それぞれの職能，専門分野，能力・適正，興味・関心に応じ，生涯にわたりその向上が図られる必要がある」（教育職員養成審議会答申，1987）という認識がある。初任期から中堅，ベテランへと教職キャリアに応じて教員の行動の場が拡大し，職務内容も拡大・深化するが，前述した認識のもと，「教員としてのそれぞれの時期に応じて適切な内容，方法により研修の機会を提供できるようにするため，体系的な整備を図る必要がある。」（同答申）

2．教員育成指標

　「学び続ける教員」を支えるキャリアシステムの構築のために，各都道府県等教育委員会において，教職キャリア全体を俯瞰しつつ，キャリアステージに応じて身につけるべき教員の資質能力や仕事上の役割を明確化したものが「教員育成指標」である。教育公務員特例法には，任命権者である教育委員会等は，地域の実情に応じて「教員育成指標」を策定し（第22条の3），指標を踏まえ，研修を体系的かつ効果的に実施するための「教員研修計画」を定めることが義務付けられている（第22条の4）。

　一例として，「高知県教員育成指標」を見てみよう。この指標は次の3点

を目的にしている。①養成・採用・研修と一貫した教員の資質の向上を図るため，大学及び教育委員会等の関係機関・団体がそれぞれの役割について共通理解を図る。②高知県の教員となることを目指している学生や高知県の現職教員が自らの資質を向上させていくうえでの目安とする。③教育委員会等の関係機関・団体が現職教員に対して実施する研修について，全体として一貫したもの，整合的なものとするため，基軸となるべきものを打ち立てる。

教員育成指標（教諭）は，「経験段階（キャリアステージ）」に応じて（表12-4-1），それぞれの段階で「求められる資質・能力」を項目ごとに示している（表12-4-2）。

表12-4-1　教員の経験段階（キャリアステージ）

新規採用期 （0～1年）	若年前期 （2～4年）	若年後期 （5～9年）	中堅期 （10年～）	発展期 （20年～）
教員に求められる資質・能力は，教員等の職の専門性及び特殊性から，すべての教員に共通するものであり，かつ経験年数等により高まりと深まりを示すものである。				
教科指導，生徒指導及び学級経営など，職務遂行に必要な基礎的な知識・技能を理解・習得し，管理職や教職員に報告・連絡・相談しながら，業務に取り組むことができる。	教科指導，生徒指導，学級経営及び校務分掌など，職務遂行に必要な実践的な知識・技能を習得・活用し，より適切な指導力を発揮するとともに，積極的・協働的に業務に取り組むことができる。	職務遂行に必要な実践的・専門的な知識・技能を習得・活用するとともに，学年や校務分掌等における自己の役割を自覚し，若年教員への助言を意識して，業務に取り組むことができる。	職務遂行に必要なより実践的・専門的な知識・技能を習得・活用するとともに，学年や校務分掌等において中心的役割を担うなど，ミドルリーダーとしての実践的指導力を発揮して，業務に取り組むことができる。	職務遂行に必要な高度な知識・技能を習得・活用するとともに，研究体制及び支援体制等の組織運営や，教職員への適切な指導・助言を行うなど，全校的視野に立った実践的指導力を発揮して，業務に取り組むことができる。

（出典：高知県教育委員会〔2018〕『高知県教員育成指標〔リーフレット〕』を一部抜粋）

表12-4-2　求められる資質・能力

求められる資質・能力		
4領域	8能力	項目
学級・HR経営力	集団を高める力	① 児童生徒との信頼関係の構築
		② 児童生徒間の人間関係の構築
	一人一人の能力を高める力	③ 児童生徒理解
		④ 生徒指導上の諸課題への対応
		⑤ 特別な配慮を要する児童生徒への対応
学習指導力	授業実践・改善力	⑥ 授業構想
		⑦ 指導技術の工夫
		⑧ 学習評価と改善
	専門性探究力	⑨ 専門性の追求
		⑩ 研究推進
チームマネジメント力	協働性・同僚性の構築力	⑪ 保護者・地域・関係機関等との連携・協働
		⑫ 教職員間の連携・協働
	組織貢献力	⑬ 学校組織の理解・運営
		⑭ 人材育成
		⑮ 危機管理・安全管理
セルフマネジメント力	自己管理能力	⑯ 法令順守
		⑰ 倫理観・社会性
		⑱ 郷土愛
		⑲ 心身の健康
	自己変革力	⑳ 使命感・責任感
		㉑ 自己啓発

（出典：高知県教育委員会〔2018〕『高知県教員育成指標〔リーフレット〕』を一部抜粋）

　この教員育成指標を見ると，学習指導や学級・HR経営力（生徒指導）といった教育指導の力の向上だけでなく，学校現場では意識されにくい「チームマネジメント力」といった領域においても，キャリアステージごとに求められる資質能力を明らかにしている。大量退職・大量採用により知識・技能の伝承が難しく，また，個々の教師では対応できない新たな教育課題に対応するために，学校の組織としての力を高めていくことが重視されている。

3．法定研修

　法律上，教員の任命権者である都道府県教育委員会等によって実施が義務付けられている研修を「法定研修」という。法定研修には，教職の最初のステージに位置づく「初任者研修」，ある程度の教職経験を有した中堅教員を対象とする「中堅教諭等資質向上研修」の2つがある。

（1）初任者研修（教育公務員特例法第23条）

　初任者研修は，新規採用された教員（初任者）を対象にし，教職生涯が始まる重要な時期に使命感や情熱を養い，職務の遂行に必要な事項や教師の自覚を身に付けさせるために1年間行う研修である。

　初任者研修は校内研修と校外研修から成り，校内研修（週10時間以上，年間300時間以上）では，指導教員を中心に，教員に必要な素養等に関する指導や，指導案検討も含む，授業を観察しての指導，授業を初任者に見せての指導などを行う。校外研修（年間25日以上）では，教育センター等での講義・演習を中心に，企業・福祉施設等での体験や青少年教育施設等での宿泊研修などが行われる。

　学校現場では教職経験の浅い教員割合が高まる近年，継続的で効果的な初任者研修が求められ，校内に初任者研修チームを組織するなど，日常的，組織的なOJTを中心とした校内研修の充実が目指されている。併せて，校外研修の短縮，アクティブ・ラーニング型研修を取り入れたより実践的な内容への改善，新たな教育課題への対応や第三者的な視点からの客観性の高い指導や助言を得るための教職大学院も含めた大学との連携等が求められている。

（2）中堅教諭等資質向上研修（教育公務員特例法第24条）

　ミドルリーダーとなるべき人材を育成することをねらいとして，教育活動及び学校運営の円滑かつ効果的な実施において中核的な役割を果たすことが期待される中堅教諭等に対して，職務遂行のために必要な資質の向上を図るための研修である。任命権者は，研修を受ける教員一人ひとりの能力・適正を評価したうえで，個別の研修計画書を作成し，それにもとづいて研修を実施する。研修は，教育センター等での校外研修と校内研修で構成されてい

る。

4．キャリア・アンカーの重要性

　教員のキャリア形成には，教員自らが形成していく側面と，人事異動や校務分掌といった本人にとっては偶発的な側面がある。また，以前は経験年数に応じて「新任→中堅→管理職」という単線型キャリアコースしか存在しなかった。しかし現在では，教科指導のスペシャリスト（エキスパート教員など）として力量を高めるのか，学校のマネジメントを担うスクールリーダーとして管理職を目指すのかの選択を行う「複線型キャリアコース」の考え方が定着している。こうした前提を踏まえると，自らの専門知識や強みを価値づけ，どのように教職人生を歩んでいくのかを自覚的に考えることが必要である。その際に重要となるのが，「キャリア・アンカー」という概念である。アンカーとは船の錨(いかり)のことで，人生の節目でどのような選択をしていくかという，キャリアの拠りどころとなる自己イメージのことである。①自分は何が得意か，②自分はいったい何をやりたいのか，③どのようなことをやっている自分なら，意味を感じ，社会に役立っていると実感できるのか，を自ら問うことが重要になっている。

参考文献

金井壽宏（2002）『働くひとのためのキャリア・デザイン』PHP研究所。

岸本幸次郎・久高喜行編（1986）『教師の力量形成』ぎょうせい。

教育職員養成審議会（1987）『教員の資質能力の向上方策等について（答申）』。

中央教育審議会（2015）『これからの学校教育を担う教員の資質能力の向上について～学び合い，高め合う教員育成コミュニティの構築に向けて～（答申）』。

（田中直哉）

Q5 反省的実践家としての教師論が現在必要とされるのはなぜか，説明しなさい

1．反省的実践家とは

「反省的実践家（reflective practitioner）」とは，マサチューセッツ大学の哲学教授ドナルド・ショーン（D. Schön）が提唱した専門職像である。医者や法律家などの職業を前提に，これまで一般的に普及していた「技術的熟達者（technical expert）」としての専門職像に代わる新たな専門職像であり，現在，欧米諸国を中心に教師教育改革や教師政策に大きな影響を与えている。

（1）技術的熟達者としての専門職像

「技術的熟達者」とは，「技術的合理性（technical rationality）」を基本原理とする専門職モデルであり，その専門性の基礎は専門的・科学的な知識や技術の習得とその適用である。教職で考えると，どの教師やどの学校でも使うことができる一般化された専門的知識や技術，例えば児童生徒理解の技術や学力を確実に上げることができる授業方法が存在するということを前提とし，それらを教育現場に適用することが教育実践だとされる。しかし，例えば，医学の場合，「インフルエンザの原因は○○であり，△△を処方すれば一定の効果がある」という研究の蓄積に基づく科学的知識・技術があるのに対し，教職をはじめ看護や福祉といった対人を基本とする職業にはそうした処方箋やそれを支える専門的知識・技術が十分にない。ゆえに，これらの職業はマイナーな専門職（准専門職）とみなされてきた歴史がある。

（2）技術的合理性モデルの限界

20世紀初頭からの社会の急激な発展は，こうした技術的合理性に基づく医学や工学モデルの貢献が大きい。しかしながら，社会が複雑化してくるにつれ，このモデルが人々の生活の豊かさや社会問題の解決に資するのか，限界が認識されるようになる。例えば，どのような道路を建設するかを考える時，地理的，位相幾何学的，財政的，経済的，そして政治的な論点がすべて

混在している，複雑で定義できない問題状況を扱っている。一旦，どの道を，どのように造るのが一番よいかを決定してしまえば，後は利用可能な技術を適用しさえすれば解決できる。しかし，その道路が近隣の破壊をもたらしてしまうといった予期せぬ出来事があると，再び不確実な状況に置かれることになる（ショーン，2001, pp.56-58）。

　何が，誰にとって，どのように問題なのか。現実の実践は，複雑性，不確実性，不安定性，独自性，価値観の衝突を含むものである。専門家は不明瞭な状況の中から注意を向ける対象や範囲を選び取っていく，「問題の〈設定〉」をしなければならない。しかし，技術的合理性モデルでは問題の〈解決〉のプロセスを強調し，問題〈設定〉の重要性が無視されてしまうのである。ショーンは，価値が多様化し，複雑性や不確実性に満ちた現代社会において専門家のとるべき道について次のように投げかける。

　　「専門家の実践が変化する位相において，実践者が研究に基づく理論と技法を有効に使用できる高地がある。また，技術的解決が不可能なほどに状況が『めちゃくちゃに』混乱しぬかるんだ低地もある。問題の難しさは次の点にある。技術的関心がいかに大きくても，高地の問題はクライアントやより広い社会にとってあまり重要でないことが比較的多く，一方泥沼の方には人間の最大の関心事がある。実践者は 〜略〜 高地にとどまるべきだろうか。〜略〜 あるいは 〜略〜 泥沼へと降りていくべきだろうか。」（前掲書，p.61）

（3）反省的実践家としての教師

　反省的実践家とは，「省察（反省的思考，リフレクション reflection）」を専門性の基礎とし，複雑で不確実性に富む学校という場で，実践と葛藤を繰り返す中で，個別具体的な状況と対話しながら，自らの認識や行動を吟味し，柔軟に修正・変容させることができる専門家像である。

　技術的熟達者は「技術的厳密性」を追及して「高地」に留まる。彼らにとって，これまで取り組んできた自らの実践や専門的知識・技術の妥当性を疑うことは脅威である。ゆえに，自らの専門的知識や技術への信頼，権威を維持しようとして防衛的になり，状況を読み誤ったり操作しようとしたり，

技術的関心の範囲内で物事を判断してそれ以外は排除したりする。実践がうまくいかない場合，「今の世の中は…だから」「あの子は○○（発達障害など）だから…」と自分の外部に問題の原因を求めようとし，その結果，「泥沼」の重要性を無視してしまう。

　それに対して，反省的実践家としての教師は，技術的厳密性を捨て，子どもや保護者の価値や思いが交錯し渦巻く沼地に降り，個別具体的な状況や個々が抱える厄介だが重要な問題に慎重にかかわり，声に耳を傾ける。そして，自らの実践やその前提を絶えず吟味する「開かれた創発的な姿勢」を持つ。例えば，すぐ暴れる子を単に「反抗的な子」と理解するのではない。「このような言動の背後には何があるのか，そもそも彼らは何を求めているのか」と彼らの「理（ことわり）」を理解しようと努める。そして彼らにとっての最適解を探究しながら，問題の解決を援助しようとする。

2．なぜ今，反省的実践家としての教師が求められるのか

　「知識基盤社会」や「Society 5.0」と言われる今日の社会は，これまでとは非連続的なほど劇的な変化を迎えており，子どもたちが豊かな創造性を備えた持続可能な社会の創り手として，予測不可能な未来社会を自立的に生き，社会の形成に参画する資質・能力を育成することが求められている。教師には，「他の誰よりも学習共同体を構築し，知識社会を創造し，イノベーションの力と柔軟性を発展させ，経済的繁栄をもたらす変化にコミットすることが求められており」（Hargreaves, 2003, p.9），個別最適な学びや異年齢・異学年集団での協働学習，他機関との連携協働による社会に開かれた学びなど，領域横断的に知を結集しながら，より高度な教育実践の創造が求められる。

　さらに，コミュニティスクールや地域学校協働活動などに見られるように，学校と保護者，地域，そして子ども自身が当事者として学校・地域コミュニティづくりに携わる学校や社会のあり方が求められている。

　そこでの教師は，専門家として「答え」を提供する存在というより，パートナーとして異質な者同士が最適解を協働的に導き出し，実践や生活を通し

てより良いものへと高めていく探究プロセスをファシリテートしていく存在
であり，まさに反省的実践家としてのあり様が求められるであろう。

３．反省的実践家像に基づく専門職教育の重要性

大学における伝統的な（技術性合理性に基づく）専門職教育は，基礎科学
が最も高位に位置づけられた専門知識のヒエラルキーを前提に，確かな専門
知識・技術を習得し，それらを現場へ適用練習をする形で実践力を培う教育
が展開されてきた。それに対して，反省的実践家としての専門職教育は，実
践の中で省察を働かせながら学ぶあり方である。

例えば，オランダの教師教育学者コルトハーヘン（Kortheagen）は，
「ALACTモデル：Action（行為）→ Looking back（振り返り）→ Awareness of
essential aspects（本質的諸相への気づき）→ Creating alternative methods of
action（行為の選択肢の拡大）→ Trial（試み）」という経験学習モデルを提唱
している。これは，学術的理論と自らの持論を融合，洗練化し，教育事象の
より本質的理解に基づいて実践を生成する学びの方法である。教師の実践は
不確実性に富み，ある意味で「やってみないとわからない」ものである。反
省的実践家としての教師になることは，学びのプロになるということでもあ
る。省察を通して経験から学ぶ力の育成こそが成長し続ける力の源であり，
こうした学びを実現する教師教育カリキュラムや評価の開発が課題であろう。

参考文献

D.ショーン（2001）『専門家の知恵　反省的実践家は行為しながら考える』
　　ゆみる出版。

F.コルトハーヘンほか（2012）『教師教育学：理論と実践をつなぐリアリス
　　ティック・アプローチ』学文社。

A. Hargreaves（2003）*Teaching in the knowledge society: education in age of
　　insecurity*, Teachers College Press.（A.ハーグリーブス，2015，『知
　　識社会の学校と教師　不安定な時代における教育』金子書房。）

（金川舞貴子）

編著者・執筆者一覧

[編著者]

平井悠介　筑波大学人間系准教授，博士（教育学）。

著書：『エイミー・ガットマンの教育理論 —— 現代アメリカ教育哲学における平等論の変容』（世織書房，2017年），（共著）『MINERVA はじめて学ぶ教職①教育学原論』（ミネルヴァ書房，2018年）。

曽余田浩史　広島大学大学院教授，博士（教育学）。

著書：（編著）『教師教育講座　第1巻　教職概論』（協同出版，2014年），（共著）『学校づくりの組織論』（学文社，2011年）。

[執筆者]（50音順）

朝倉雅史	（筑波大学人間系特任助教）
大空秀文	（広島大学大学院生）
奥野佐矢子	（神戸女学院大学教授）
織田泰幸	（三重大学准教授）
小野瀬善行	（宇都宮大学准教授）
加藤崇英	（茨城大学教授）
金川舞貴子	（岡山大学大学院准教授）
白岩伸也	（浜松学院大学助教）
杉田浩崇	（広島大学大学院准教授）
鈴木　篤	（九州大学大学院准教授）
髙野貴大	（茨城大学助教）
田中直哉	（石川県立小松特別支援学校教諭）
照屋翔大	（沖縄国際大学准教授）
長沼正義	（広島大学大学院生）
野々垣明子	（皇學館大学准教授）
橋本憲幸	（山梨県立大学准教授）
平田仁胤	（岡山大学大学院准教授）
星野真澄	（筑波大学人間系客員研究員）
村上真実	（広島都市学園大学准教授）
山本　遼	（大分大学教職大学院講師）

緩利　誠　（昭和女子大学准教授）
吉田尚史　（教職員支援機構アシスタント・フェロー）

新・教職課程演習　第1巻

教育原理・教職原論

令和3年9月20日　第1刷発行

編著者　平井悠介 ©
　　　　曽余田浩史 ©
発行者　小貫輝雄
発行所　協同出版株式会社

　　　　〒101-0054　東京都千代田区神田錦町2-5
　　　　　電話　03-3295-1341（営業）　03-3295-6291（編集）
　　　　　振替 00190-4-94061

印刷所　協同出版・POD工場

ISBN978-4-319-00364-8

新・教職課程演習

広島大学監事 野上智行 編集顧問
筑波大学人間系教授 清水美憲／広島大学大学院教授 小山正孝 監修
筑波大学人間系教授 浜田博文・井田仁康／広島大学名誉教授 深澤広明・広島大学大学院教授 棚橋健治 副監修

全22巻　A5判

協同出版